U0103430

JPC
HK

全面建成小康社會通俗讀本

中共中央黨史和文獻研究院第七研究部 — 著

責任編輯　徐永文
書籍設計　道　轍
書籍排版　陳先英

書　　名　全面建成小康社會通俗讀本
著　　者　中共中央黨史和文獻研究院第七研究部
出　　版　三聯書店（香港）有限公司
香港北角英皇道四九九號北角工業大廈二十樓
香港發行　香港聯合書刊物流有限公司
香港新界荃灣德士古道二二〇至二四八號十六樓
印　　刷　中華商務彩色印刷有限公司
香港新界大埔汀麗路三十六號十四字樓
版　　次　二〇二三年十二月香港第一版第一次印刷
規　　格　十六開（170mm × 240mm）三二八面
國際書號　ISBN 978-962-04-5359-5

目錄

三、實現總體小康

四、全面建設小康社會

五、決勝全面建成小康社會

引言

2021 年 7 月 1 日，習近平總書記在慶祝中國共產黨成立 100 週年大會上代表黨和人民莊嚴宣告："經過全黨全國各族人民持續奮鬥，我們實現了第一個百年奮鬥目標，在中華大地上全面建成了小康社會，歷史性地解決了絕對貧困問題，正在意氣風發向著全面建成社會主義現代化強國的第二個百年奮鬥目標邁進。"到 2020 年全面建成小康社會，是中國共產黨帶領全國各族人民進行社會主義現代化建設進程中提出的重大戰略目標，是黨的"兩個一百年"奮鬥目標中的第一個目標，是中華民族偉大復興征程中的重要里程碑，是黨向人民、向歷史作出的莊嚴承諾。如期實現這一奮鬥目標，是中華民族的偉大光榮！是中國人民的偉大光榮！是中國共產黨的偉大光榮！

黨的十八大以來，以習近平同志為核心的黨中央堅持人民至上，堅持以人民為中心的發展思想，把近一億貧困人口脫貧作為全面建成小康社會的底線任務和標誌性指標，在全國範圍打響了脫貧攻堅戰。經過八年的攻堅克難，我國現行標準下近一億農村貧困人口全部脫貧，832 個貧困縣全部摘帽。千百年來困擾中華民族的絕對貧困問題終於歷史性地畫上句號。這是中國歷史上亙古未有的偉大跨越，也是中國人民對人類社會的偉大貢獻。

"小康"一詞，最早源於《詩經》"民亦勞止，汔可小康"，是"休息，安樂"的意思。在西漢的《禮記》中，"小康"又成了儒家追求的一種帶有政治色彩的理想社會模式。此後，"小康"的內涵不斷發展變化，與"大同社會""桃花源"等種種美好設想一起，共同反映著中國人民對寬裕殷實、衣食無憂理想生活的憧憬和追求。

新中國成立後，以毛澤東同志為核心的黨的第一代中央領導集體，始終把為中國人民謀幸福、為中華民族謀復興作為初心和使命，先提出了實現社會主義工業化的目標，後又提出了實現“四個現代化”的目標。1964 年 12 月三屆全國人大一次會議首次將“四個現代化”確立為黨的戰略目標，正式寫進《政府工作報告》，提出“要在不太長的歷史時期內，把我國建設成為一個具有現代農業、現代工業、現代國防和現代科學技術的社會主義強國”。1975 年 1 月四屆全國人大一次會議通過的《政府工作報告》重申了“四個現代化”的奮鬥目標，明確提出“在本世紀內，全面實現農業、工業、國防和科學技術的現代化，使我國國民經濟走在世界的前列”。

改革開放新時期，以鄧小平同志為核心的黨的第二代中央領導集體，為了盡快改善人民群眾生活水平，繼續推進社會主義現代化建設，從國民經濟的實際出發，首次提出了 20 世紀末實現“小康”的“中國式的現代化”目標。1982 年黨的十二大正式確立了這個戰略目標，即從 1981 年到 20 世紀末的二十年，力爭使全國工農業的年總產值翻兩番，人民的物質文化生活可以達到小康水平。經過全黨全國各族人民的共同努力，20 世紀末我國人民生活總體上達到小康水平。進入 21 世紀，黨的十六大提出了本世紀頭 20 年全面建設惠及十幾億人口的更高水平的小康社會的奮鬥目標。

2012 年黨的十八大以來，中國特色社會主義進入新時代。黨面臨的主要任務是，實現第一個百年奮鬥目標，開啟實現第二個百年奮鬥目標新征程，朝著實現中華民族偉大復興的宏偉目標繼續前進。黨的十八大明確提出全面建成小康社會為第一個百年奮鬥目標。全面建成小康社會，是我國社會主義現代化建設歷史進程中必經的一個承上啟下的重要發展階段，是實現中華民族偉大復興中國夢的關鍵一步。為了實現這個戰略目標，以習近平同志為核心的黨中央從堅持和發展中國特色社會主義全局出發，統籌推進“五位一體”總體布局，協調推進“四個全面”戰略布局，為如期實現全面建成小康社會提供了科學的理論指導和實踐指南。針對制約全面建成小康社會的重點難點問題，黨中央堅持補短板、強弱項，聚焦防範化解重大風險、精準脫貧、污染防治三大攻堅戰，努力使全面建成小康社會得到人民認可、經得起歷史檢驗。

自改革開放之初黨中央提出小康社會的戰略構想以來，我們黨緊緊扭住這個奮鬥目標，一茬接著一茬幹，一棒接著一棒跑，實現了由貧困到溫飽，從總體小康到全面小康，從全面建設小康社會到全面建成小康社會的歷史性跨越，走出了一條目標清晰、紮實穩進的發展道路。從小康目標的提出到全面建成小康社會，中國共產黨團結帶領中國人民接續奮鬥，向人民、向歷史交出了一份優異的答卷，使具有 5000 多年歷史的中華文明在現代化進程中煥發出新的蓬勃生機。

一

一諾千金：“小康社會”目標的提出

小康社會是中華民族自古以來追求的理想社會狀態，寄託著中國人民對幸福美好生活的憧憬和願望。近代以來，隨著帝國主義的野蠻侵略，民族矛盾的日益加深，生靈塗炭，民不聊生，小康生活成了中國人民求而不得的奢望和夢想。一批先進分子以拯救民族危亡為己任，開始探索讓中國擺脱貧困落後，實現國家富強、民族振興、人民幸福的正確道路。

1.

初心：為中國人民謀幸福

鴉片戰爭後，由於列強的入侵和封建統治的腐敗，中國逐步成為半殖民地半封建社會，山河破碎，生靈塗炭，中華民族遭受了前所未有的苦難。

半殖民地半封建社會的苦難生活

帝國主義列強的侵入，西方資本主義的掠奪，加速了中國封建社會的逐步解體。雖然在此期間民族資本主義有了初步發展，但速度緩慢、力量軟弱。因此，近代中國始終處於帝國主義列強的爭奪和控制之下。以交通大動脈——鐵路為例，20 世紀 20 年代中國的 13040.5 公里鐵路中，帝國主義列強以各種方式控制經營的有 11996.5 公里，佔 92%。其餘投資、關稅、租界、駐兵、領事裁判等特權更不勝枚舉。同時，封建的土地所有制和對農民的剝削依舊在中國的經濟社會生活中佔據支配地位，軍閥割據和連綿不休的戰亂，更讓人民困苦日甚一日。

在美國農民人均年產糧食兩萬公斤的時候，中國僅為 1400 公斤。在這樣低水平的農業生產率下，農民還要承擔 50%—70% 的地租，剝削之重世所罕見。當時一次關於北平（今北京）郊外鄉村的社會調查顯示，100 戶家庭中，全年吃白麵在五次以下的約佔半數，其中不少僅在過年時吃一次。吃五至九次的佔 1/10，每天都吃得起白麵的一共五家；大多數的家庭只在過年、端午、中秋買些肉吃，其中不乏全年只在過年時吃一次肉的，其他時間吃得起肉的不過三兩家，也不能買多少；全年用於購買水果的費用，平均每家約四角錢，夏天荸薺、藕，冬天柿子、黑棗，吃不起其他水果。這還是生活水平好於一般農民的城鄉結合部的情況。涉及 22 個省、168 個地區的《中國土地利用》調查顯示，廣大農村人口的食物中，幾乎沒有牛奶，一個男子一年平均消費 8.35 個雞蛋，蛋白質、鈣的攝入量遠遠少於西方。即使僅以食品開支衡量，中國農村絕大多數人民也基本上處於勉強度日和絕對貧困狀態。

就是這樣勉強度日的生活，也常被災荒、戰亂打破。20 世紀上半葉的中國，幾乎是無年不荒、無處無災。以 1920—1924 年五年間為例：1920 年，北方五省發生 40 年未遇的大旱，災民近 2000 萬；甘肅海原（今屬寧夏）發生 8.5 級大地震，死亡 20 餘萬。1921 年，江蘇、安徽、河南、山東、直隸、陝西、湖北、浙江八省大水。1922 年，河南 70 餘縣遭遇旱蝗，湖北先澇後旱，安徽、江蘇、河南、山東等省上年水災之地發生荒歉，江蘇、浙江、安徽三省水災災民逾 1200 萬。1923 年，18 省水災，初時各省水淹溺亡者便逾萬人，受災者 2027 萬餘人；同年陝西大旱，赤地千里，竟至易子而食。1924 年，16 省區發生水災。

旱澇、饑荒、疫病、戰亂，20 世紀上半葉的中國，從南到北，到處都有人流離失所，衣不蔽體，食不充飢。1928 年北平社會調查部發布的《第一次中國勞動年鑑》記載，湖南中部的農民"衣服僅足蔽體，料子係極粗老棉布。農民衣褲常補綴甚多，終年赤足，只有到人家拜年時，始穿一雙鞋襪。一二天後復收而藏之，預備明年此時之用"。1931 年陝西北部流行鼠疫，據統計死亡人數約在 10 萬—20 萬人之間。當時中國傳染病死亡率為 72%，是人口死亡的最重要原因。不少災民為了求得一線生機，外出逃荒。

但僅據1935年11月、12月兩個月間天津《大公報》的報道統計，天津倒斃街頭的無名乞丐便有600名之多。當時北方首屈一指的大城市尚且如此，其餘各地災民、乞丐的命運可想而知。當時中國的人口死亡率為25‰，嬰兒死亡率為200‰，產婦死亡率為15‰，平均期望壽命僅為35歲。

生計已經如此困窘，更談不上教育子女，籌謀未來。當時中國每萬人中只有小學生189.52名，中學生5.05名，大學生0.54名。同一時代的日本，這三個數字則分別是1939.17、567.27和21.44。

為了結束這樣苦難的生活，為了擺脫經濟文化落後的局面，中國人民不屈不撓、奮力抗爭，在迷霧中苦苦尋覓強國富民的新道路。

為中國革命指明方向

1921年夏，中國共產黨第一次全國代表大會召開，宣告了中國共產黨的正式成立。這是開天闢地的大事變。從此，苦難沉重的中國人民開始掌握自己的命運，謀求民族獨立、人民解放和國家富強、人民幸福的鬥爭有了主心骨、領路人。

在20世紀初的中國，一個新政黨的成立不算新鮮。1911年至1913年，各種新興團體有600餘個，其中具備近代政黨性質的有300多個。但正如中國共產黨的主要創始人之一李大釗所指出的：中國共產黨“這個團體不是政客組織的政黨，也不是中產階級的民主黨，乃是平民的勞動家的政黨”。中國共產黨從一開始就把實現共產主義作為自己的奮鬥目標，並堅持用革命的手段來實現這個目標。中共一大通過的黨的第一個綱領明確提出：我們黨承認蘇維埃管理制度，要把工農勞動者和士兵組織起來，並以實行社會革命作為自己的根本政治目的。

位於今上海興業路 76 號的中共一大會址（新華社記者劉穎　攝）

為什麼要革命？毛澤東的回答擲地有聲：為了使中華民族得到解放，為了實現人民的統治，為了使人民得到經濟的幸福。

要實現為中國人民謀幸福、為中華民族謀復興的志願，一個重大的任務就是盡快制定出一個適合中國國情的革命綱領。為此，就要了解中國的客觀的實際情形，就要像李大釗所說的那樣"打起精神來，尋著那苦痛悲慘的聲音走"，才能"曉得痛苦的人，是些什麼人？痛苦的事，是些什麼事？痛苦的原因，在什麼地方？要想解脫他們的苦痛，應該用什麼方法"。

28 歲的毛澤東換上粗布短褂，穿著草鞋，在紗廠、印刷廠、黑冶煉廠結交工人朋友，發展黨員；27 歲的鄧中夏在長辛店辦起了勞動補習學校，日班教工人子弟，夜班教工人；24 歲的周恩來組織起了旅歐中國共產主義青年團，在華工和勤工儉學的學生中常能看到他們的身影；27歲的向警予在上海平民女校教課，和南洋煙廠的女工唐景、陳倩如成了朋友，發展她們加入了共產黨……這些受過良好教育的青年，捨棄了輕鬆的生活、豐厚的收入，選擇了馬克思主義的信仰，扎進工礦廠房、田間地頭，尋著苦痛悲慘的聲音，探索為千百萬人民謀幸福的方法。

1922年6月，中國共產黨第一次發表對於時局的主張，明確指出"因為民主政治未能成功，名為共和國家，實際上仍舊由軍閥掌握政權，這種半獨立的封建國家，執政的軍閥每每與國際帝國主義互相勾結……軍閥政治是中國內憂外患的源泉，也是人民受痛苦的源泉"，並提出"取消列強在華各種治外特權""沒收軍閥官僚的財產，將他們的田地分給貧苦農民""定保護童工女工的法律及一般工廠衛生工人保險法""實行強迫義務教育"。

1922年7月，中國共產黨第二次全國代表大會在上海召開。在大會宣言中，第一次明確提出了反帝反封建的民主革命綱領，讓在黑暗中摸索了許久的人們認清了革命的對象和鬥爭的目標，為中國革命指明了方向。大會一同提出的，還有改善人民生活的大聲疾呼：

1. 改良工人待遇：（甲）廢除包工制，（乙）八小時工作制，（丙）工廠設立工人醫院及其他衛生設備，（丁）工廠保險，（戊）保護女工和童工，（己）保護失業工人……等；

2. 廢除丁漕等重稅，規定全國——城市及鄉村——土地稅則；

3. 廢除釐金及一切額外稅則，規定累進率所得稅；

4. 規定限制田租率的法律；

5. 廢除一切束縛女子的法律，女子在政治上、經濟上、社會上、教育上一律享受平等權利；

6. 改良教育制度，實行教育普及。

工時、保險、教育……與百姓生活息息相關的種種細節，讓被壓迫了上千年的中國人民感受到了這個"平民的勞動家的政黨"為窮苦大眾謀幸福、救中華大地出水火的一腔赤誠。

推翻壓在中國人民頭上的"三座大山"

剛剛成立一年，尚不足 200 人的中國共產黨，在第二次全國代表大會通過的議決案中鄭重宣示：我們共產黨不是空談主義者，不是候補的革命者，乃是時時刻刻要站起來努力工作的黨，乃是時時刻刻要站起來為無產階級利益努力工作的黨。

在帶領廣大人民開展新民主主義革命的艱辛實踐中，中國共產黨用實際行動踐行了自己的承諾。

1928 年 12 月，湘贛邊界特委公布了毛澤東總結農村革命根據地土地革命經驗制定的井岡山《土地法》，用法律的形式否定了封建土地所有制，肯定了農民分得土地的神聖權利。贛西南開展土地革命後，農民"不還租，不還債，不完糧，不納捐稅，工人增加了工資，農民分得了土地，好像解下了一種枷鎖，個個都喜形於色"。

1931 年，以江西瑞金為中心的贛南、閩西大地上，建立起一個嶄新的"廣大被剝削被壓迫的工農兵士勞苦群眾的國家"——中華蘇維埃共和國，頒布了勞動法、土地法，採用了八小時工作制，並另外頒布了許多有利於士兵、貧民、青年、婦女的法律，群眾生活有了很大改善。以興國縣長岡鄉為例，1933 年時，"衣增一倍"，"吃肉，貧農增一倍，工人增二倍"；全鄉設四所列寧小學，每村一所，學生共 187 人，佔全鄉學齡兒童總數 65%；全鄉設九所夜學，"學生平均每校約 32 人"，"全鄉 16 歲至 45 歲的青年壯年共 413 人，大多數進了夜學”。長岡鄉的老百姓說：“紅軍共產黨什麼都想到了！”“政府工作人員真正顧樂（愛惜）我們！”

全民族抗戰時期，由於水、旱、蝗、雹等自然災害和侵略者的“掃蕩”，根據地經濟形勢日益困難。中共中央以“發展經濟，保障供給”為總方針，開展大生產運動。陝甘寧邊區黨政機關、部隊戰士、領導幹部一起動手，開荒、種糧、紡線，減輕根據地人民負擔。邊區農民所交的公糧，從 1941 年佔總收穫量的 13.58%，降至 1943 年的不足 9%。1943 年以後，敵後各根據地的機關一般能自給兩三個月甚至半年的糧食蔬菜，人民的負擔佔總收入的 14% 左右。而在抗戰勝利後陝西的國民黨統治區，僅田賦一項負擔即佔去每畝收穫量的 14%—25%，此外還有徵實、徵借、省縣公糧、“綏靖”公糧，再加上抓丁、雜稅以及名目繁多的“自衛特捐”、富戶捐、被褥費、工具費、保公所麥、鄉公所麥……一般農民收入的絕大部分甚至全部均被搶去，年年揭借，生活痛苦不堪。

“領導農民的土地鬥爭，分土地給農民；提高農民的勞動熱情，增加農業生產；保障工人的利益；建立合作社；發展對外貿易；解決群眾的穿衣問題，吃飯問題，住房問題，柴米油鹽問題，疾病衛生問題，婚姻問題。總之，一切群眾的實際生活問題，都是我們應當注意的問題。”正像毛澤東所指出的，“我們對這些問題注意了，解決了，滿足了群眾的需要，我們就真正成了群眾生活的組織者，群眾就會真正圍繞在我們的周圍，熱烈地擁護我們”。成立之初僅有 50 多人、赤手空拳的中國共產黨，以為人民謀幸福的真摯初心和實際行動，團結起四萬萬五千萬人民。北伐戰爭、土地革命戰爭、抗日戰爭、全國解放戰爭……28 年艱苦卓絕的浴血奮鬥，中國共產黨團結帶領人民在實踐中找到了使革命走向勝利的道路，把被人視為“一盤散沙”的中國人民團結和凝聚成萬眾一心的不可戰勝的力量，推翻了壓在中國人民頭上的帝國主義、封建主義、官僚資本主義"三座大山"，迎來了中國人民爭取民族獨立和自身解放鬥爭的勝利。

1949 年 10 月 1 日，人民民主專政的中華人民共和國宣告成立，結束了百餘年來中華民族遭受帝國主義和封建統治壓迫與剝削的歷史，實現了中國從幾千年封建專制政治向人民民主的偉大飛躍。被壓迫、被奴役了上千年的勞動人民，被欺辱、被蔑視了一個世紀的中國人，終於成了自己國家的主人，中華民族以嶄新的姿態屹立於世界民族之林，中國歷史開始了新的紀元。這是偉大的中國人民走向繁榮昌盛的開始，為自己創造文明與幸福的開始。

2.

從工業化到“四個現代化”

新中國的成立實現了國家的統一、民族的獨立、人民的解放，為中國走向現代化提供了最基本的條件。1949 年 10 月 2 日，新中國成立的第二天，《人民日報》發表的社論《不可戰勝的人民國家》就提出：“我們必須努力恢復與發展現有的生產，並有計劃地發展新民主主義的人民經濟與文化教育事業，以便逐漸改變落後的農業國成為文明進步的工業國。”隨後，中國共產黨領導全國各族人民恢復發展國民經濟，為開始進行國家工業化、推動民族復興創造了有利條件。

工業化：夢想照進現實

工業化是現代化的基礎，是近代以來無數仁人志士夢寐以求的理想。從張之洞的“工本商末”，到康有為的“振興實業”“定為工國”，再到孫中山在《建國方略》《實業計劃》中勾畫的工業發展目標，折射出幾代中國人對國家獨立和富強的渴望。

但在半殖民地半封建社會的舊中國，外國資本—帝國主義列強在不平等條約的保護下，利用種種特權向中國進行商品輸出和資本輸出，控制了中國的財政經濟命脈。20 世紀 30 年代，帝國主義在中國的工業資本佔整個中國工業資本的 71.6%，壟斷和控制了中國生鐵產量的 96.8%，煤產量的

65.7%，發電量的77.1%，棉布產量的64%。在外資肆無忌憚的剝削和掠奪下，中國的民族工業勉力掙扎，艱難求生。到1936年，近代工業只佔國民經濟的10%，其餘是分散的、個體的農業和手工業。

就是這一點微弱的發展，還要受到國民黨官僚資本的擠壓和兼併。抗戰勝利後，官僚資本大發"接收"財，在國內工業資本總額中的比重迅速從1936年的15%膨脹至67.3%，民族資本則從85%跌至不足三分之一。經歷了戰爭的破壞和官僚資本的掠奪，中國的工業生產不僅沒有發展，反而大大下降了。以鋼鐵生產為例，1936年中國的鋼產量是41.43萬噸，美國是4853萬噸，相差116倍。到1949年，分別是15.8萬噸、7074萬噸，相差447倍。工業化的夢想幾近幻滅。

以國家富強、人民幸福為己任的中國共產黨，很早就認識到了工業化的重要性，並結合革命工作和群眾生活的需要，在局部地區進行探索實踐。國民黨區域工業大部分破產，連布匹這樣的日用品也要從美國運來的時候，解放區卻能用發展工業的方法，自己解決布匹和其他日用品的需要。1944年，毛澤東在中共中央辦公廳為陝甘寧邊區工廠廠長及職工代表會議舉辦的招待會上講話時指出："邊區工業的進步是很快的，它的數目雖小，但它所包含的意義卻非常遠大。""我們共產黨是要努力於中國的工業化的。中國落後的原因，主要的是沒有新式工業。日本帝國主義為什麼敢於這樣地欺負中國，就是因為中國沒有強大的工業，它欺侮我們的落後。因此，消滅這種落後，是我們全民族的任務。老百姓擁護共產黨，是因為我們代表了民族與人民的要求。"他要求共產黨員要關心工業，關心經濟，"學習使中國工業化的各種技術知識"。

1945年舉行的黨的七大，更加明確地提出了建立新民主主義國家、變農業國為工業國的主張："沒有工業，便沒有鞏固的國防，便沒有人民的福利，便沒有國家的富強。”這一主張得到廣大人民的擁護，被吸收進新政協制定的《共同綱領》:“中華人民共和國必須……發展新民主主義的人民經濟，穩步地變農業國為工業國。”“應以有計劃有步驟地恢復和發展重工業為重點，例如礦業、鋼鐵業、動力工業、機器製造業、電器工業和主要化學工業等，以創立國家工業化的基礎。同時，應恢復和增加紡織業及其他有利於國計民生的輕工業的生產，以供應人民日常消費的需要。”

1949 年 3 月，在革命即將取得全國性勝利前夕，毛澤東在黨的七屆二中全會上的報告中，明確提出：“在革命勝利以後，迅速地恢復和發展生產，對付國外的帝國主義，使中國穩步地由農業國轉變為工業國，把中國建設成一個偉大的社會主義國家。”

新中國成立後，按照《共同綱領》的規定，中國共產黨帶領人民完成了全國大陸的統一、土地制度改革和其他民主改革任務；肅清帝國主義在華特權和勢力，改組和改造舊的半殖民地半封建經濟，調撥資金重點恢復國計民生急需的礦山、鋼鐵、動力、機器製造和主要化學工業，同時興修水利、建設交通，恢復被長期戰爭破壞的國民經濟；統一全國收支、物資調度、現金管理，打擊投機，穩定物價，改善人民生活。到 1952 年底，全國有 3 億多無地少地的農民無償地獲得了約 7 億畝土地和大量生產資料，免除了過去每年要向地主交納的 3000 萬噸以上糧食的苛重地租。人民生活得到改善和提高，農民消費用糧比歷史上最高年份（1936 年）增長了 27.8%，城市職工的平均工資增長速度達到 60% 以上。國民經濟生產已經恢復或超過解放前的水平：糧食總產量從 1949 年的 11318.4 萬噸增加到 16393.1 萬噸，鋼產量從 15.8 萬噸增加到 135 萬噸，化肥產量從 2.7 萬噸增加到 18.1 萬噸，棉布產量從 18.9 億米增加到 38.3 億米；工業生產力在國民經濟中的地位得到加強，現代性工業產值在全國工農業總產值中的比重上升到 43.1%，重工業在工業

我國第一座無縫鋼管廠——鞍鋼無縫鋼管廠 1953 年提前完工，全部移交生產部門。這是大批新製好的無縫鋼管正被吊運輸送出廠。（新華社照片）

總產值中的比重為 35.5%。全國工農業生產達到歷史上最高水平。

中國人民在實現工業化的夢想、把一個落後的農業國變為先進工業國的道路上，終於邁出了重要的第一步。

社會主義工業化的起步

1953 年，根據國民經濟各項事業恢復發展的實際情況，黨中央正式提出逐步實現國家的社會主義工業化，並逐步實現國家對農業、對手工業和對資本主義工商業的社會主義改造的過渡時期總路線。中國國民經濟建設的第一個五年計劃，也是從這一年開始實施的。

考慮到我國當時幾乎沒有重工業，國際上又面臨帝國主義的經濟封鎖和軍事威脅等實際情況，中共中央作出了優先發展重工業的戰略決策。這一點，後來在第一屆全國人民代表大會第二次會議上通過的《關於發展國民經濟的第一個五年計劃的報告》中有詳細闡釋："只有建立起強大的重工業，即建立起現代化的鋼鐵工業、機器製造工業、電力工業、燃料工業、有色金屬工業、基本化學工業等等，才可能製造現代化的工業設備，使重工業和輕工業得到技術改造；才可能供給農業以拖拉機和其他現代化的農業機械，供給農業以充足的肥料，使農業得到技術改造；才可能生產現代化的交通工具，如火車頭、汽車、輪船、飛機等等，使運輸業得到技術改造；才可能製造現代化的武器裝備保衛祖國的軍隊，使國防更加鞏固。同時，只有在發展重工業的基礎上，才能夠顯著地提高生產技術，提高勞動生產率，不斷增加農業生產和消費品工業的生產，保證人民生活水平的不斷提高。"

"邊計劃、邊執行、邊修正"。就在參與編製新中國第一個五年計劃的幹部們不分晝夜地用算盤、計算尺、手搖計算器測算計劃數據的同時，大規模的經濟建設熱火朝天地鋪展開來。

第一座現代化大型露天煤礦建成投產了，第一套六千千瓦火力發電機組組裝成功了，鞍鋼軋出了第一根無縫鋼管，黃河上架起了第一座鐵路橋，天津研製出了第一塊國產手錶……"一五"期間，全國同時開展了一萬多個工礦建設單位的施工。到 1956 年底，"一五"計劃原定主要指標提前一年完成，工業總產值第一次超過農業總產值。新中國在工業建設上不到五年取得的成就，超過了舊中國 100 年。從前連鐵釘、火柴都被稱作"洋釘""洋火"的中國，製造出了自己的第一輛解放牌汽車、第一架新型噴氣式殲擊機，建立起了自己的石油、航空、機床、汽車、電子等舊中國根本沒有的新工業部門，為建立獨立完整的工業體系奠定了基礎。

也是在這一年，上海、北京、天津、廣州等大中城市一個接一個慶祝完成社會主義改造；加入農業生產合作社的農戶達到了 96.3%，農村也基本完成了社會主義改造。

中華民族實現了有史以來最為廣泛而深刻的社會變革。社會主義的新中國，為中國人民追求小康生活的夢想奠定了根本政治前提和制度基礎，提供了強大精神支撐和安全保證，為老百姓的生活帶來了實實在在的變化：村子裏開進了拖拉機，出現了會計、拖拉機手、氣象站技術員、圖書室管理員；農村開始建立"五保戶"制度，為缺乏或喪失勞動力、生活無依靠的老、弱、孤、寡、殘提供照顧，保吃、保穿、保燒（燃料）、保教（少年兒童）、保葬；工資改革後，原有職工平均工資比上年增長 14.5%；上海、北京、天津相繼舉行了時裝展覽會；新拍攝的《天仙配》《上甘嶺》《祝福》等電影陸續上映；新中國的運動員第一次打破了世界紀錄……一名 1957 年自費到中國旅行的英國記者在書中感慨："對十年前的中國有所了解的人都知道，對於百分之九十的人民來說，生活水平確實是提高了——五億多農民尤其如此，他們所消費的他們自己的生產品，比中國歷史上任何時候都多。"

"四個現代化"戰略目標的提出

人們第一次聽到"四個現代化"的表述，是在 1954 年 9 月舉行的一屆全國人大一次會議上通過的《政府工作報告》中："如果我們不建設起強大的現代化的工業、現代化的農業、現代化的交通運輸業和現代化的國防，我們就不能擺脫落後和貧困，我們的革命就不能達到目的。"

隨著社會主義改造的完成和工業化的發展，1956 年 9 月召開的黨的八大，對邁入社會主義後國內主要矛盾的變化作出了明確的判斷，"我們國內的主要矛盾，已經是人民對於建立先進的工業國的要求同落後的農業國的現實之間的矛盾，已經是人民對於經濟文化迅速發展的需要同當前經濟文化不能滿足人民需要的狀況之間的矛盾”，並規定了新形勢下的主要任務是“把我國盡快地從落後的農業國變為先進的工業國”。會議實際上確定了中國社會主義現代化建設分兩步走的構想：第一步，用三個五年計劃的時間初步實現工業化；第二步，再用幾十年的時間接近或趕上世界最發達資本主義國家。會上，國務院總理周恩來作了關於第二個五年計劃的建議的報告，提出了社會主義工業化的具體目標，特別強調要用好價值規律，滿足人民多樣的生活需要。

在探索和開展社會主義建設的過程中，黨和人民遭遇了“大躍進”和人民公社化運動的挫折。經過努力糾“左”和調整，黨對社會主義現代化建設的構想回到正確的軌道上來。1963 年 9 月，中央工作會議提出了完成過渡階段任務後分“兩步走”實現“四個現代化”的長遠設想：第一步，用 15 年時間，建立一個獨立的、比較完整的工業體系和國民經濟體系，使我國工業體系大體接近世界先進水平；第二步，到 20 世紀末，使我國工業走在世界前列，全面實現農業、工業、國防和科學技術的現代化。1964 年 12 月，周恩來在三屆全國人大一次會議上所作的《政府工作報告》中鄭重提出實現“四個現代化”的歷史任務，即“在不太長的歷史時期內，把我國建設成為一個具有現代農業、現代工業、現代國防和現代科學技術的社會主義強國，趕上和超過世界先進水平”。從此，“四個現代化”家喻戶曉，成為黨和全國各族人民的共同奮鬥目標，成為凝聚和團結全國各族人民不懈奮鬥的強大精神力量。

到 1965 年，我國已形成了冶金、採礦等工業設備製造以及飛機、汽車、工程機械製造等十幾個基本行業，並且能夠獨立設計和製造一部分現代化大型設備；全國有效灌溉面積達到 3305.5 萬公頃，比 1957 年增長 21%，農業機械總動力、化肥施用量、農村用電量更是增長了數倍；大部分縣、鎮通了汽車，圖書報刊的印數也有大幅增長；科技發展進步顯著，成功爆炸了第一顆原子彈，在國際上首次人工合成了結晶牛胰島素。

遺憾的是，"兩步走"實現"四個現代化"的戰略剛開始實施，就被"文化大革命"打斷，國民經濟和其他各項事業遭到極為嚴重的破壞。內亂之中，人民並沒有放棄對美好生活的追求和嚮往。1975 年 1 月舉行的四屆全國人大一次會議上，周恩來在《政府工作報告》中重提"四個現代化"，讓飽受動亂之苦的人們重新看到了希望。

3.

“翻兩番”：小康目標的確定

1976 年 10 月，黨和人民粉碎“四人幫”，結束了“文化大革命”。內亂之後，百廢待興，最重要的還是經濟建設。伴隨著撥亂反正的歷史進程，社會主義現代化建設各項事業逐步擺脫困境，人民群眾強烈希望迅速恢復發展經濟，擺脫貧困的生活；黨和國家領導人也急切地希望短期內把國民經濟搞上去，改變黨和國家工作的被動局面。

首提“小康社會”目標

1978 年，黨的十一屆三中全會摒棄“以階級鬥爭為綱”的錯誤方針，決定把黨的工作重點轉移到社會主義現代化建設上來，同時作出改革開放的重大決定。歷史進入改革開放的新時期。

面對國民經濟瀕臨崩潰的嚴峻局面，關於如何迅速恢復和發展經濟，提高廣大人民群眾的生活水平，黨中央已經著手部署工作。由於在指導思想上的偏差和對經濟建設工作上經驗的欠缺，從上至下出現了急於求成、片面追求速度的冒進急躁思想傾向，引起了鄧小平、陳雲等中央領導同志的關注。如何在中國這樣一個人口眾多、貧窮落後的東方大國開展社會主義現代化建設，剛剛復出工作不久的鄧小平認為必須要真實地了解世界現代化發展進程，做到開眼看世界。他說：“看看人家的現代工業發展到什麼水平了，也看看他們的經濟工作是怎麼管的。資本主義國家先進的經驗、好的經驗，我們應當把它學回來。"於是在1978年前後，我國先後派出多批經濟代表團、考察團，到日本、西歐和美國等發達國家參觀考察，鄧小平本人也頻繁地出國訪問，這期間的參觀考察，使得鄧小平真切地感受到中國與發達國家的差距，感受到世界現代化高度發展的水平和程度。在日本訪問期間，鄧小平看到日產汽車的勞動生產率比當時中國長春第一汽車製造廠高幾十倍時，不無感慨地說："我懂得什麼是現代化了。"在訪美期間，他還先後參觀了福特汽車廠、約翰遜航天中心、休斯頓公司、波音公司等大型現代化企業，歐美發達的生產技術、高效的生產效率、先進的機器設備，給鄧小平留下了深刻的印象，堅定了他改革的決心。

1979年3月21日，中央政治局召開會議，討論1979年國民經濟計劃和國民經濟調整問題。會上陳雲針對經濟建設中出現的急躁冒進傾向指出："制訂計劃，要從國情出發。"在23日會議上，鄧小平指出："過去提以糧為綱、以鋼為綱，現在到該總結的時候了。一個國家的工業水平，不光決定於鋼。"4月，中央召開工作會議，確定了用三年時間對國民經濟實行以調整為中心的"調整、改革、整頓、提高"的方針。同年的理論工作務虛會上，鄧小平指出"底子薄"和"人口多，耕地少"是中國實現四個現代化和中國現代化建設"必須看到"和"必須考慮"的"兩個重要特點"。

國內經濟政策的調整和放眼看世界的參觀考察，促使鄧小平對如何實現中國式的現代化進行了思考，當時的實際情況是，1978年中國人均國民生產總值是250美元，所以鄧小平認為"在本世紀末我們肯定不能達到日本、歐洲、美國和第三世界中有些發達國家的水平"。有鑑於此，1979年7月，鄧小平在青島接見山東省委和青島市委負責人時，第一次為"中國式的現代化"定出標準，他指出，"如果我們人均收入達到1000美元，就很不錯，可以吃得好，穿得好，用得好”。“吃得好，穿得好，用得好”使得“中國式的現代化”的抽象名詞，瞬間變得具體和生動，能夠帶給廣大人民群眾更加鮮活的形象和模樣。在 10 月召開的各省、市、自治區黨委第一書記座談會上，鄧小平參照國際上通用的人均國民生產總值的衡量標準，對“中國式的現代化”目標作了新的解釋和說明，他指出，“我們到本世紀末國民生產總值能不能達到人均上千美元？前一時期我講了一個意見，等到人均達到 1000 美元的時候，我們的日子可能就比較好過了”。

1979 年 12 月，鄧小平會見來訪的日本首相大平正芳，當大平正芳提出“中國在將來要實現的四個現代化的藍圖是什麼”的問題時，鄧小平沉思片刻後給出了明確的回答，他說：“我們要實現的四個現代化，是中國式的四個現代化。我們的四個現代化的概念，不是像你們那樣的現代化的概念，而是‘小康之家’。到本世紀末，中國的四個現代化即使達到了某種目標，我們的國民生產總值人均水平也還是很低的。要達到第三世界中比較富裕一點的國家的水平，比如國民生產總值人均 1000 美元，也還得付出很大的努力。就算達到那樣的水平，同西方來比，也還是落後的。所以，我只能說，中國到那時也還是一個小康的狀態。”這是鄧小平第一次提出“小康”的概念，第一次用“小康之家”來描述四個現代化的戰略目標。

鑑於黨內曾經存在並且一直尚未擺脫的急躁冒進傾向，鄧小平表現出了偉大政治家的睿智和從容，他指出“小康”是“四個現代化的最低目標”。用世界上通用的人均國民生產總值 1000 美元與人民長期以來追求的物質文化需求目標緊密地結合起來，既與世界發展潮流和經濟發展規律相符合，又使得廣大百姓有了更能發揮想像的目標和嚮往。在定量、定性的方面，做到了精細和精準，一個立足於國情、民情基礎之上的科學目標，呼之欲出。

曾在社會主義建設中作出過貢獻的勞動模範、先進生產者、上海工人代表表示決心貫徹"調整、改革、整頓、提高"的方針。（新華社記者崔寶林　攝）

"翻兩番"的目標及六條標準的確立

立足國情、尊重實際是作出決策部署的重要原則和出發點。實現人均收入 1000 美元，是否科學可行、能否按時實現、要不要調整目標，到底是"可能"還是"可行"，圍繞這些問題，1980 年，鄧小平先後到陝西、四川、湖北、河南等地調研視察。在聽取河南省委書記第一書記段君毅、第二書記胡立教關於省內經濟發展的情況匯報後，鄧小平指出："八億人口能夠達到小康水平，這就是一件很了不起的事情。""你們河南地處中原，是中州，處於中等水平，也是個標準，要認真算算賬。""'中原標準''中州標準'，有一定的代表性。""河南能上去，其他一些省也應該能上去。"同年

10 月，由於經濟形勢嚴峻，鄧小平提出："經濟工作要接受過去的教訓，再也不要打腫臉充胖子，一定要搞紮實。" 12 月，中央召開工作會議，確定了經濟上進一步調整、政治上進一步安定的方針，國民經濟調整序幕拉開。

面對經濟調整和一些人的質疑和反對，鄧小平在廣泛調研和科學細緻研判、綜合考量世界經濟發展的現狀和趨勢後，將 1000 美元的標準降為 800 至 1000 美元，並多次明確表示堅持自己這個設想。在會見日中友好議員聯盟訪華團時，他指出："經過這一時期的摸索，看來達到 1000 美元也不容易，比如說 800、900，就算 800，也算是一個小康生活了。特別是前一個時期，我們的腦子有點熱，對自己的估計不很切合實際，大的項目搞得太多，基本建設戰線太長，結果就出現問題了。儘管出現了這樣的問題，我們的目標沒有放棄，只是我們吸取和總結了經驗教訓，更加量力而行了。" 為了實現最低 800 美元的遠景構想，鄧小平提出："到本世紀末人均國民生產總值達到 800 至 1000 美元，進入小康社會。" 這個構想，被寫入 1981 年 11 月五屆人大四次會議通過的《政府工作報告》。1982 年 9 月，黨的十二大正式把鄧小平提出的 20 世紀末實現小康目標的構想確定為今後 20 年中國經濟建設總的奮鬥目標：從 1981 年到本世紀末的 20 年，力爭使全國工農業的年總產值翻兩番，即由 1980 年的 7100 億元增加到 2000 年的 2.8 萬億元左右。人民的物質文化生活達到小康水平。這就是著名的"翻兩番"。

人均 800 美元的小康目標雖然確定了，但能不能如期完成這個目標，仍然是鄧小平十分關心的問題。1982 年 10 月，鄧小平同國家計委負責人宋平談話時指出："翻兩番"靠不靠得住？十二大說靠得住。相信是靠得住的。但究竟靠不靠得住，還要看今後的工作。

帶著這種思考，1983 年 2 月，鄧小平先後到經濟發展較快的江蘇、浙江、上海等地考察，在這些地方他最為關注和反覆詢問的就是：到 2000

年，能不能實現翻兩番？有沒有信心？人均 800 美元，達到這樣的水平，社會上是一個什麼面貌？發展前景是什麼樣子？2 月 7 日，鄧小平在蘇州聽取匯報時，江蘇的同志回答用不了 20 年時間，就有把握實現翻兩番。鄧小平又問蘇州的同志："蘇州有沒有信心，有沒有可能？"蘇州方面為鄧小平提供了 16 份典型材料，從各方面介紹蘇州實行聯產承包、發展社隊工業、促進經濟增長、改善人民生活的情況和當地的發展水平。當時的蘇州經濟發展水平已位於江蘇省前列，1978 年工農業總產值為 65.59 億元，國民生產總值為 31.9 億元。到 1982 年底，工農業總產值增加到 104.88 億元，國民生產總值增加到 47.61 億元，人均接近 800 美元。四年間，蘇州的工農業總產值和國民生產總值分別以 12.45% 和 10.53% 的年均速度遞增。按照這樣的速度，蘇州大約用 15 年時間，到 1995 年就能實現"翻兩番"的目標。

在杭州，鄧小平了解到：1980 年浙江人均 330 美元，預計 1990 年可達到 660 美元，到 2000 年達到 1300 多美元，通過努力可以翻三番。了解到這些情況後，鄧小平進一步指出，到 2000 年，江蘇、浙江應該多翻一點，拉一拉青海、甘肅、寧夏這些基礎落後的省份，以保證達到全國翻兩番的目標。

蘇浙滬之行給鄧小平留下了深刻印象，使他對實現"翻兩番"的小康目標充滿了信心。在此基礎上，鄧小平開始思考經濟上"翻兩番"之後，中國的長遠發展規劃以及社會發展的相關問題。返京後，3 月 2 日，鄧小平約請中央負責人談話，介紹了他在江蘇、浙江、上海了解到的達到小康目標時的社會狀況，他總結了六條："第一，人民的吃穿用問題解決了，基本生活有了保障；第二，住房問題解決了，人均達到 20 平方米，因為土地不足，向空中發展，小城鎮和農村蓋二三層樓房的已經不少；第三，就業問題解決了，城鎮基本上沒有待業勞動者了；第四，人不再外流了，農村的人總想往大城市跑的情況已經改變；第五，中小學教育普及了，教育、文化、體育和其他公共福利事業有能力自己安排了；第六，人們的精神面貌變化了，犯罪行為大大減少。”這六條，包括經濟、政治、教育、文化和社會、法制等各個方面，不僅描述了經濟發展和人民生活的小康水平，還描述了整個社會發展的小康水平。這就是後來被認為是最早提出的小康社會的六條標準。小康社會理論由此初步形成。

“翻兩番”小康目標的提出和小康社會的六條標準的確定，是鄧小平立足於中國國情，並廣泛參考和吸取世界發達國家現代化建設的先進經驗和成果。小康目標的確定，為黨和國家科學制定和完善中國現代化發展的戰略，以及全面建設小康社會的宏偉目標，奠定了重要的理論基礎和現實依據。

4.

“三步走”：通向小康的路徑選擇

在制定和不斷完善 20 世紀末實現小康社會目標的同時，鄧小平開始把注意力更多地放在 21 世紀長遠發展戰略問題上，提出了“三步走”的戰略構想，明晰了小康的科學道路，勾畫了中國現代化發展的宏偉藍圖。

“三步走”發展戰略的提出和豐富

1981 年 9 月，鄧小平在會見日本公明黨委員長竹入義勝為團長的日本公明黨第十次訪華代表團時指出：“實現四個現代化是相當大的目標，要相當長的時間。本世紀末也只能搞一個小康社會，要達到西方比較發達國家的水平，至少還要再加上 30 年到 50 年的時間，恐怕要到 21 世紀末。”同年 11 月，他在會見美國財政部部長唐納德·里甘時進一步明確提出，在實現小康的基礎上，“在下個世紀再花 30 年到 50 年時間，接近西方的水平”。1984 年 3 月，鄧小平在會見日本首相中曾根康弘時指出：“翻兩番，國民生產總值人均達到 800 美元，就是到本世紀末在中國建立一個小康社會。這個小康社會，叫做中國式的現代化。”1984 年 4 月，鄧小平又指出：我們的第一個目標就是到本世紀末達到小康水平，第二個目標就是要在 30 年至 50 年內達到或接近發達國家的水平。

隨著改革開放的推進和經濟體制改革的深入，1984 年黨的十二屆三中全會通過《中共中央關於經濟體制改革的決定》，我國進入了全面改革的新的發展階段。這一年，我國工農業總產值增長 14.2%。比“六五”計劃確定的 1981 年到 1985 年年均增長 4% 到 5% 的目標高出了近 10 個百分點，成為我國進入新時期後經濟發展最快、最好的一年。到 1985 年 10 月，面對經濟發展的大好形勢，鄧小平十分樂觀地預見，20 世紀末人均國民生產總值 800 美元的“目標肯定能實現，還會超過一點”。因此，到 1986 年 6 月，他又對人均指標作了一個調整，把人均 800 美元改為 800 至 1000 美元。此後，他一直沿用 800 至 1000 美元或 1000 美元的說法。

1987 年 2 月，鄧小平在會見加蓬總統邦戈時，提出“到下世紀中葉我們建成中等發達水平的社會主義國家”，把他之前提出到 21 世紀中葉我國要“達到或接近發達國家的水平”的目標，修改為達到“中等發達水平”。這一修改，是經過長期的實際調研和對國內外經濟狀況的反覆對比後提出的，是符合實際、科學合理、容易達到的。1987 年 4 月，鄧小平提出：“到本世紀末，中國人均國民生產總值將近達到 800 至 1000 美元，看來 1000 美元是有希望的。”“更重要的是，有了這個基礎，再過 50 年，再翻兩番，達到人均 4000 美元的水平。”“那時，15 億人口，國民生產總值就是 6 萬億美元，這是以 1980 年美元與人民幣的比價計算的，這個數字肯定是居世界前列的。”這樣，鄧小平就把 21 世紀中葉的戰略目標確定為“中等發達國家”，具體指標是“人均 4000 美元”和“國民生產總值 6 萬億美元”。

1987 年 4 月，鄧小平在同西班牙政府副首相格拉會談時，第一次比較完整地概括了從新中國成立到 21 世紀中葉 100 年間中華民族百年圖強的“三步走”經濟發展戰略。他指出：“我們原定的目標是，第一步在八十年代翻一番。以 1980 年為基數，當時國民生產總值人均只有 250 美元，翻一番，達到 500 美元。第二步是到本世紀末，再翻一番，人均達到 1000 美元。實現這個目標意味著我們進入小康社會，把貧困的中國變成小康的中國。那時國民生產總值超過一萬億美元，雖然人均數還很低，但是國家的力量有很大增加。我們制定的目標更重要的還是第三步，在下世紀用 30 年到 50 年再翻兩番，大體上達到人均 4000 美元。做到這一步，中國就達到中等發達的水平。這是我們的雄心壯志。"

1987 年 10 月，黨的十三大正式確認了鄧小平提出的"三步走"發展戰略：第一步，實現國民生產總值比 1980 年翻一番，解決人民的溫飽問題。這個任務已經基本實現。第二步，到本世紀末，使國民生產總值再增長一倍，人民生活達到小康水平。第三步，到下個世紀中葉，人均國民生產總值達到中等發達國家水平，人民生活比較富裕，基本實現現代化後，在這個基礎上繼續前進。"三步走"戰略，使國家現代化的目標不再是可望不可即的抽象口號，而是成了看得見、摸得著的發展規劃，為全國人民建設小康社會指明了方向。在改革開放的推動下，我國經濟從 1984 年到 1988 年經歷了一個加速發展的飛躍時期，除 1986 年增長 8.5% 以外，其餘年份的增長速度都在 10% 以上。全國絕大多數地區基本解決了溫飽問題，部分地區開始向小康水平過渡。貧困地區人民生活也有了不同程度的改善。到 1990 年，"三步走"戰略目標的第一步目標順利實現。

小康社會的美好遠景

小康社會是中國現代化的重要里程碑，如何實現這一長遠目標，這個目標究竟包括哪些內容？在 20 世紀末要步入的小康社會究竟是個什麼樣的面貌？在提出小康社會的遠景目標後，從 20 世紀 80 年代中後期開始，鄧小平在提出"三步走"發展戰略的過程中，闡述了一系列新穎的設想和論斷，豐富了小康社會理論，推動了小康社會理論的實踐。

首先，黨的十三大提出了達到小康水平對經濟、社會發展的具體要求：“社會經濟效益、勞動生產率和產品質量明顯提高，國民生產總值和主要工農業產品產量大幅度增長，人均國民生產總值在世界上所佔位次明顯上升。工業主要領域在技術方面大體接近經濟發達國家七十年代或八十年代初的水平，農業和其他產業部門的技術水平也將有較大提高。城鎮和絕大部分農村普及初中教育，大城市基本普及高中和相當於高中的職業技術教育。人民群眾將能過上比較殷實的小康生活。”對小康社會，鄧小平有著生動形象的描述，他指出：“所謂小康社會，就是雖不富裕，但日子好過。”其實，這就是最貼近生活、最能讓老百姓感知的標準。

其次，小康社會堅持了馬克思主義辯證法和方法論，注重平衡、和諧、穩步、全局。小康社會是物質文明建設和精神文明建設一起抓、全面進步的社會。鄧小平說，我們進行社會主義現代化建設，“不僅經濟要上去，社會秩序、社會風氣也要搞好”。這種辯證的“兩手抓”思想，鄧小平在很多方面提出了重要論述，他指出：“搞四個現代化一定要有兩手，只有一手是不行的。”“所謂兩手，即一手抓建設，一手抓法制”；“一手抓改革開放，一手抓打擊各種犯罪活動”；“一手抓改革開放，一手抓懲治腐敗”；等等。這些論述都為小康社會的全面發展指明了道路。

最後，鄧小平指出小康社會的重要特點就是共同富裕、保持穩定。他曾多次指出：“我們搞的四個現代化，是社會主義的四個現代化。只有社會主義，才能有凝聚力，才能解決大家的困難，才能避免兩極分化，逐步實現共同富裕。如果中國只有 1000 萬人富裕了，10 億多人還是貧困的，那怎麼能解決穩定問題？我們是允許存在差別的。像過去那樣搞平均主義，也發展不了經濟。但是，經濟發展到一定程度，必須搞共同富裕。我們要的是共同富裕，這樣社會就穩定了。"對於在實現小康過程中可能出現的問題，他也十分警惕，指出："如果搞兩極分化，情況就不同了，民族矛盾、區域間矛盾、階級矛盾都會發展，相應地中央和地方的矛盾也會發展，就可能出亂子。"因此，在實踐過程中，鄧小平高瞻遠矚地提出，沿海地區和內地共同發展、相互促進的戰略構想，他指出，"我們的發展規劃，第一步，讓沿海地區先發展；第二步，沿海地區幫助內地發展"。對於共同富裕，鄧小平滿懷信心，他認為在 20 世紀的戰略目標實現後，隨著沿海地區的經濟發展，必將帶動西部內陸地區的經濟增長，歷史的發展證明，鄧小平關於先富帶動後富、發達地區帶動落後地區的戰略構想是正確的。

讓沿海地區先發展起來

小康社會是共同富裕、保持穩定的社會。鄧小平指出："社會主義的本質，是解放生產力，發展生產力，消滅剝削，消除兩極分化，最終達到共同富裕。"為此，鄧小平提出了沿海地區和內地共同發展、相互促進的兩個大局的戰略構想。即中國的發展規劃，第一步是讓沿海地區先發展，然後在此基礎上，沿海地區幫助內地發展。具體措施上，要推動沿海地區的對外開放，讓這個擁有兩億人口的寬廣區域較快地發展起來，從而帶動內地更好更快地發展。在發展到一定程度的時候，沿海地區要拿出更多力量幫助內地發展，沿海要服從這個大局。鄧小平堅定地認為，在 20 世紀末中國經濟發展第二步戰略目標實現後，東部沿海發達地區的經濟實力將會變得越來越強大，國家的經濟基礎也將更加雄厚和夯實，這些沿海地區更加大力度地為支持、幫助內地發展提供了有利條件。

共同富裕是社會主義的本質規定和奮鬥目標，也是我國社會主義的根本原則。實現全社會的共同富裕是一個長期的歷史進程，也是個複雜的歷史進程。十多億人口怎樣實現富裕，富裕起來以後財富怎樣分配，是鄧小平晚年思考最多的問題。先富帶後富、實現共同富裕的戰略構想，是鄧小平共同富裕思想的主要內容，為了避免分配不公導致的兩極分化的現象出現，鄧小平指出“要利用各種手段、各種方法、各種方案來解決這些問題”。

對於達到總體小康後，第三步怎麼走，鄧小平沒有設計出具體的步驟，但他告誡後來人，第三步比前兩步要困難得多，需要五六十年的努力。1992年他在南方談話中指出：“我們要在建設有中國特色社會主義的道路上繼續前進。資本主義發展幾百年了，我們幹社會主義才多長時間！何況我們自己還耽誤了 20 年。如果從建國起，用 100 年時間把我國建設成中等水平的發達國家，那就很了不起！從現在起到下世紀中葉，將是很要緊的時期，我們要埋頭苦幹。我們肩膀上的擔子重，責任大啊！”

從貧困到溫飽

中國是一個人口眾多的大國。千百年來，吃飯問題始終困擾著中國歷朝歷代的百姓和官員。同樣，吃飯問題也是共產黨領導的新中國必須解決的一個難題。1959 年，毛澤東在一次黨內通信中寫道：“須知我國是一個有六億五千萬人口的大國，吃飯是第一件大事。”然而，中國的農業現代化之路是坎坷的。到 1978 年改革開放之初，我國仍有 2.5 億人口沒有解決溫飽問題。可喜的是，農村改革特別是聯產承包責任制的實行，極大地解放了農村的生產力，調動了廣大農民的生產積極性，加快了農業發展和實現四個現代化的步伐，終於解決了億萬人民的溫飽問題。

1.

小康不小康，關鍵看老鄉：農村改革的起步和深化

新中國成立後，實行了土地改革，極大地解放了生產力，調動了廣大農民的生產積極性，在新中國成立初期迎來了農村發展的黃金時期。隨著我國開始大規模的工業建設，城市人口急劇增加，引起了城鄉和工業農業的矛盾。人民公社化運動中農村快速建立集體化體制的弊端已經顯露，“文化大革命”期間在全國開展“農業學大寨、普及大寨縣”，也未曾尋找到正確的出路，反而使中國農業發展陷入了更為窘困的局面。廣大農村基層幹部和億萬農民具有強烈的改革願望，即為了改變自身的面貌和命運，發揮聰明才智，自謀發展出路，帶頭衝破人民公社體制的束縛的強烈願望。這種強烈意願最終掀起了全國性的農村改革大潮。

農村改革先行突破

1978 年 12 月召開的黨的十一屆三中全會深入討論了關於加快農業發展的問題。鑑於我國農業面臨問題的嚴重性和緊迫性，全會決定，“全黨目前必須集中主要精力把農業盡快搞上去。”原則通過《中共中央關於加快農業發展若干問題的決定（草案）》和《農村人民公社工作條例（試行草案）》，並決定下發各省、市、自治區討論和試行。兩個文件的下發試行，推動了農

村改革浪潮的興起，農業大省安徽和四川走在了改革的前列。

鄧小平說，中國的改革從農村開始，農村的改革從安徽開始，萬里是立了功的。1977年6月，中央任命萬里擔任中共安徽省委第一書記。他上任之後，在積極推動全省的撥亂反正，扭轉“左”傾錯誤的同時，開展了大量的調研工作，深入到最基層的農村了解社情民意。經過認真調查和研究，1977年9月，安徽召集各地市農村政策研究室負責人召開一次座談會，圍繞農村最為突出的矛盾和解決辦法進行討論，並組織起草《關於當前農村經濟政策幾個問題的規定》，經多次座談討論，數易其稿，最後以“試行草案”的形式下發全省各地貫徹執行，這就是著名的“省委六條”。這個文件的最大特點是突破了許多禁區甚至是“原則問題”，如自留地和家庭副業，尊重生產隊自主權等等。最明顯的例子就是，1978年安徽肥西縣山南區試點包產到戶，次年獲得了夏糧大豐收，後來秋季水稻也大豐收。1978年2月3日，《人民日報》在頭版發表文章《一份省委文件的誕生》，詳細介紹了“省委六條”的主要內容、誕生背景，以及推出後廣大群眾的熱烈反響等情況。恢復工作不久的鄧小平看到後連連稱讚，他指出思想要解放一點，膽子要大一點，要抓住抓緊現在的這個時機，要找出我們自己的辦法。鄧小平還在出訪途中向四川省委主要領導作了推薦，並引起中央有關領導同志的關注。四川省委迅速制定了《關於當前農村經濟政策的幾個主要問題的規定》（即“四川十二條”），允許和鼓勵社員經營正常的家庭副業。安徽“省委六條”如一顆重磅炸彈，打破了中國農村的沉寂，以後一系列大膽的嘗試，奏響了中國農村改革的序曲，成為中國農村改革標誌性的事件。

安徽和四川的農村改革，實現了農業增產增收，調動了農民生產積極性，是對新中國成立以來我國農村經濟體制的一次重大突破，是對社會主義經濟體制的一次艱辛和成功的探索。萬里調任中央主管全國農村工作後，還主持制定了從 1982 年起連續五個關於農業的中央“一號文件”。這五個中央“一號文件”，繪製了改革開放新時期中國農村改革和發展的整幅藍圖。“要吃米，找萬里”成為人民群眾對他這一時期農村改革工作的肯定和讚揚。

農村改革的發源地：安徽鳳陽小崗村

提及中國農村改革的發源起步，必然提到安徽鳳陽縣小崗村。安徽鳳陽縣有“十年倒有九年荒”“叫花子縣”之說，梨園公社小崗村是遠近聞名的“吃糧靠供應，花錢靠救濟，生產靠貸款”的“三靠村”，小崗生產隊 20 戶人家，除了兩戶單身漢，18 戶家家討過飯。1978 年夏秋之際，適逢安徽大旱，當地農業生產面臨嚴峻困境，為了生存，小崗村 18 個農民聚在嚴立華家一起討論，以破釜沉舟的決心，秘密分田單幹。會上還定下了兩條規定：一是我們分田到戶，瞞上不瞞下，不准向任何人透露；二是上交公糧的時候，該交集體的交集體，剩下的歸自己，任何人不准裝孬。會上，寫下了全國第一份包幹合同書，18 位農民在自己的名字上重重地摁下了紅色指印，緊接著，他們丈量土地，分農具、牲畜，開始熱火朝天地幹了起來。

小崗村分田單幹的消息很快傳了出去，公社領導專門找大隊幹部進行詢問，但都被嚴宏昌等人藉口是分田到組為由搪塞過去。萬幸的是，小崗村的分田到戶得到了時任鳳陽縣委書記陳庭元的支持，有了他的撐腰，小崗村村民心中踏實了。1979 年 10 月，在這個特殊的收穫季節，小崗村交上了讓人羨慕的答卷：糧食總產量 66 噸，相當於 1966 年至 1970 年五年糧食產量總和，以往年年靠返銷救濟度日的小崗村，第一次向國家交了公糧。小崗村一鳴驚人，成為試行農村改革的明星，他們的經驗也隨之廣為傳頌。1980 年 5 月 31 日，鄧小平在同胡喬木、鄧力群關於農村政策問題的談話中指出：“安

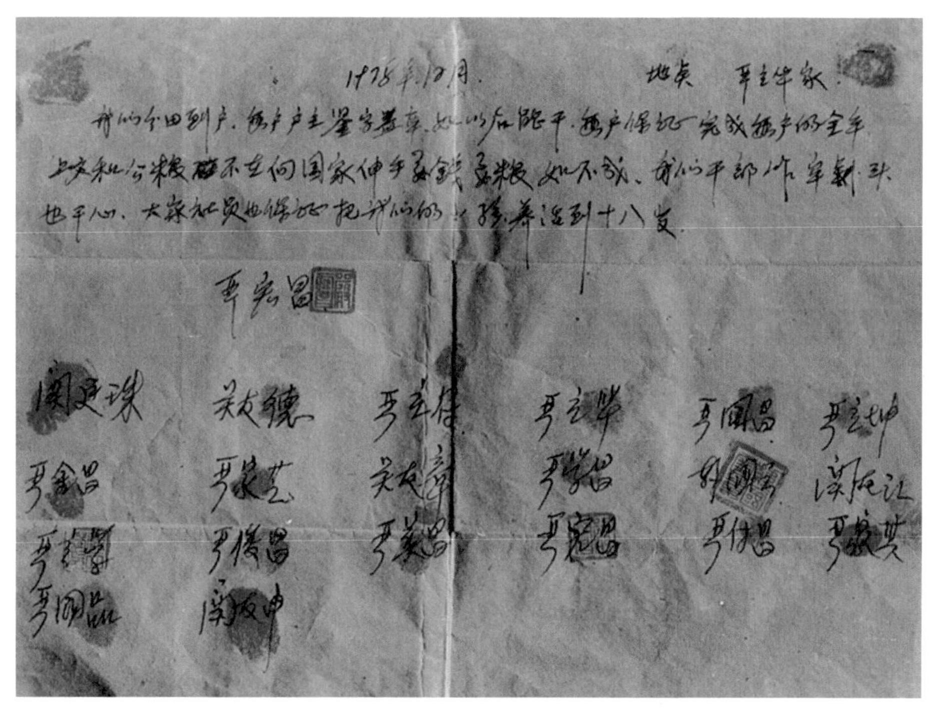

1978年12月. 地点 严立华家

我们分田到户，每户户主签字盖章，如以后能干，每户保证完成每户的全年上交和公粮，不在向国家伸手要钱要粮，如不成，我们干部作牢杀头也甘心，大家社员也保证把我们的小孩养活到十八岁

严宏昌

关廷珠 关友德 严立付 严立学 严国昌 严立坤

严金昌 严家芝 关友章 严学昌 韩国云 关友江

严立X 严俊昌 严美昌 严宏昌 严付昌 严家其

严国品 关友申

小崗村 18 位農民按下指印的“大包幹”契約（新華社照片）

徽肥西縣絕大多數生產隊搞了包產到戶，增產幅度很大。‘鳳陽花鼓’中唱的那個鳳陽縣，絕大多數生產隊搞了大包幹，也是一年翻身，改變面貌。有的同志擔心，這樣搞會不會影響集體經濟。我看這種擔心是不必要的。”

思想的總開關一旦打開，改革就如迸發的激流一樣噴湧而出，瞬間迸發出巨大的力量。誰也未曾想到，一張有 18 個紅手印的契約引發的蝴蝶效應如星星之火燎原，演變成了一場惠及中國億萬人的改革巨浪，小崗村作為農村改革的發源地成為中國現代化道路的重要歷史地標。習近平總書記評價他們道：當年貼著身家性命幹的事，成為中國改革的一聲驚雷，成為中國改革的一個標誌。

五個中央“一號文件”的歷史追溯

中國農村改革波瀾壯闊、急流勇進，展現了複雜而生動的歷史畫面。歷史的車輪滾滾向前，新生事物的誕生必然受到落後舊勢力的阻撓，中國的農村改革也是如此。在以鄧小平同志為核心的黨的第二代中央領導集體的堅強領導下，中國農村改革，不斷創新、穩步推進，在制度層面逐步完備，連續下發中央文件，推動中國農村走上了歷史發展的快車道。

1978 年安徽推行了積極靈活的農業政策，貴州、四川、內蒙古等地也開展了包產到戶的具體實踐。1979 年 7 月，鄧小平到安徽視察，對安徽的農村改革給予充分肯定和支持。1980 年 2 月，萬里調北京擔任中央書記處書記，他將安徽兩年多的實踐經驗帶到了中央的最高決策層，為農村改革奔走呼號，有力推動了農村改革的思想解放和農村改革中商品經濟的發展。

1979 年 6 月召開的五屆全國人大二次會議間隙，萬里向陳雲匯報，安徽一些農村已經搞起了包產到戶，怎麼辦？陳雲答覆：“我雙手贊成”。萬里又去詢問鄧小平的意見，鄧小平答覆：“不要爭論，你就這麼幹下去就完了，就實事求是幹下去。”但是在中央，關於包產到戶一直有兩種態度，改革的質疑聲從未平息，農村改革受到很多方面因素的影響，反對者的聲音也很大。1980 年 9 月召開的各省、市、自治區黨委第一書記座談會上，爭論依舊激烈，如黑龍江擔心包產到戶影響機械化生產，江蘇擔心包產到戶影響社隊財產等等，其他也有省份提出了自己的意見。在綜合各方意見後，中央出台了《關於進一步加強和完善農業生產責任制的幾個問題》（1980 年中央第 75 號文件），文件明確指出：“可以包產到戶，也可以包幹到戶。”正式回應了多年爭論的包產到戶的問題，並以中共中央文件的形式對包產到戶作了肯定性的回應。政策的閘門打開了，包產到戶、包幹到戶迅速席捲全國，中國農村改革大幕徐徐拉開，並將呈現出讓世界嘆為觀止的精彩內容。

1980 年 9 月上旬，五屆全國人大三次會議作出決議，同意中央提出的對國務院部分組成人員進行調整的建議，中央領導集體關於農村改革的意見得到統一。在此基礎上，1981 年，中共中央召開農村工作會議，討論起草農業問題的指示的相關文件，並將放寬政策問題作為重點，12 月中央政治局討論通過文件，定名為《全國農村工作會議紀要》，為新年的第一號文件。1982 年中央“一號文件”，是黨中央以文件形式第一次肯定家庭聯產承包責任制，結束了關於包產到戶問題長達 30 年的爭論。這份旗幟鮮明的中央一號紅頭文件，支持和鼓勵廣大農民包產包幹到戶，順應了歷史發展潮流，符合社情民意，廣大農民歡欣鼓舞。此後，連續下發的《當前農村經濟政策的若干問題》《關於一九八四年農村工作的通知》《關於進一步活躍農村經濟的十項政策》《關於一九八六年農村工作的部署》等中央“一號文件”，極大推動和有力指導了中國農村的改革。

參與制定相關文件和調研工作的著名農村問題專家陸學藝，在回憶中生動地總結道：第一個中央一號文件，農民說是“順氣丸”，農民搞包產到戶、包幹到戶更加理直氣壯；第二個中央一號文件，農民說是“大力丸”，增強了廣大農民的信心；第三個中央一號文件，農民說是“長效定心丸”，消除了農民怕變的心理顧慮；第四個中央一號文件，農民評價是“跌打丸”，出台了農產品購銷政策，但也存在著農民利益受損的現象；第五個中央一號文件，農民的評價是“樟（漲）腦丸”，隨著城市和國企改革啟動，波及農民糧價等。

農村的改革調動了億萬農民的生產積極性，解放了農村生產力，使農業生產迅速扭轉了長期徘徊不前的局面。1979 年至 1984 年，農業總產值以年均 7.7% 的速度增長，平均每年增產糧食 171 億公斤。1984 年糧食產量達

我國重要的商品糧基地吉林省梨樹縣，1982 年向國家交售商品糧 9 億斤。這是梨樹縣第二糧站正在收購新糧。（新華社記者袁兆義　攝）

到 4073 億公斤，人均 393 公斤，接近世界人均水平。同時，家庭聯產承包責任制的普遍實行，人民公社制度的取消，為農村商品經濟的發展創造了條件。值得一提的是，農村改革直接推動了鄉鎮企業的崛起。鄉鎮企業的前身是農村手工業和社隊企業，其發展經歷了一個艱難而漫長的過程。鄉鎮企業的產生和發展，改變了我國二元經濟結構，使農村中集體的、個體的及私營的企業如雨後春筍般成長起來，打破了農村、農業、農民三位一體的自然經濟，湧現出一大批企業家。1984 年全國鄉鎮企業發展到 606 萬個，鄉鎮企業總產值達 1709 億元，鄉鎮企業總收入達 1537 億元，從業人員 5206 萬人，佔農村總人口勞動力的 14%。鄉鎮企業的發展壯大，在提供財政收入、解決農村剩餘勞動力、發展出口貿易、推進我國工業化進程方面作出了重要貢獻。

改革的力量是巨大的，中國用了三年多的時間，在全國實行了以包幹到戶為主要形式的家庭聯產責任制，取得了巨大的成功，改變了落後的生產體制，極大地調動了廣大農民的生產積極性。隨著家庭聯產承包責任制的推行和農業生產率的提高，中國農村向著專業化、商品化、社會化的生產方向開始轉變，為中國農村的改革發展奠定了堅實基礎，客觀上影響和推動著城市的經濟體制改革。

2.

解放生產力，發展生產力：以城市為重點的經濟體制改革

1956 年，隨著社會主義改造的基本完成，我國確立了社會主義基本制度，確立了高度集中的計劃經濟體制。在我國推進工業化初期，這種體制對於迅速恢復國民經濟，集中力量開展大規模社會主義建設發揮了重要的作用。但是隨著時間的推移和經濟的發展，這種高度集中的計劃經濟體制的弊端愈來愈顯現出來，並且嚴重地阻礙了社會生產力的發展。鄧小平認為，只講在社會主義條件下發展生產力，沒有講還要通過改革解放生產力，不完全，“應該把解放生產力和發展生產力兩個講全了”。作為中國改革開放和社會主義現代化建設的總設計師，鄧小平領導了以城市為重點的經濟體制改革，推動了社會主義市場經濟制度在我國的成功確立。

先行試點打破思想的束縛

在中國農村改革的大幕徐徐拉開後，家庭聯產承包制度極大地解放了農村生產力，推動了農村生產力的發展，短時間內取得了豐碩的成果。1984 年，全國糧食增產量就達到 4070 億斤，創造了歷史最高紀錄。面對日益高漲的農村發展形勢，城市的發展還是計劃經濟體制模式，條塊分割，依靠指令性計劃和行政手段開展生產，造成生產效率低下、人浮於事，“吃大鍋

飯”現象嚴重，城市的改革迫在眉睫。黨的十一屆三中全會提出了“堅決實行按經濟規律辦事，重視價值規律的作用”的論點，理論上有所突破。實際上，在黨的十一屆三中全會前，城市經濟體制改革已在內地部分地區進行試點。十一屆三中全會後，在對改革試點經驗進行初步總結基礎上，開始對城市經濟體制改革進行探索。1978 年 10 月，四川省確定成都灌縣（今都江堰市）寧江機床廠等六家企業率先進行擴大企業自主權改革試點，得到中央的支持。黨中央決定進一步擴大試點企業範圍。1979 年 5 月，國家經委等六部門選擇首都鋼鐵公司、天津自行車廠、上海柴油機廠等八家企業進行擴大企業自主權改革試點。

幾十年習慣於計劃經濟的生活模式的社會大眾，對於市場、商品、價值等有著天然的抵觸，在人們的思想認識中，市場經濟就是資本主義，社會主義就是計劃經濟。在這種情形下，如何改變人們的僵化思想和固有思維，迫切需要中央層面的領導表態、政策支持和文件說明。

1978 年 12 月，鄧小平在中央工作會議上發表《解放思想，實事求是，團結一致向前看》的講話中指出：“現在我國的經濟管理體制權力過於集中，應該有計劃地大膽下放，否則不利於充分發揮國家、地方、企業和勞動者個人四個方面的積極性，也不利於實行現代的經濟管理和提高勞動生產率。應該讓地方和企業、生產隊有更多的經營管理的自主權。”1979 年 4 月召開的中央工作會議對我國經濟體制改革的方向、步驟作了原則規定。會議確定，鑑於在最近幾年內，國民經濟將以調整為中心，城市改革只能在局部領域進行，認真調查研究，搞好試點。改革要側重於擴大企業自主權，增強企業活力，實行嚴格的經濟核算，認真執行按勞分配原則，把企業經營好壞同職工物質利益掛鉤。要劃分中央和地方的管理權限，在中央統一領導下，調動地方管理經濟的積極性。要精簡行政機構，更好地運用經濟手段來管理經濟。要在整個國民經濟中，以計劃經濟為主，同時充分重視市場調節的作用。在這次會議精神指導下，以擴大企業自主權為主要內容的城市經濟體制改革逐步開展起來。同年 7 月，國務院印發《關於擴大國營工業企業經營管理自主權的若干規定》等五個文件，用來指導改革，並要求地方和部門再選擇一些企業進行試點。據統計，1979 年底全國試點企業擴大到 4200 個，1980 年 6 月發展到 6600 個，約佔全國預算內工業企業數的 16%，產值和利潤分別佔 60% 和 70% 左右。

城市經濟體制改革的初步展開

農村改革的步伐日益加快，對外開放尤其是特區發展突飛猛進，中國經濟發展進入快車道，倒逼加快城市改革的步伐。此時，城市經濟體制改革首先從擴大企業自主權、實行經濟責任制、改革所有制結構等方面尋找到了突破口。

擴大企業自主權的目的就是讓企業有部分的自主計劃權、產品銷售權和資金使用權，以及部分的幹部任免權等。此外，自主權的擴大，有助於培養企業的經營意識，增強企業市場意識，推動企業了解市場需要、關心盈利虧損，逐步擺脫企業只按照國家指令性計劃生產的傳統思維和落後思想。擴大自主權是適應企業市場經濟的"催化劑"，比如：1979 年 6 月 25 日《人民日報》刊出了四川省寧江機床廠向全國發出"我們這裏有機床賣"的一則不到 50 字的廣告，迅速使該廠積壓的機床成為暢銷產品，變產銷脫節為雙方滿意，產生了良好的企業效益和社會影響。

在及時總結擴大自主權改革試點經驗基礎上，自 1981 年開始，從中央到地方，逐步開始實行經濟責任制改革，目的就是改善企業和職工的關係，

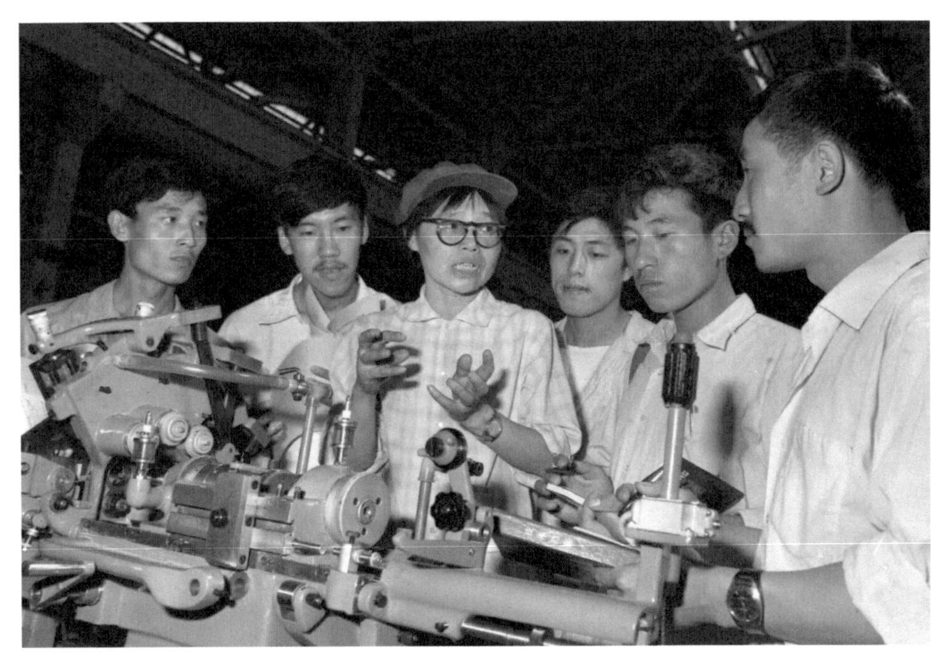

四川寧江機床廠在擴大企業自主權中，狠抓產品質量升級，增強了競爭能力。這是機床廠的技術人員在講解機床結構情況。（新華社記者熊汝清　攝）

搞活企業。這次，經濟責任制改革首先由山東省在企業中試行。主要措施是通過承包劃分國家同企業之間、企業同職工之間的責權利關係，堅持按勞分配的原則，最大可能地調動企業和職工的積極性。10 月，國務院批轉《關於實行工業生產經濟責任制若干問題的意見》，要求在各工業企業中研究執行。有了中央政策的支持，經濟責任制在很短時期內推行到全國 3.6 萬個工業企業。

此時，尚處於改革初期，由於經濟責任不能觸及企業獨立的市場主體問題，所以這種改革還很不徹底。同時，商業流通體制改革也在悄然推動，從 1979 年起，國務院有關部門先後重新限定農副產品的統購和派購範圍，1980 年又進一步放寬農副產品的購銷政策，放寬自由運銷範圍，允許供銷合作社基層社可以出縣出省購銷，集體所有制商業、個體商販和農民也可以長途販運，提倡廠店掛鉤、隊店掛鉤、產銷直接見面。這些主動靈活的措施，為加快城鄉商品流通奠定了堅實基礎。

隨著商品流通的加快，要求轉變過去片面追求“一大二公”的所有制結構的改革呼聲日漸高漲。此時的形勢是，隨著上千萬知識青年陸續返回城市，國營和集體企業安置壓力巨大，全社會的就業問題十分突出。鑑於此種情況，從 1979 年起，黨中央、國務院開始逐步採取措施支持城鎮集體經濟和個體經濟的發展，允許多種經濟形式並存，採取靈活措施拓寬勞動就業渠道和搞活經濟。

1980 年 8 月，中央召開全國勞動就業工作會議，會後印轉了會議議定的文件《進一步做好城鎮勞動就業工作》：提出解決城鎮就業問題，在國家統籌規劃和指導下，實行勞動部門介紹就業、自願組織起來就業和自謀職業相結合的方針。到 1980 年底，通過興辦各種類型的集體經濟，包括街道辦集體企業和民辦集體企業，吸收了全國城鎮 651 萬人就業。集體經濟、個體經濟，全民、集體、個體聯營經濟多種經濟形式的存在，不僅讓“文化大革命”期間上山下鄉知識青年回城後的就業問題有了更多的解決方案，而且多種經濟形式的湧現和發展，極大地促進了市場的繁榮，進一步擺脫了計劃經濟體制的束縛和限制，推動了經濟社會的發展。需要提及的是，這些改革和試點，範圍還僅限於部分地區，相關的政策法規還很不完善，要想從根本上解決城市經濟體制改革中存在的弊端和缺陷，依然任重而道遠。

以城市為重點推進經濟體制改革

黨的十二大召開後，經濟體制改革全面展開，改革的重點逐步轉向城市，城市經濟體制改革由試點發展到全面鋪開。

1984 年 10 月，黨的十二屆三中全會通過《中共中央關於經濟體制改革的決定》，總結新中國成立以來特別是黨的十一屆三中全會以來經濟體制改革的經驗，初步提出和闡明了經濟體制改革的一系列重大理論和實踐問題。這個文件的重大貢獻是突破把計劃經濟同商品經濟對立起來的傳統觀念，提出我國社會主義經濟是"公有制基礎上的有計劃的商品經濟"；突破把全民所有同國家機構直接經營企業混為一談的傳統觀念，提出"所有權同經營權可以適當分開"。這是黨在計劃與市場關係問題上得出的全新認識。《決定》就增強企業活力、發展社會主義商品經濟、重視經濟槓桿作用、實行政企職責分開、擴大經濟技術交流等一系列重大問題作出部署。隨後，以城市為重點的經濟體制改革全面展開。城市改革的逐步深入、所有制結構的變化、經濟槓桿的宏觀調控，對發展經濟、方便人民生活和擴大就業起了積極作用，隨著各方面改革的逐步推進展開，過去僵化封閉的計劃經濟體制開始被打破，農業、工業、商業、城市的改革穩步推進，對外開放的步伐進一步加大，中國經濟發展的面貌煥然一新。

3.

解決深度貧困地區人民的溫飽問題

黨的十一屆三中全會後，以鄧小平同志為主要代表的中國共產黨人立足國情、審時度勢，以超凡的政治勇氣、理論勇氣及實事求是的科學態度，以實現共同富裕為目標，在深入認識貧困的實質基礎上，提出了一系列有關消除貧困的新論述新舉措，把中國共產黨人對於貧困尤其是解決深度貧困地區人民的溫飽問題的認識提高到了一個新水平，在實踐上給予多方政策扶持，促進了農村貧困地區的經濟發展，扶貧工作取得了顯著成效，贏得了國內外的關注和認可。

大力發展經濟來實現脫貧

1987 年 5 月，鄧小平在會見新加坡第一副總理吳作棟時指出："從 1957 年至 1978 年，'左' 的問題使中國耽誤了差不多 20 年。中國在這一時期也有發展，但整個社會處於停滯狀態。那段時期，農民年均現金收入 60 元，城市職工月收入 60 元。在近 20 年的時間裏沒有變化，按照國際標準，一直處於貧困線以下。" 在深刻總結國際共產主義運動的經驗和我國社會主義建設過程中正反兩方面的經驗教訓並吸收借鑑其他社會主義國家建設得失成敗經驗的基礎上，鄧小平提出要通過解放生產力發展生產力，大力發展經濟來實現脫貧。鄧小平認為，社會主義制度優越性就是在於我們的社會生產力和人民的物質文化生活水平超過資本主義國家，並把它作為“社會主義和資本主義誰戰勝誰”的最大的政治問題。在此基礎上，黨中央對解決深度貧困地區人民溫飽問題進行了深入思考和調研，逐步深化了對扶貧的認識。

隨著我國經濟體制改革不斷推進，國民經濟調整深入進行，商品經濟迅速發展，打破了僵化的計劃經濟桎梏，農業、工業、商業取得突破性進展。一是完善和穩定了以家庭聯產承包責任制為基礎的農村改革。隨著家庭聯產承包責任制的普遍推行，尊重人民群眾的選擇，克服了以往分配中的平均主義、“吃大鍋飯”等弊病，極大地提高了農業生產效率，中國農村向著專業化、商品化、社會化生產方向轉變。二是城市經濟體制改革從試點到全面鋪開。從中央到地方，湧現出多種經濟形式，突破了把計劃經濟同商品經濟對立的傳統觀念，逐步從經濟責任制和財政體制等方面進行改革，增強了企業

改革開放初期，日新月異的深圳市蛇口工業區。（新華社記者徐佑珠　攝）

活力，股份制企業不斷出現，城市在財政、稅收、金融、商業、勞動工資等方面的改革都有了長足進步。三是對外開放和經濟特區的創辦。開拓性地利用外資、興辦中外合資經營企業和中外合作經營企業，助推改革開放。同時創辦了經濟特區，顯現了良好的發展勢頭，成為改革開放的窗口。四是啟動了政治體制改革。改革黨和國家領導體制，努力探索具有中國特色的，以制度化、法律化為主要內容的政治體制和具體制度。這一時期，撥亂反正的全面展開，解決歷史遺留問題的有序進行，社會主義民主法治建設逐步走上正軌，各項事業蓬勃發展，經濟發展水平不斷提高，這一切為解決深度貧困地區人民的溫飽問題奠定了紮實有力的物質和制度基礎。

制定政策推動扶貧

貧困問題是一個世界性的難題。經濟社會發展的不平衡、社會生產力發展水平低下，都是導致貧困的重要原因。鄧小平認為："中國既是大國，又是小國。大就是地方大，人口多；小就是人均國民收入很低。我國大而貧窮，還是一個不發達的國家，或者稱發展中國家。對內設法擺脫貧困，對外維護世界和平，這是我們工作的總綱領。現在我們實行對外開放政策。一個國家關起門來固然搞不好建設，但對外開放政策也必須建立在自力更生的基礎上。要根據自身條件，制定獨立的政策。只有這樣，才能擺脫困境。"

1979 年通過的《中共中央關於加強農業發展若干問題的決定》，揭開了農村經濟改革與發展的帷幕，也開啟了中國反貧困的新征程。尤其是以家庭聯產承包為主題的生產責任制和以統分結合的雙層經營體制為內容的農村經濟體制改革，極大地調動了農民的生產積極性，取得了豐碩的成果，遏制了農村的貧困狀況，為經濟發展創造了條件。鄧小平指出："就我們國家來講，首先是要擺脫貧窮。要擺脫貧窮，就要找出一條比較快的發展道路。”消除貧困特別是解決深度貧困地區人民的溫飽問題是與社會主義經濟建設、農村經濟發展一脈相承的，對消除貧困的工作機制進行了許多有益探索，中國的扶貧工作，從“輸血型”到“造血型”、從“救濟式”扶貧到“開發式”扶貧，找到了一條成功的路子。

“發揮社會主義制度能夠集中力量辦大事的優勢”。1984 年 9 月，黨中央、國務院發出了《關於幫助貧困地區盡快改變面貌的通知》，通過設立專項資金、制定明確計劃，正式拉開了我國有組織、有計劃、大規模扶貧開發的序幕。《通知》要求各級黨委和政府必須高度重視幫助貧困地區發展的重要戰略意義，拿出切實可行的措施幫助貧困地區人民擺脫貧困，向全國經濟發展水平看齊。1986 年 5 月 16 日，國務院成立了貧困地區經濟開發領導小組，這是貧困地區的經濟開發工作的協調機構，中國的扶貧開發事業有了制定反貧困方針、政策和規劃的樞紐。其後，從國務院到貧困面較大的省、市（地）、縣，扶貧開發領導機構和辦事機構相繼組建，由政府牽頭、組織、協調、監督、檢查的扶貧開發工作卓有成效地在全國大規模啟動。

中國的國情決定了不可能同時、同步、同等程度消滅貧困。消滅貧困的進程只能是漸進式、優先式的，只能遵循客觀規律逐步推進。1978 年 12 月，鄧小平在中央工作會議上所作的《解放思想，實事求是，團結一致向前看》的講話中提出：“在經濟政策上，我認為要允許一部分地區、一部分企業、一部分工人農民，由於辛勤努力成績大而收入先多一些，生活先好起來。一部分人生活先好起來，就必然產生極大的示範力量，影響左鄰右舍，帶動其他地區、其他單位的人們向他們學習。這樣，就會使整個國民經濟不斷地波浪式地向前發展，使全國各族人民都能比較快地富裕起來。”這個思想在解決貧困問題上也得到了貫徹，那就是逐步通過生產力的發展梯次解決普遍貧困問題。

將深度貧困地區人民的溫飽問題作為工作重點

鄧小平把農村經濟的發展、農民生活水平的提高和中國經濟的發展、解決深度貧困地區人民的溫飽問題緊密結合起來。他指出："只有佔中國 80% 人口的農民富裕起來，中國才算富起來"，"農民沒有擺脫貧困，就是我國沒有擺脫貧困"。為了解決深度貧困地區溫飽問題，黨中央實施了以"三西"（指甘肅的河西、定西和寧夏的西海固）地區農業建設為主要內容的區域性扶貧開發計劃，出台了專門針對貧困地區的優惠和扶持政策。1984 年中央發出《關於幫助貧困地區盡快改變面貌的通知》，指出：由於自然條件、工作基礎和政策落實情況的差異，農村經濟還存在發展不平衡的狀況，特別是還有幾千萬人口的地區仍未擺脫貧困，群眾的溫飽問題尚未完全解決，其中絕大部分是山區，有的是少數民族聚居地區和革命老根據地。

鄧小平指出："中國根據自己的經驗，不可能走資本主義道路。道理很簡單，中國十億人口，現在還處於落後狀態，如果走資本主義道路，可能在某些局部地區少數人更快地富起來，形成一個新的資產階級，產生一批百萬富翁，但頂多也不會達到人口的百分之一，而大量的人仍然擺脫不了貧窮，甚至連溫飽問題都不可能解決。只有社會主義制度才能從根本上解決擺脫貧窮的問題。" 中國如果放棄堅持社會主義制度將會連溫飽問題都解決不了。要解決我國的貧困問題和中國發展問題，就要堅持社會主義，堅持改革開放。實踐證明，發揮制度優勢，聚焦農村扶貧，是廣大貧困地區人民擺脫貧困奔向富裕的有效途徑。

這一系列方針政策，大大緩解了貧困問題，贏得了廣大人民群眾的擁護。自 20 世紀 80 年代中期以來，我國開始有組織、有計劃、大規模地進行農村扶貧開發。1986 年，國家科委、農業部、民政部等十個部委率先定點包扶貧困地區，推動定點扶貧工作不斷發展。在這個過程中，扶貧工作從最初的政府動員逐步向制度化、組織化、長期化邁進，參與的主體日漸多元，扶貧效果明顯，扶貧機制科學，扶貧體系完整，成為中國扶貧工作尤其是深度貧困地區扶貧的重要特點，充分顯示了社會主義制度的優越性。

4.

發展社會主義民主，健全社會主義法制

中國的小康是全面的小康，是“物質文明、政治文明、精神文明、社會文明、生態文明協調發展的小康；是不斷滿足人民日益增長的多樣化多層次多方面需求，不斷促進人的全面發展的小康；是國家富強、民族振興、人民幸福，多維度、全方位的小康”。因此，民主和法制建設是小康社會建設的重要內容。

黨的十一屆三中全會明確提出，發展社會主義民主，健全社會主義法制是國家的一項根本任務。鄧小平多次強調說：要繼續發展社會主義民主，健全社會主義法制。這是三中全會以來中央堅定不移的基本方針，今後也決不允許有任何動搖。全面小康既有效保障人民經濟權利，也有效保障人民政治權利。能夠實現中國人民當家作主，依法享有廣泛、充分、真實的民主，真正成為國家、社會和自己命運的主人。

沒有民主，就沒有社會主義現代化

“文化大革命”對中國民主和法制的踐踏，教訓是慘痛而深刻的。黨的十一屆三中全會後，黨和國家相繼明確了一定要靠法制來治理國家的根本原則，提出為了保障人民民主，必須加強社會主義法制，使民主制度化、法律化，使制度和法律具有穩定性、連續性和權威性，做到有法可依、有法必依、執法必嚴、違法必究；強調制度問題更帶有根本性、全局性、穩定性和長期性；要靠法制，搞法制靠得住些；一手抓建設，一手抓法制等一系列重要的決策和思想。

1978 年 12 月，鄧小平在中共中央工作會議閉幕會上明確指出："為了保障人民民主，必須加強法制。必須使民主制度化、法律化，使這種制度和法律不因領導人的改變而改變，不因領導人的看法和注意力的改變而改變。現在的問題是法律很不完備，很多法律還沒有制定出來。往往把領導人說的話當做'法'，不贊成領導人說的話就叫做'違法'，領導人的話改變了，'法'也就跟著改變。"充分強調了民主和法制對社會主義現代化建設的重要性，明確提出不能用"人治"代替"法治"的思想。

同時，鄧小平還提出了加強法制建設的一系列必要的現實任務。"應該集中力量制定刑法、民法、訴訟法和其他各種必要的法律，例如工廠法、人民公社法、森林法、草原法、環境保護法、勞動法、外國人投資法等等，經過一定的民主程序討論通過，並且加強檢察機關和司法機關，做到有法可依，有法必依，執法必嚴，違法必究。"

在新時期社會主義現代化建設過程中，隨著經濟體制改革的全面展開，社會主義民主法制建設實現新的邁進。

1980 年 8 月，鄧小平在中央政治局擴大會議上討論黨和國家領導制度改革時指出，要保證充分發揚人民民主，要肅清封建主義殘餘影響，切實改革並完善黨和國家的制度，"從制度上保證黨和國家政治生活的民主化、經濟管理的民主化、整個社會生活的民主化，促進現代化建設事業的順利發展"。1987 年 3 月，鄧小平在一次談話中指出："搞社會主義現代化建設，沒有這兩個開放不行。同時，還要使人民有更多的民主權利，特別是要給基層、企業、鄉村中的農民和其他居民以更多的自主權。在發揚社會主義民主的同時，還要加強社會主義法制，做到既能調動人民的積極性，又能保證我們有領導有秩序地進行社會主義建設。”充分說明了社會主義現代化建設和小康社會的建設離不開民主和法制。在這些思想的指引下，我國的民主法制建設沿著健康的道路得以順利發展。

實行村民自治

黨的十一屆三中全會後，以包產到戶為主要形式的家庭聯產承包責任制在農村迅速發展，極大地解放和發展了農村的生產力。與此同時，原來實行的“三級所有、隊為基礎”的“政社合一”管理體制逐步瓦解。這一變革，極大地調動了農民生產的積極性，促進了農村生產力的迅速發展。與此同時，隨著人民公社解體、集體經濟削弱甚至消失，農村公共事務面臨無人管事、無錢辦事的新的問題，迫切要求農村事務的治理方式也要發生改變。廣西等地的農民自發地組織起來，建立“村民委員會”“村民自治會”一類組織，民主推選負責人，來辦理本村的公共事務和公益事業。

1980 年 9 月，當時擔任全國人大憲法修改委員會副主任委員的彭真在主持憲法修改工作的時候，對這種新的村民自治形式給予了很大關注。1981 年下半年，彭真派全國人大法制委員會的幹部到廣西宜山和羅城兩個縣對村民自治的形式進行了調查研究，並同民政部有關方面負責人一起聽取匯報，總結經驗。1982 年 4 月，彭真在五屆全國人大常委會第二十三次會議上建議，將村民委員會定性為基層群眾性自治組織，並寫入憲法。這一舉措為後來農村基層群眾自治提供了憲法依據。

1987 年 11 月，六屆全國人大常委會第二十三次會議通過了《村民委員會組織法（試行）》。這部法律從 1988 年 6 月 1 日起施行，它的頒布為廣大農民行使基層民主權利走上法制化軌道提供了法律保障，有力地促進了中國農村基層民主建設的發展。後來經過十年的試行，1998 年 11 月，九屆全國人大常委會第五次會議通過了《村民委員會組織法》，村民自治獲得了更加充分和堅實的法制保障。

民主是社會主義的本質要求，在中國實現人民當家作主是一個關係國家長治久安的大問題。在中國農村，實行村民自治，是實現農民當家作主的好辦法，使中國億萬農民的民主權利真正落到實處。通過村民自治，實現村民的自我管理、自我教育、自我服務，能夠極大地激發農民的主動性、創造性和當家作主的責任感，進一步發展農村的生產力，促進農村經濟和社會的發展，為小康社會的建設提供有力保障。

村民自治的實現是社會主義基層民主建設的重要內容。1987 年 3 月，鄧小平在會談中明確指出要給基層、企業、鄉村中的農民和其他居民以更多的自主權。同年 8 月，在另一次會談中，鄧小平又說："把權力下放給基層和人民，在農村就是下放給農民，這就是最大的民主。我們講社會主義民主，這就是一個重要內容。"

村民自治在中國農村的實行和村民自治法制化的實現對於中國基層民主政治建設和推動農村小康社會建設起到非常積極的作用。

"1982 年憲法"

黨的十一屆三中全會後，國家層面加快了立法的腳步。1982 年憲法的制定是我國社會主義民主法制建設進步的重要標誌，為當時經濟體制改革和經濟發展、社會穩定、小康社會的建設提供了重要的政治保證，標誌著中國現代化建設事業的新發展。

關於制定 1982 年憲法，鄧小平提出要求：要使我們的憲法更加完備、周密、準確，保障人民真正享有管理國家各級組織和各項企業事業的權力，享有充分的公民權利。

1980 年 9 月，憲法修改委員會正式成立，葉劍英為主任委員，宋慶齡、彭真為副主任委員，彭真具體負責憲法修改的工作。1982 年 12 月，五屆全國人大五次會議審議通過了全面反映新時期黨和人民共同意志的新憲法。新憲法正確總結新中國成立以來的歷史經驗，明確今後國家的根本任務是集中力量進行社會主義現代化建設，用根本法的形式對我國的根本政治制度和基本政治制度、基本經濟制度、公民的基本權利和義務、國家機構的設置和職責等重大問題作出明確規定。

新憲法除了對一系列重大的問題作出了明確的規定，還確定了“任何組織或者個人都沒有超越憲法和法律的特權”“中華人民共和國公民在法律面前一律平等”等重要的原則。中國各族人民將繼續在中國共產黨的領導下，不斷完善社會主義的各項制度，發展社會主義民主，健全社會主義法制，自力更生，艱苦奮鬥，逐步實現工業、農業、國防和科學技術的現代化，把我國建設成為高度文明、高度民主的社會主義國家。

值得說明的是，1982 年憲法在結構上作了一個具有重要的歷史意義的重大調整。將公民的基本權利和義務一章調到了國家機構一章的前面，充分體現了國家一切權力屬於人民與國家尊重和保障人權。這是鄧小平作出的回答，要把“公民的基本權利和義務”擺在“國家機構”前面。國家的一切權力屬於人民，國家機構是根據人民的授權建立的。憲法結構的變動，充分表明國家對保障憲法規定的公民權利的高度重視。同時，按照鄧小平提出的要切實讓人民享有充分的公民權利的要求，對公民的各項權利和自由也作出了廣泛而充分的規定，同時對公民應當履行的義務也作出明確的規定。

新憲法的出台得到了全國各族人民的熱烈擁護。人們紛紛爭相學習新憲法，表示堅決維護和執行新憲法。人們普遍認為，新憲法是保證開創社會主義現代化建設新局面的根本法，是保障“四化”建設順利進行的強大武器。

當時的《人民日報》曾這樣報道：

昆明機床廠廣大幹部職工看到新憲法後，立即展開學習。許多人高興地表示，一定要認真貫徹執行新憲法，為實現十二大制定的到本世紀末工農業年總產值翻兩番的戰略目標作出新貢獻。

受到中共貴陽市委表揚的好幹部、貴陽第二玻璃廠黨支部書記兼廠長張潤堂在學習新憲法後表示：今後我們就可以放心大膽地幹社會主義現代化建設了！

可以說，新憲法的出台為小康社會的建設提供了法律的保障，給積極投身於現代化建設的中國人民吃了一顆定心丸，極大地鼓舞了士氣。

在國際上，新憲法也得到一系列的肯定，國際輿論普遍認為新憲法作了重大改革，具有顯著的時代特點，它標誌著中國現代化建設事業的新發展。美國《紐約時報》評論說，中國新憲法是一部“有中國特色的、適應新的歷史時期社會主義現代化建設需要的、長期穩定的憲法”。

“一五”普法活動

1986 年開始的全國範圍的“一五”普法活動，為保障改革開放和現代化建設的順利進行和創造安定團結的政治局面發揮了重要作用。

1985 年 11 月，中共中央和國務院批轉了中央宣傳部和司法部《關於向全體公民基本普及法律常識的五年規劃》的通知。之後，六屆全國人大常委會第十三次會議通過《關於在公民中基本普及法律常識的決議》，決定從

1986 年起，爭取用五年左右的時間，有計劃、有步驟地在一切有接受教育能力的公民中，普遍進行一次普及法律常識的教育，並且逐步做到制度化、經常化。

1986 年，這場聲勢浩大的在億萬人民群眾中普及法律常識、開展法制宣傳教育的宏大工程正式開始了。“一五”普法活動取得了很好的效果，極大地增強了人民的法制觀念，形成了學法、守法、用法的新風尚，對小康社會的建設起到了很好的促進作用。

普法活動是加強我國社會主義民主和法制建設的有力舉措，對於鞏固和發展安定團結的政治局面，爭取社會風氣、社會秩序、社會治安狀況的根本好轉，使國家長治久安起到了重要作用；對於保障和促進社會主義物質文明和精神文明的建設，逐步實現工業、農業、國防和科學技術的現代化，也具有十分重要的現實意義和深遠的歷史影響。

5.

“既要高度發達的物質文明，也要高度發達的精神文明”

進行現代化建設和小康社會建設是僅僅解決好關乎人們衣食住行的生活問題就夠了嗎？是僅僅大力發展生產力，提高人民生活水平，建設物質文明就夠了嗎？

真正的小康是全面的小康，中國共產黨人充分認識到。全面小康，是物質文明和精神文明協調發展的小康，既是國家經濟實力增強，也是國家文化軟實力提升；既是人民倉廩實、衣食足，也是人民知禮節、明榮辱。1983年，鄧小平在會見印度共產黨（馬克思主義）中央代表團時曾這樣說：在社會主義國家，一個真正的馬克思主義政黨在執政以後，一定要致力於發展生產力，並在這個基礎上逐步提高人民生活水平，這就是建設物質文明。過去很長一段時間，我們忽視發展生產力，所以現在我們要特別注意建設物質文明。與此同時，還要建設社會主義的精神文明，最根本的是要使廣大人民有共產主義的理想，有道德，有文化，守紀律。

社會主義精神文明建設指導方針的提出

社會主義精神文明建設是隨著黨的十一屆三中全會作出把黨和國家工作重心轉移到現代化建設上來而開始的，貫穿於建設小康社會的偉大實踐過程之中。

1979年，葉劍英在慶祝中華人民共和國成立30週年大會上的講話中明確提出："我們所說的四個現代化，是實現現代化的四個主要方面，並不是說現代化事業只以這四個方面為限。我們要在改革和完善社會主義經濟制度的同時，改革和完善社會主義政治制度，發展高度的社會主義民主和完備的社會主義法制。我們要在建設高度物質文明的同時，提高全民族的教育科學文化水平和健康水平，樹立崇高的革命理想和革命道德風尚，發展高尚的豐富多彩的文化生活，建設高度的社會主義精神文明。這些都是我們社會主義現代化的重要目標，也是實現四個現代化的必要條件。"這是第一次明確提出"社會主義精神文明建設"的科學概念，也明確提出精神文明建設是社會主義現代化建設的重要目標和必要條件。

1983年3月，鄧小平概括提出了小康社會的六個標準。其中第五個標準是"中小學教育普及了，教育、文化、體育和其他公共福利事業有能力自己安排了"；第六個標準是"人們的精神面貌變化了，犯罪行為大大減少"。這兩個標準的實現和社會主義精神文明建設密不可分。

1984年在中央顧問委員會第三次全體會議上，鄧小平指出："真正到了小康的時候，人的精神面貌就不同了。物質是基礎，人民的物質生活好起來，文化水平提高了，精神面貌會有大變化。"由此可見，小康社會不僅僅是物質文明發達的社會，也是精神文明發達的社會，只有發達的物質文明，沒有發達的精神文明，不是真正的小康社會。因此，小康社會是物質文明建設和精神文明建設要一起抓、物質文明和精神文明都發達的社會。

黨中央提出社會主義精神文明建設，是清醒認識中國社會發展現實情況的結果。1981年6月，黨的十一屆六中全會通過的《關於建國以來黨的若干歷史問題的決議》強調社會主義必須有高度的精神文明。1982年黨的十二大將建設高度的社會主義精神文明確定為我國社會主義現代化建設的一個戰略方針。1986 年 9 月，黨的十二屆六中全會作出了《關於社會主義精神文明建設指導方針的決議》。《決議》從社會主義現代化建設總體布局的高度闡述了社會主義精神文明建設的戰略地位和根本任務。《決議》指出以馬克思主義為指導的社會主義精神文明是社會主義社會的重要特徵，它為物質文明的發展提供精神動力和智力支持，為它的正確發展方向提供思想保證，搞好這項建設是關係社會主義興衰成敗的大事。《決議》也明確強調搞資產階級自由化是根本違背人民利益和歷史潮流的，為廣大人民所堅決反對。這個決議是黨的第一個關於精神文明建設的綱領性文件，為我國精神文明建設的發展提供了基本的指導方針。

培育“四有”新人

現代化建設的過程中不僅要有高度的物質文明，還要有高度的精神文明。那麼精神文明的內容包括什麼？1980 年 12 月，鄧小平在中共中央工作會議上指出：“所謂精神文明，不但是指教育、科學、文化（這是完全必要的），而且是指共產主義的思想、理想、信念、道德、紀律，革命的立場和原則，人與人的同志式關係，等等。”這就把社會主義精神文明建設的內涵明確為思想道德建設和文化建設兩個方面。把思想道德建設放在首位，決定著精神文明建設的性質和方向。正如鄧小平所說：“沒有共產主義思想，沒有共產主義道德，怎麼能建設社會主義？”

在這一思想的指引下，培育“有理想、有道德、有文化、有紀律”的“四有”新人，隨著社會主義現代化建設的開展而成為社會主義精神文明建設的根本任務。“四有”新人是國家對公民的基本要求，也是提高整個中華民族的思想道德素質和科學文化素質的基本內容，是精神文明建設的重要目標。要實現社會主義現代化，要建設小康社會，必須培養出一代有理想、有道德、有文化、有紀律的人才。

"四有"新人的提出有一個歷史的過程。1980 年 5 月 26 日，鄧小平給《中國少年報》和《輔導員》雜誌題詞："希望全國的小朋友，立志做有理想、有道德、有知識、有體力的人，立志為人民作貢獻，為祖國作貢獻，為人類作貢獻。" 1982 年 5 月 4 日，《人民日報》發表的社論《當代青年的歷史使命》中把鄧小平的題詞延伸為"培養青年成為有理想、有道德、有文化、有紀律、有強健體魄的新一代。這不僅是學校和共青團的責任，而且要靠所有家庭和整個社會的共同努力"。1982 年 7 月 4 日，鄧小平在軍委座談會上的講話中指出："搞社會主義精神文明，主要是使我們的各族人民都成為有理想、講道德、有文化、守紀律的人民。" 黨的十二大報告中指出使"越來越多的社會成員成為有理想、有道德、有文化、守紀律的勞動者"。1985 年 3 月 7 日，鄧小平在全國科技工作會議上指出，"我們在建設具有中國特色的社會主義社會時，一定要堅持發展物質文明和精神文明，堅持五講四美三熱愛，教育全國人民做到有理想、有道德、有文化、有紀律"。

以"五講四美三熱愛"（講文明、講禮貌、講衛生、講秩序、講道德，心靈美、語言美、行為美、環境美和熱愛祖國、熱愛社會主義、熱愛中國共產黨）活動為代表的群眾性精神文明創建活動，對當時中國城鄉精神文明建設工作也產生了十分重要和積極的影響。1981 年開始，以"五講四美三熱愛"為主題的活動先後展開。1983 年 2 月，黨中央、國務院決定在中央和各省、自治區、直轄市成立"五講四美三熱愛"活動委員會，並設立了相應辦事機構。1984 年以後，"創建文明城市"等活動相繼在全國陸續展開。

反對資產階級自由化

黨的十一屆三中全會後，隨著改革開放的不斷深入，客觀環境的變化迫切要求加強社會主義精神文明建設。建設社會主義精神文明，必須抵制盲目推崇西方資產階級腐朽文化的錯誤傾向，堅決反對要脫離社會主義道路和脫離黨的領導的資產階級自由化的思潮。

1982 年 9 月，鄧小平在黨的十二大開幕詞中明確提出了在 20 世紀末的近二十年內要抓緊進行的四件工作是我們堅持社會主義道路，集中力量進行現代化建設的最重要保證，其中第二條就是建設社會主義精神文明。1985 年 9 月，鄧小平在中國共產黨全國代表會議上指出，“不加強精神文明的建設，物質文明的建設也要受破壞，走彎路。光靠物質條件，我們的革命和建設都不可能勝利”。

在現代化建設的過程中，絕對不能忽視精神文明建設，否則就會帶來不好的結果，反過來制約和影響物質文明的建設。小康社會建設全面開展後，隨著經濟的發展，對外開放的擴大，出現了一些不正之風、消極腐敗現象，社會風氣出現了一些問題。1986 年 1 月，鄧小平在中央政治局常委會上的講話中說：經濟建設這一手我們搞得相當有成績，形勢喜人，這是我們國家的成功。但風氣如果壞下去，經濟搞成功又有什麼意義？

1986 年黨的十二屆六中全會通過的《中共中央關於社會主義精神文明建設指導方針的決議》中明確提出反對資產階級自由化。在十二屆六中全會討論《決議》（草案）時，鄧小平明確指出搞自由化就是要把中國現行的政策引導到走資本主義道路上去。“這個思潮不頂住，加上開放必然進來許多烏七八糟的東西，一結合起來，是一種不可忽視的、對我們社會主義四個現代化的衝擊。” 因而，“反對自由化，不僅這次要講，還要講十年二十年”。

1987 年 3 月，鄧小平又說還要“加上五十年”。

然而，黨的十二屆六中全會決議所強調的加強馬克思主義在精神文明建設中的指導地位和反對資產階級自由化的內容在一段時間裏沒有得到切實有力的貫徹，一些地方、部門出現了“一手硬，一手軟”的現象。1989 年前後的一段時期內，資產階級自由化的思潮有所氾濫，西方的拜金主義、享樂主義等消極的思想湧入，一部分青年中也出現了盲目迷信西方自由主義、民主個人主義的傾向。鄧小平 1989 年 6 月在接見首都戒嚴部隊軍以上幹部時曾指出：“十年最大的失誤是教育”，“四個堅持、思想政治工作、反對資產階級自由化、反對精神污染，我們不是沒有講，而是缺乏一貫性，沒有行動，甚至講得都很少。不是錯在四個堅持本身，而是錯在堅持得不夠一貫，教育和思想政治工作太差”。同年，江澤民在慶祝中華人民共和國成立 40 週年大會上的講話中專門闡述了社會主義精神文明建設的指導方針，指出堅持社會主義物質文明和精神文明一起抓，是我們的基本方針。“要深刻吸取近幾年來物質文明建設和精神文明建設一手硬一手軟的教訓，在努力發展物質文明的同時，切實抓好精神文明建設。”

因此，真正的小康社會，是物質文明和精神文明建設兩手一起抓、全面進步的社會。1992 年鄧小平在南方談話中表明了我們黨抓精神文明建設的堅定決心：“我提出反對資產階級自由化還要搞二十年，現在看起來還不止二十年。資產階級自由化氾濫，後果極其嚴重。”“不僅經濟要上去，社會秩序、社會風氣也要搞好，兩個文明建設都要超過他們，這才是有中國特色的社會主義。”

6.

人才優勢與小康目標

科技和教育的發展為建設小康社會提供強大的思想保證、精神動力和智力支持。20 世紀 80 年代中期，我國的經濟發展被納入依靠科技進步的軌道，科學、教育佔據優先發展的戰略地位。教育科學文化事業在我國現代化建設中發揮著重要作用，黨中央對此高度重視，調整政策，採取措施，極大地推動了科技和教育方面工作的發展。

1977 年 9 月，鄧小平在與教育部主要負責同志談話時說：“我知道科學、教育是難搞的，但是我自告奮勇來抓。不抓科學、教育，四個現代化就沒有希望，就成為一句空話。抓，要有具體政策、具體措施，解決具體的思想問題和實際問題。” 後來，科技和教育事業的蓬勃發展也成為我國在 20 世紀 80 年代中後期經濟社會得以迅速發展的重要原因，對小康社會的建設起到了巨大的推動作用。

科學和教育是四個現代化的希望所在

1978 年 3 月，鄧小平在全國科學大會開幕式上說：“四個現代化，關鍵是科學技術的現代化。沒有現代科學技術，就不可能建設現代農業、現代工業、現代國防。沒有科學技術的高速度發展，也就不可能有國民經濟的高速度發展。” 他指出要在短短二十多年中實現四個現代化，大大發展生產力，必須大力發展科學研究事業和科學教育事業，必須大力發揚科學技術工作者和教育工作者的革命積極性。

1982 年 10 月，中央在召開的全國科學技術獎勵大會上提出科技戰略總方針“科學技術工作必須面向經濟建設”，“經濟建設必須依靠科學技術”。當時中國的科技體制，存在一定程度的弊端，人才不能合理流動，科技人員的主動性、積極性和創造性不能夠得到很好發揮。1984 年 10 月 22 日，鄧小平在談到《中共中央關於經濟體制改革的決定》時講到，這個文件最重要的是第九條“尊重知識，尊重人才”八個字，事情成敗的關鍵就是能不能發現人才，能不能用人才。

20 世紀 80 年代初，中國科學院物理所的陳春先、紀世瀛等在中國科學院體制外成立了北京等離子體學會先進技術發展服務部。由於主要創始人是物理所的科技人員，產生了一些“擾亂科研秩序”等議論，服務部幾乎被封殺。後來在北京市科協的支持下，通過採訪報道等渠道，得到了中央領導的認可和鼓勵。中關村第一家民辦科技機構煥發了生機。1984 年，在中關村，大批科技人員創業，一大批民營科技公司先後成立，形成了“中關村電子一條街”的雛形。科學技術工作者創業創新的浪潮逐漸掀起。以解放科學技術生產力、調動科學技術人員積極性為目的的科技體制改革的序幕拉開。

1985 年 3 月，我國科技體制改革的綱領性文件《中共中央關於科學技術體制改革的決定》發布。決定指出：“科學技術體制改革的根本目的，是使科學技術成果迅速地廣泛地應用於生產，使科學技術人員的作用得到充分發揮，大大解放科學技術生產力，促進經濟和社會的發展。”

科技體制改革全面展開後，取得了非常好的成效。科研生產聯合體達到一萬餘家，科研機構創辦的獨資、合資技術經濟實體達到 4000 多個。科技人員創辦的民辦科技機構有兩萬多家，從業人員超過 50 萬人。科學技術對我國經濟建設的服務產生了巨大的經濟和社會效益。

科學技術在小康社會建設中所起到的巨大作用也被人民群眾充分認識到。正如 1985 年 3 月鄧小平在全國科技工作會議上的講話中說："我很高興，現在連山溝裏的農民都知道科學技術是生產力。他們未必讀過我的講話。他們從親身的實踐中，懂得了科學技術能夠使生產發展起來，使生活富裕起來。農民把科技人員看成是幫助自己擺脫貧困的親兄弟，稱他們是'財神爺'。'財神爺'這個詞，不是我的用語，是農民的發明。但是，他們的意思，同我在科學大會上講的話是一樣的。"

科技人員被農民發自肺腑地稱為是幫助農民脫貧致富的"財神爺"，農民這種樸實的比喻證明了一個問題：人才特別是懂科學技術的人才是建設小康社會的重要力量，小康目標的實現必須依靠人才優勢。

通過發展教育事業培養建設小康社會的人才

小康社會的建設需要合格的人才。只有發揮巨大的人才優勢，小康社會的建設目標才能實現。在 1978 年 3 月召開的全國科學大會上，鄧小平曾指出："歷史上的生產資料，都是同一定的科學技術相結合的；同樣，歷史上的勞動力，也都是掌握了一定的科學技術知識的勞動力。我們常說，人是生產力中最活躍的因素。這裏講的人，是指有一定的科學知識、生產經驗和勞動技能來使用生產工具、實現物質資料生產的人。" 1985 年 5 月，鄧小平在全國教育工作會議上指出："一個十億人口的大國，教育搞上去了，人才資源的巨大優勢是任何國家比不了的。有了人才優勢，再加上先進的社會主義制度，我們的目標就有把握達到。現在小學一年級的娃娃，經過十幾年的學校教育，將成為開創二十一世紀大業的生力軍。"

面對與西方國家的差距，早在 1977 年鄧小平復出整頓時就曾說：“我們國家要趕上世界先進水平，從何著手呢？我想，要從科學和教育著手。”“我們要實現現代化，關鍵是科學技術要能上去。發展科學技術，不抓教育不行。靠空講不能實現現代化，必須有知識，有人才。沒有知識，沒有人才，怎麼上得去？”“同發達國家相比，我們的科學技術和教育整整落後了二十年。科研人員美國有一百二十萬，蘇聯九十萬，我們只有二十多萬，還包括老弱病殘，真正頂用的不很多。”

1982 年黨的十二大明確“小康”戰略目標的同時，大會報告中也明確指出當時我國人才特別是科技人才匱乏的現狀：四個現代化的關鍵是科學技術的現代化。目前我國許多企業生產技術和經營管理落後，大批職工缺乏必要的科學文化知識和操作技能，熟練工人和科學技術人員嚴重不足。……總之，在今後二十年內，一定要牢牢抓住農業、能源和交通、教育和科學這幾個根本環節，把它們作為經濟發展的戰略重點。

教育直接影響著勞動者的素質和知識分子的數量和質量，直接影響我國經濟社會的發展和小康社會的建設。建設小康社會人才的培養，基礎在教育。1983 年 10 月 1 日，鄧小平為景山學校題詞：“教育要面向現代化，面向世界，面向未來。”這句話是鄧小平深思熟慮的結果，也是鄧小平在新的歷史時期對教育工作指導思想的精闢概括。鄧小平根據當時新技術革命發展的形勢和我國國內現代化建設的形勢，針對當時中國的教育與現代化建設不相適應的實際情況提出了這一方針，後來也成為當代中國教育改革和發展的根本指導思想和戰略方針。

1985 年 5 月，鄧小平在全國教育工作會議上的講話中指出：“我們多次說過，我國的經濟，到建國一百週年時，可能接近發達國家的水平。我們這樣說，根據之一，就是在這段時間裏，我們完全有能力把教育搞上去，提高

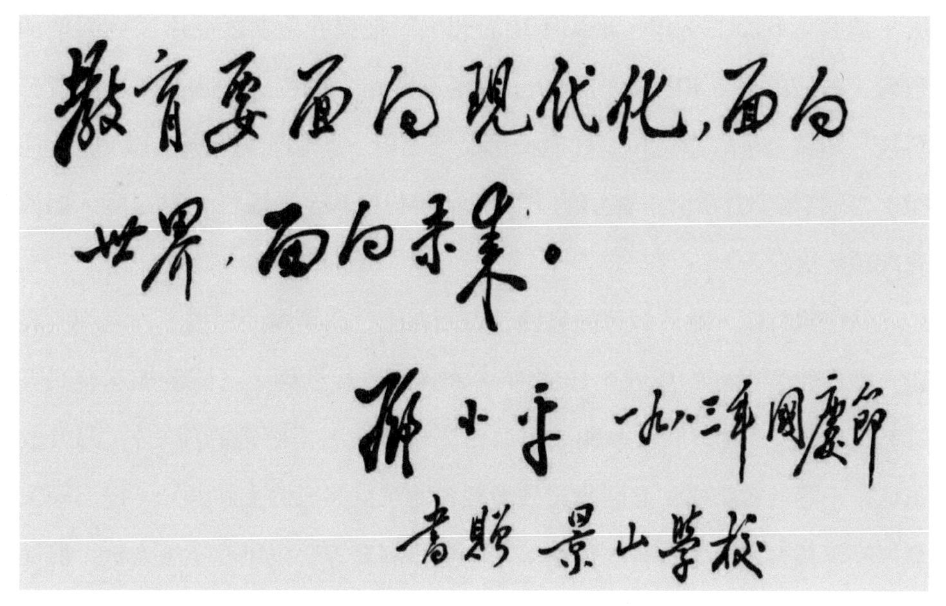

鄧小平同志為景山學校題詞（新華社照片）

我國的科學技術水平，培養出數以億計的各級各類人才。我們國家，國力的強弱，經濟發展後勁的大小，越來越取決於勞動者的素質，取決於知識分子的數量和質量。”我國教育事業的大發展，科技和教育的結合，為小康目標的實現培養了一批又一批的生力軍。

1987 年，黨的十三大進一步把教育提到首要位置和突出的戰略位置。十三大報告再次強調指出：“把發展科學技術和教育事業放在首要位置，使經濟建設轉到依靠科技進步和提高勞動者素質的軌道上來。……從根本上說，科技的發展，經濟的振興，乃至整個社會的進步，都取決於勞動者素質的提高和大量合格人才的培養。百年大計，教育為本。必須堅持把發展教育事業放在突出的戰略位置，加強智力開發。”

1988 年，鄧小平在聽取關於價格和工資改革初步方案匯報時指出：“從長遠看，要注意教育和科學技術。否則，我們已經耽誤了二十年，影響了發展，還要再耽誤二十年，後果不堪設想。”他還在這次談話中談到要增加教育、科技的投入和提高知識分子待遇等問題。他特別強調“關於教育、科技、知識分子的意見，是作為一個戰略方針，一個戰略措施來說的”。他說：“我們要千方百計，在別的方面忍耐一些，甚至於犧牲一點速度，把教育問題解決好。”

在這個時期，關於教育的發展等方面在國家政策層面經過了一系列的規劃，並取得了很好的成效。1983 年，國務院先後批轉了《關於加速發展高等教育的報告》《關於加強和改革農村學校教育若干問題的通知》《關於改革城市中等教育結構、發展職業技術教育的意見》三個文件通知，提出國家發展高等教育和中等教育的規劃：其中全日制高等學校年度招生人數，擬從 1982 年的 31.5 萬人增加到 1987 年的 55 萬人，增加 75%，在實際執行時力爭多招一些；廣播電視大學、函授大學、夜大學等招生人數擬由 1982 年的 29 萬人增加到 1987 年的 110 萬人，增長 2.8 倍。高等教育得以全面恢復。

農村學校教育通過國家和個人集資等多渠道辦學，1990 年以前在農村基本普及初等教育，有條件的地區積極發展幼兒教育；發展職業教育，1990 年農村各類職業技術學校在校生數達到或略超過普通高中。城市職業技術教育應逐步發展成為與普通教育並行的體系。

基礎教育領域提出並逐步實現普及九年義務教育的做法。《中共中央關於教育體制改革的決定》中第一次正式提出實施“九年義務教育”。1986 年 4 月，六屆全國人大四次會議審議通過了《中華人民共和國義務教育法》，並於 1986 年 7 月 1 日起實施。這是中國教育史上具有里程碑意義的重要事件，以法律的形式保障了公民享受教育的權利，也充分體現了黨和國家對社會主義現代化建設事業中人才培養工作的高度重視。

1985 年 5 月，中共中央會議上通過了《中共中央關於教育體制改革的決定》，這標誌著我國的教育事業發展進入了新的階段。《決定》中明確提出教育的指導思想：“教育必須為社會主義建設服務，社會主義建設必須依靠教育。”同時明確“社會主義現代化建設的宏偉任務，要求我們不但必須放手使用和努力提高現有的人才，而且必須極大地提高全黨對教育工作的認識，面向現代化、面向世界、面向未來，為九十年代以至下世紀初葉我國經濟和社會的發展，大規模地準備新的能夠堅持社會主義方向的各級各類合格人才”。

由於黨和國家對教育事業的重視，20 世紀 80 年代我國的高等教育、中等教育、基礎教育等都得到了飛速的發展，為培養建設小康社會的各級各類人才奠定了良好的基礎。

7.

實現第一步戰略目標，基本解決溫飽問題

溫飽問題是關係到國計民生的大問題，是小康的六個指標中的重要目標之一，也是“三步走”發展戰略的第一步，至關重要的一步。萬事開頭難，第一步能否走好，關係到下面兩步能否順利實現。

中國經濟飛速發展

1977 年，中國的國內生產總值為 3201.9 億元，人口是 94974 萬，人均國內生產總值為 339 元，還有相當一部分的人民群眾吃不飽穿不暖，更不必說住房等條件的改善。在農村，貧困發生率高於 30%，城鎮的貧困絕對發生率也高於 10%，相對貧困的現象更是非常普遍。按照中國政府確定的貧困標準，1978 年，農村貧困人口為 2.5 億人，佔農村總人口的 30.7%，有接近三分之一是貧困人口，三個人中就有一個處於貧困狀態。改革開放以來，我國經濟飛速發展，交出了靚麗的成績單。

1984 年至 1988 年，中國經濟處在飛速發展的階段，除 1986 年的增長速度為 8.5% 之外，其餘年份的增長速度都保持在 10% 以上。國民生產總值也從 1984 年的 7206.7 億元增長到 1988 年的 14922.3 億元，增長了一倍多，事實上提前實現了原來計劃的 1990 年國民生產總值比 1980 年翻一番的目標。全國的絕大多數地區也基本解決了溫飽問題，部分地區開始向小康水平

過渡。“三步走”戰略目標的第一步已基本實現，同時標誌著中國社會主義現代化建設開始進入向“第二步 20 世紀末實現翻兩番”進軍的歷史階段。1990 年，我國國民生產總值按照不變價格計算比 1980 年增長了 1.36 倍，平均每年增長 9%，大大高於世界經濟的平均發展速度。中國人民的生活水平由貧困達到了溫飽，這是一個歷史性的跨越。

1987 年 10 月 25 日至 11 月 1 日，黨的十三大在北京舉行。黨的十三大報告中指出，隨著生產的發展，十億人口的絕大多數過上了溫飽生活。部分地區開始向小康生活前進。還有部分地區，溫飽問題尚未完全解決，但也有了改善。

1989 年 9 月 29 日，在慶祝中華人民共和國成立 40 週年大會上，江澤民在講話中鄭重宣布：“全國人民的溫飽問題基本解決，一部分居民生活開始向小康水平邁進。”

江澤民在講話中充分闡述了新中國成立 40 年來我國經濟飛速發展和中國人民收入水平顯著提高的偉大成就，指出 1978 年十一屆三中全會以來的十年也是國民生產總值迅速增長和人民群眾生活水平顯著提高的十年。講話中說：“黨的十一屆三中全會以來的十年，我們堅持以經濟建設為中心，堅持四項基本原則，堅持改革開放，國家經濟實力迅速增強，人民得到了更多的實際利益。1979—1988 年，按可比價格計算，我國國民生產總值平均每年增長 9.6%，超過 1953—1978 年每年平均增長 6.1% 的速度，大大高於世界上絕大多數國家年平均增長 2%—4% 的速度。1988 年和 1978 年相比，進出口總額增長 4 倍。這十年間，扣除價格上漲因素，農民人均純收入平均年增長 11.8%，城鎮居民人均收入平均年增長 6.5%。十年來，城鄉共新建住宅約 80 億平方米。在吃、穿、用、住全面改善的基礎上，城鄉居民儲蓄存款由 1978 年末的 211 億元，增加到 1988 年末的 3802 億元。這十年的巨大成就，是貫徹十一屆三中全會以來路線、方針、政策的結果，也是前三十年中社會主義革命和建設成果的進一步發展。”

這些巨大的成就充分表明，對於中國實現現代化、建設小康社會的目標而言，“基本解決溫飽問題”雖然是一小步，但又是一大步，至關緊要的一步。

人民生活水平顯著提高

在建設小康社會的過程中，伴隨著家庭聯產承包責任制的推行以及城市地區一系列分配制度改革措施的出台，中國城鄉居民收入水平和生活水平有了顯著的提高。

1987 年 8 月 10 日，新華社的報道指出，1978 年到 1986 年間，農民的人均純收入增加了 290 元。農村貧困戶減少，溫飽、富裕和小康戶增加。農民昔日溫飽型消費的特徵逐步消失，新的消費特徵開始顯現出來：商品性消費明顯增加；食品消費佔生活消費的比重下降；居住條件明顯改善；衣著消費明顯趨向成衣化和城市化；家用電器已進入農民家庭，耐用貴重物品數量增加。

富裕戶大幅度增加，貧困戶大幅度縮減。1987 年 8 月 16 日新華社報道，國家統計局抽樣調查表明，城鄉人民收入得到很快的提高，1981 年的“高收入階層”（人均月收入在 60 元以上）每萬戶中有 649 戶，1986 年已經升到 6335 戶，五年中增加到近 10 倍。與此同時，1980 年到 1986 年，農村貧困戶佔總農戶的比重已經從 61.6% 下降到 11.3%。農戶的人均純收入已經從 1980 年的 60.3 元增加到 157.5 元，增長了 1.6 倍。

城鎮居民人均可支配收入從 1978 年的 343 元增加到 1991 年的 1701

元，年均實際增長 13.1%。農村居民人均可支配收入從 1978 年的 134 元增加到 1991 年的 709 元，年均實際增長 13.7%。

1989 年 10 月 15 日，國家統計局和聯合國的權威資料表明，中國人民的生活質量水平已經高於發展中國家的平均水平，中國人民的生活質量與中等收入的發展中國家相比，已經大體相當。無論是營養方面每人每天食物消耗熱值還是穿衣方面人均纖維消耗量，都已經高於發展中國家的平均水平。人民群眾在消費、教育、醫療、社會福利等各個方面都得到明顯改善。經濟界人士指出，我國以全世界 7% 的耕地，養活了佔世界 22% 的人口，解決了中國 11 億人口的溫飽問題，人均產量達到中等收入發展中國家的水平。

在這一基礎上，中國人民的吃、穿、用、醫療保健等方面都發生了巨大的變化。

1979 年至 1984 年，我國農業總產值以年均 7.7% 的速度增長，1984 年中國糧食產量達到了創紀錄的 4073 億公斤，人均達到 393 公斤，接近世界的平均水平。

在改革開放初期，由於人們的收入水平不高，在衣著方面只能滿足保暖和禦寒的需求，不講究款式和美觀，色彩單調。1979 年農村居民人均憑票購買的棉布、化纖布等約為 18.3 尺，人均購買棉花約 0.4 公斤，人均購買膠鞋、球鞋和皮鞋僅有 0.3 雙。隨著經濟的發展，人民生活水平提高，人們在衣著需求方面發生了巨大的變化，開始注重時尚、美觀，服裝的質地、款式和色彩的搭配，服裝時裝化和個性化成為新的追求。

在家庭耐用消費品方面，人民生活也發生了巨大的變化。在改革開放初期，手錶、自行車、縫紉機是中國居民談婚論嫁必備的三大件。1979 年，中國城鎮居民平均每百戶擁有手錶 204 隻、自行車 113 輛、縫紉機 54.3 架；農村居民平均每百戶擁有手錶 27.8 隻、自行車 36.2 輛、縫紉機 22.6

架。當時，電視機還屬於稀缺消費品，1980 年，城鎮居民平均每百戶擁有黑白電視機 32.0 台，農村居民平均每百戶僅有 0.4 台。到了二十世紀八九十年代，中國家庭的耐用消費品開始向電氣化轉變，家電產品走進千家萬戶。新“三大件”變為冰箱、洗衣機、彩色電視機。1989 年，中國城鎮居民平均每百戶擁有冰箱 36.5 台、洗衣機 76.2 台、黑白電視機 55.7 台、彩色電視機 51.5 台；農村居民平均每百戶擁有冰箱 0.9 台、洗衣機 8.2 台、黑白電視機 33.9 台、彩色電視機 3.6 台。

為更快發展作準備

解決溫飽問題是“三步走”發展戰略中的第一步，也是至關緊要的一步。1984 年 3 月 25 日，鄧小平在會見日本首相中曾根康弘時曾說：“翻兩番，分成前十年和後十年，前十年主要是為後十年的更快發展做準備。”這就明確地為第一步戰略目標實現的意義定下了基調。

1985 年，鄧小平在中國共產黨全國代表會議上的講話中指出：“現在人們說中國發生了明顯的變化。我對一些外賓說，這只是小變化。翻兩番，達到小康水平，可以說是中變化。到下世紀中葉，能夠接近世界發達國家的水平，那才是大變化。到那時，社會主義中國的分量和作用就不同了，我們就可以對人類有較大的貢獻。”

1987 年 4 月 30 日，鄧小平在會見外賓時曾提到：“我們原定的目標是，第一步在八十年代翻一番。以 1980 年為基數，當時國民生產總值人均只有 250 美元，翻一番，達到 500 美元。”“現在我們可以說，第一步的原定目標可以提前在今年或者明年完成。這並不意味著第二步就很容易。”

1988 年 6 月 3 日，鄧小平會見“九十年代的中國與世界”國際會議全體與會者時指出：“改革和開放是手段，目標是分三步走發展我們的經濟。第一步是達到溫飽水平，已經提前實現了。第二步是在本世紀末達到小康水平，還有十二年時間，看來可以實現。第三步是下個世紀再花五十年的時間，達到中等發達國家水平，這是很不容易的。關鍵是本世紀內的最後十年，要為下個世紀前五十年的發展打下基礎，創造比較好的條件和環境。”

實現第一步戰略目標，基本解決溫飽問題，中國成功邁出了至關重要的一步。

實現總體小康

20 世紀 90 年代，以鄧小平南方談話和黨的十四大為標誌，我國改革開放和現代化建設事業進入新的發展階段。這一時期，我國由計劃經濟體制向社會主義市場經濟體制轉變，實施國家八七扶貧攻堅計劃、科教興國戰略、可持續發展戰略、西部大開發戰略、走出去戰略，中國特色社會主義事業欣欣向榮。國民經濟持續、快速、健康發展，社會生產力、綜合國力、人民生活水平邁上新台階，各個領域都取得了舉世矚目的巨大成就，在世紀之交，實現了總體小康這一目標。

1.

向社會主義市場經濟體制轉變

英國前首相撒切爾夫人 1991 年訪華時曾對中國領導人說："社會主義和市場經濟不可能兼容，社會主義不可能搞市場經濟，要搞市場經濟就必須實行資本主義，實行私有化。"撒切爾夫人的觀點代表了當時一種根深蒂固的觀念，即市場經濟是資本主義特有的東西，計劃經濟才是社會主義經濟的基本特徵。20 世紀 90 年代初的中國，正面臨著經濟體制改革的關鍵選擇，如何認識市場經濟，是一個繞不過去的重要問題。

關於市場經濟的爭論

新中國成立後，我國效仿蘇聯，實行了高度集中的計劃經濟體制。在當時環境下，這種體制對我國恢復國民經濟以及建立工業化基礎，發揮了十分重要的作用。在工業化初期我國建設的"156 項工程"中，許多項目如果不能集中全國各方的人力物力，單靠某一個地方的力量是完成不了的。後來，隨著環境條件的變化，這種高度集中的計劃經濟體制逐漸與實際不相適應，其弊端也漸漸顯露出來。

例如，當時在瀋陽鐵西區有兩家工廠，一個是產銅大戶瀋陽冶煉廠，一個是以銅為原料的瀋陽電纜廠。兩家工廠雖然相距不過 30 米，但卻並沒有什麼業務上的往來。由於分屬不同部門管理，瀋陽冶煉廠的銅並沒有直接供給對面的電纜廠，而是被調到了其他地方，而電纜廠則從雲南等地調入銅原料。如此一來，造成了大量人力物力浪費。經濟體制上存在的問題從中可見一斑。

還有一件事也反映了這一體制弊端。過去由於電力供應不足，一些家庭使用煤油燈。煤油燈要用玻璃燈罩，但這種燈罩屬於按計劃供應和定價的商品，一個六分錢。因為利潤有限，廠家生產積極性不高，結果煤油燈罩出現"短缺"現象，供應指標緊張。小小的燈罩問題，給居民使用煤油燈造成了很大不便。類似煤油燈罩這種按指標供應和票據購買的產品，在過去並不少見，各種指標和票證成了當時人們生活的必需品。

由於高度集中的計劃經濟體制已經不能適應社會生產力發展的要求，進行修修補補遠遠不能解決問題，必須對它進行根本性改革。而當時改革面臨的一個重要問題就是如何正確認識和處理計劃與市場的關係。

當時社會上對這一問題爭論激烈，有人認為社會主義不該搞市場經濟。有文章稱："計劃經濟是社會主義經濟的一個基本特徵，它與市場經濟是根本對立的。""社會主義社會不可能實行市場經濟而只能實行計劃經濟，這是由社會主義經濟的本質決定的"；有人認為社會主義經濟的本質就是計劃經濟，只不過它在現階段還具有某些商品屬性；還有人認為搞市場經濟是取消公有制，是對共產黨的領導和社會主義制度的否定。經濟體制改革的目標模式究竟該怎樣確定，引起很多人的深思。

"計劃多一點還是市場多一點，不是社會主義與資本主義的本質區別"

關於社會主義與市場經濟的關係問題，鄧小平等黨和國家領導人有著深刻的認識。1990 年底，鄧小平在同幾位中央負責同志談話時明確指出："我們必須從理論上搞懂，資本主義與社會主義的區分不在於是計劃還是市場這樣的問題。社會主義也有市場經濟，資本主義也有計劃控制。資本主義就沒有控制，就那麼自由？最惠國待遇也是控制嘛！不要以為搞點市場經濟就是資本主義道路，沒有那麼回事。計劃和市場都得要。不搞市場，連世界上的信息都不知道，是自甘落後。”

1992 年 1 月 18 日至 2 月 21 日，鄧小平先後到武昌、深圳、珠海、上海等地視察，發表了重要談話。

在這次談話中，鄧小平指出：“社會主義基本制度確立以後，還要從根本上改變束縛生產力發展的經濟體制，建立起充滿生機和活力的社會主義經濟體制，促進生產力的發展，這是改革，所以改革也是解放生產力。”

對於姓“資”還是姓“社”的問題，他強調：“判斷的標準，應該主要看是否有利於發展社會主義社會的生產力，是否有利於增強社會主義國家的綜合國力，是否有利於提高人民的生活水平。”

鄧小平尤其指出：“計劃多一點還是市場多一點，不是社會主義與資本主義的本質區別。計劃經濟不等於社會主義，資本主義也有計劃；市場經濟不等於資本主義，社會主義也有市場。計劃和市場都是經濟手段。社會主義的本質，是解放生產力，發展生產力，消滅剝削，消除兩極分化，最終達到共同富裕。”“社會主義要贏得與資本主義相比較的優勢，就必須大膽吸收和借鑑人類社會創造的一切文明成果，吸收和借鑑當今世界各國包括資本主義發達國家的一切反映現代社會化生產規律的先進經營方式、管理方法。”

這次談話，科學總結了黨的十一屆三中全會以來的實踐探索和基本經驗，從理論上深刻回答了包括關於計劃與市場的關係問題在內的長期困擾和束縛人們思想的許多重大問題，掀起一輪新的思想解放高潮。

建立社會主義市場經濟體制

1992 年 3 月 9 日至 10 日，江澤民主持召開中央政治局全體會議，完全贊同鄧小平的南方談話。

5 月 28 日，中央政治局常委會會議正式決定，在黨的十四大上要對計劃與市場的關係作出新的論述。6 月 9 日，江澤民在中央黨校省部級幹部進修班上發表重要講話，他指出："歷史經驗說明，商品經濟的充分發展是實現社會經濟高度發達不可逾越的階段。充分發展的商品經濟，必然離不開充分發育的完善的市場機制。那種認為市場作用多了，就會走上資本主義道路的擔心，是沒有根據的，也是不正確的。"在這次講話中，江澤民向大家列舉了關於經濟體制改革目標的幾種提法，表示比較傾向於"社會主義市場經濟體制"這一提法。會後，他還就這個提法向鄧小平等同志徵求意見，鄧小平表示贊成。根據江澤民"六九講話"和中央政治局常委會會議精神，起草小組對黨的十四大報告稿作了重要修改。

10 月 12 日，黨的十四大在北京召開。江澤民在黨的十四大上提出："我國經濟體制改革確定什麼樣的目標模式，是關係整個社會主義現代化建設全局的一個重大問題。這個問題的核心，是正確認識和處理計劃與市場的關係。""實踐的發展和認識的深化，要求我們明確提出，我國經濟體制改革的目標是建立社會主義市場經濟體制，以利於進一步解放和發展生產力。"

黨的十四大報告進一步指出："我們要建立的社會主義市場經濟體制，就是要使市場在社會主義國家宏觀調控下對資源配置起基礎性作用，使經濟活動遵循價值規律的要求，適應供求關係的變化；通過價格槓桿和競爭機制的功能，把資源配置到效益較好的環節中去，並給企業以壓力和動力，實現優勝劣汰；運用市場對各種經濟信號反應比較靈敏的優點，促進生產和需求的及時協調。同時也要看到市場有其自身的弱點和消極方面，必須加強和改善國家對經濟的宏觀調控。我們要大力發展全國的統一市場，進一步擴大市場的作用，並依據客觀規律的要求，運用好經濟政策、經濟法規、計劃指導和必要的行政管理，引導市場健康發展。”

1993 年 11 月，黨的十四屆三中全會通過了《關於建立社會主義市場經濟體制若干問題的決定》，這份文件為建立社會主義市場經濟體制提供了一個總體規劃和行動綱領。《決定》提出，由現代企業制度、市場體系、宏觀調控體系、分配制度和社會保障制度組成的“五大支柱”，是社會主義市場經濟體制的基本內容。

1997 年 9 月，黨的十五大將“公有制為主體、多種所有制經濟共同發展”明確為社會主義初級階段的一項基本經濟制度。

我國的社會主義市場經濟體制既有一般市場經濟的共性，又有我國的顯著特徵，符合我國國情。把社會主義制度與市場經濟結合起來，建立社會主義市場經濟體制，是一個偉大創舉，這是中國共產黨人對馬克思主義的重大發展，也是社會主義發展史上的重大突破。

1992 年鄧小平南方談話和黨的十四大以來，我國經濟發展取得顯著成就，改革開放取得新的突破。正如黨的十五大報告所指出的：

“從一九九二年到一九九六年，國內生產總值年均增長百分之十二點一，既實現了經濟快速增長，又有效抑制了通貨膨脹，避免了大起大落。經濟結構調整取得明顯進展。農業得到加強，糧食等農產品穩定增長。水利、交通、通信等基礎設施和鋼鐵、能源等基礎工業迅速發展。東部地區經濟快速增長，中西部地區經濟發展加快。‘八五’計劃勝利完成，‘九五’計劃的實施有了良好開端。”

“按照建立社會主義市場經濟體制的要求，大步推進了財政、稅收、金融、外貿、外匯、計劃、投資、價格、流通、住房和社會保障等體制改革，市場在資源配置中的基礎性作用明顯增強，宏觀調控體系的框架初步建立。國有企業改革在試點基礎上積極推進。以公有制為主體、多種經濟成分共同發展的格局進一步展開。對外經濟、技術合作與交流繼續擴大，對外貿易和利用外資大幅度增長，國家外匯儲備顯著增加。”

曾任國家經貿委副主任的李榮融，對社會主義市場經濟體制下國有企業的變化很有感觸，他說，“社會主義市場經濟體制，使國有企業從圍著政府轉改為圍著市場轉，在大膽探索以現代企業制度為代表的新的組織形式和經營方式的同時，加強內部管理，在技術改造、新產品開發、節能降耗等方面取得了進步。國有資產增加，實力增強，國有經濟的整體水平和綜合效益提高。特別是國家重點抓的 500 家大型企業，投入產出效率、盈利水平有很大提高”。

在社會主義市場經濟體制下，各類商品市場健康發展，從短缺經濟、賣方市場轉向供需平衡、買方市場。貨架上商品琳瑯滿目，百姓生活更加便捷。在黨的十四大至十五大的五年裏，我國徹底取消了憑票限量供應。2003 年我國 95% 以上的商品資源都由市場來配置，社會主要商品供求平衡和供大於求的已達 99%。除了物質上的豐富，社會主義市場經濟的建立還進一步增加了就業和發展機會，促進了思想解放、觀念與時俱進，平等、法治、規則、競爭、效率等市場意識逐步深入人心。

2012 年，在社會主義市場經濟體制確立 20 週年之際，《人民日報》這樣評論道：“如果說改革開放是決定當代中國命運的關鍵抉擇，它為社會主義市場經濟的確立，打開了現實的大門；那麼建立社會主義市場經濟體制，則確立了改革開放最為重要的核心內容，奏響了改革大業最激蕩人心的恢弘樂章。它不僅奠定了改革開放的基本路徑和走向，更造就了中國大地上波瀾壯闊的時代巨變。”

2.

國家八七扶貧攻堅計劃

1994 年 2 月，國務院在北京召開全國扶貧開發工作會議，全面部署實施“國家八七扶貧攻堅計劃”。該計劃是指從 1994 年到 2000 年，集中人力、物力、財力，動員社會各界力量，力爭用七年左右的時間，基本解決 8000 萬農村貧困人口的溫飽問題。這是我國歷史上第一個有明確目標、明確對象、明確措施和明確期限的扶貧開發行動綱領。

消除貧困對於實現小康目標有著極其重要的意義，江澤民強調：“實現小康目標，不僅要看全國的人均收入，還要看是否基本消除了貧困現象。”“如果不能基本消除貧困現象，進一步拉大地區發展差距，就會影響全國小康目標的實現，影響整個社會主義現代化建設的進程。”

從 2.5 億到 8000 萬

新中國成立以來，為改變一窮二白的面貌，讓人民生活得更好，中國共產黨團結帶領各族人民進行了艱苦卓絕的努力，解決了大多數人的溫飽問題。不過由於各種因素的影響，到 1978 年時，我國農村沒有解決溫飽問題的貧困人口仍有 2.5 億，約佔當時農村人口的 30%。

黨的十一屆三中全會以後，農村率先實行改革，極大地激發了農民的生產積極性，提高了農民生活水平，農村貧困人口大幅度縮減。但是，仍有一些地區因為歷史、自然、經濟、社會等方面的情況，經濟發展比較緩慢，貧困現象突出。

1986 年，我國在全國範圍內開展了有計劃、有組織、大規模的扶貧開發。到 1992 年底，農村尚未解決溫飽問題的貧困人口已減少到 8000 萬。

不過，接下來的扶貧工作難度卻更大了。

這 8000 萬貧困人口主要集中在國家重點扶持的 592 個貧困縣，分布在中西部的深山區、石山區、荒漠區、高寒山區、黃土高原區、地方病高發區以及水庫庫區，而且多為革命老區和少數民族地區。地域偏遠，交通不便，生態失調，經濟發展緩慢，文化教育落後，人畜飲水困難，生產生活條件極為惡劣。這意味著以解決溫飽為目標的扶貧開發工作進入了攻堅階段，需要下更大的力氣。

與此同時，在建立社會主義市場經濟體制過程中，貧困地區與沿海發達地區的差距也在擴大。抓緊扶貧開發，盡快解決貧困地區群眾的溫飽問題，改變經濟、文化、社會的落後狀態，緩解以至徹底消滅貧困，成為一項具有重大的、深遠的經濟意義和政治意義的偉大事業。

《國家八七扶貧攻堅計劃》的頒布實施

在這樣的背景下，我國開始實施國家八七扶貧攻堅計劃，要求力爭在 20 世紀末最後的七年內基本解決全國 8000 萬貧困人口的溫飽問題。1994 年 4 月 15 日，國務院正式印發《國家八七扶貧攻堅計劃》（以下簡稱《計劃》）。《計劃》從形勢與任務、奮鬥目標、方針與途徑、資金的管理使用、政策保障、部門任務、社會動員、國際合作、組織與領導等九個方面對扶貧攻堅工作作了闡釋和規定。

《計劃》明確了20世紀末解決貧困人口溫飽的標準，即絕大多數貧困戶年人均純收入達到500元以上（按1990年的不變價格），扶持貧困戶創造穩定解決溫飽的基礎條件，同時鞏固和發展現有扶貧成果，減少返貧人口；《計劃》還提出了加強基礎設施建設、改變教育文化衛生的落後狀況等目標。

《計劃》強調要繼續堅持開發式扶貧的方針：鼓勵貧困地區廣大幹部、群眾發揚自力更生、艱苦奮鬥的精神，在國家扶持下，以市場需求為導向，依靠科技進步，開發利用當地資源，發展商品生產，解決溫飽進而脫貧致富。

《計劃》在扶貧開發的基本途徑和主要形式上進行了具體指導。指出扶貧開發的基本途徑：一是重點發展投資少、見效快、覆蓋廣、效益高、有助於直接解決群眾溫飽問題的種植業、養殖業和相關的加工業、運銷業。二是積極發展能夠充分發揮貧困地區資源優勢、又能大量安排貧困戶勞動力就業的資源開發型和勞動密集型的鄉鎮企業。三是通過土地有償租用、轉讓使用權等方式，加快荒地、荒山、荒坡、荒灘、荒水的開發利用。四是有計劃有組織地發展勞務輸出，積極引導貧困地區勞動力合理、有序地轉移。五是對極少數生存和發展條件特別困難的村莊和農戶，實行開發式移民。

強調扶貧開發的主要形式：一是依託資源優勢，按照市場需求，開發有競爭力的名特稀優產品。實行統一規劃，組織千家萬戶連片發展，專業化生產，逐步形成一定規模的商品生產基地或區域性的支柱產業。二是堅持興辦貿工農一體化、產加銷一條龍的扶貧經濟實體，承包開發項目，外聯市場，內聯農戶，為農民提供產前、產中、產後的系列化服務，帶動群眾脫貧致富。三是引導尚不具備辦企業條件的貧困鄉村，自願互利，帶資帶勞，到投資環境較好的城鎮和工業小區進行異地開發試點，興辦第二、第三產業。四是擴大貧困地區與發達地區的幹部交流和經濟技術合作。五是在優先解決群眾溫飽問題的同時，幫助貧困縣興辦骨幹企業，改變縣級財政的困難狀況，增強自我發展能力。六是在發展公有制經濟的同時，放手發展個體經濟、私營經濟和股份合作制經濟。七是對貧困殘疾人開展康復扶貧。

江澤民指出，《國家八七扶貧攻堅計劃》是好的，關鍵是要有一股子攻堅精神，要堅持不懈、鍥而不捨、紮紮實實地長期抓下去。

自《計劃》頒布以來，黨和國家高度重視這一重大計劃的實施，多次召開會議研究扶貧攻堅問題，決心十分堅定。

1996 年 9 月，黨中央、國務院召開了扶貧開發工作會議。10 月，中共中央、國務院作出《關於盡快解決農村貧困人口溫飽問題的決定》，強調："實現《國家八七扶貧攻堅計劃》，解決農村貧困群眾的溫飽問題，是一項光榮而艱巨的任務。各級黨委、政府要認真貫徹黨中央、國務院關於扶貧開發的各項政策措施，精心組織，狠抓落實，勝利完成扶貧攻堅這一偉大的歷史任務。"

1999 年 6 月，黨中央、國務院再次召開中央扶貧開發工作會議。江澤民指出，全國扶貧攻堅已經到了關鍵階段，全黨全社會要進一步動員起來，貧困地區廣大幹部群眾要更加積極地行動起來，統一思想，堅定信心，堅持不懈地苦幹實幹，奪取扶貧攻堅的最後勝利。

在《計劃》實施過程中，中央扶貧資金累計投入 1127 億元。全黨動手，全社會動員，各方支持、合力攻堅，貧困地區的面貌發生了很大變化。

扶貧攻堅的巨大成效

貴州是沒有平原的省份，山多田少，農業生產條件較差。1993 年貴州省有 48 個國定貧困縣，貧困人口佔全省農村總人口的 35%。實施國家八七扶貧攻堅計劃後，這裏發生了可喜的變化。從 1997 年起，貴州省實現了農村糧食基本自給。貧困縣農民人均純收入不斷提高，到 2000 年時達到 1260 元，先後有 44 個國定貧困縣和 684.8 萬農村貧困人口越過溫飽線。

貴州的變化是國家八七扶貧攻堅計劃成就的一個縮影。自《計劃》實施以來，扶貧開發取得顯著成效。

一是生產生活條件明顯改善。實施八七扶貧攻堅計劃期間，592 個國定貧困縣累計修建基本農田 6012 萬畝，新增公路 32 萬公里，架設輸變電線路 36 萬公里，解決了 5351 萬人和 4836 萬頭牲畜的飲水問題，通電、通路、通郵、通電話的行政村分別達到 95.5%、89%、69% 和 67.7%，其中部分指標已接近或達到全國平均水平。

二是經濟發展速度明顯加快。國定貧困縣農業增加值增長 54%，年均增長 7.5%；工業增加值增長 99.3%，年均增長 12.2%；地方財政收入增加近一倍，年均增長 12.9%；糧食產量增長 12.3%，年均增長 1.9%；農民人均純收入從 648 元增長到 1337 元，年均增長 12.8%。所有這些指標都快於全國平均水平。

三是各項社會事業全面發展。義務教育辦學條件明顯改善，適齡兒童輟學率下降到 6.5%；對貧困地區的鄉鎮衛生院進行了重新改造和建設，缺醫少藥的狀況有所緩解；推廣了一大批農業實用技術，農民科學種田水平明顯提高；95% 的行政村能夠收聽收看到廣播電視節目，群眾的文化生活得到改善。

到 2000 年底，全國農村沒有解決溫飽的貧困人口減少到 3000 萬人，佔農村人口的比重下降到 3% 左右。除了少數社會保障對象和生活在自然條件惡劣地區的特困人口以及部分殘疾人以外，全國農村貧困人口的溫飽問題已經基本解決，中央確定的扶貧攻堅目標基本實現。扶貧開發為實現我國現代

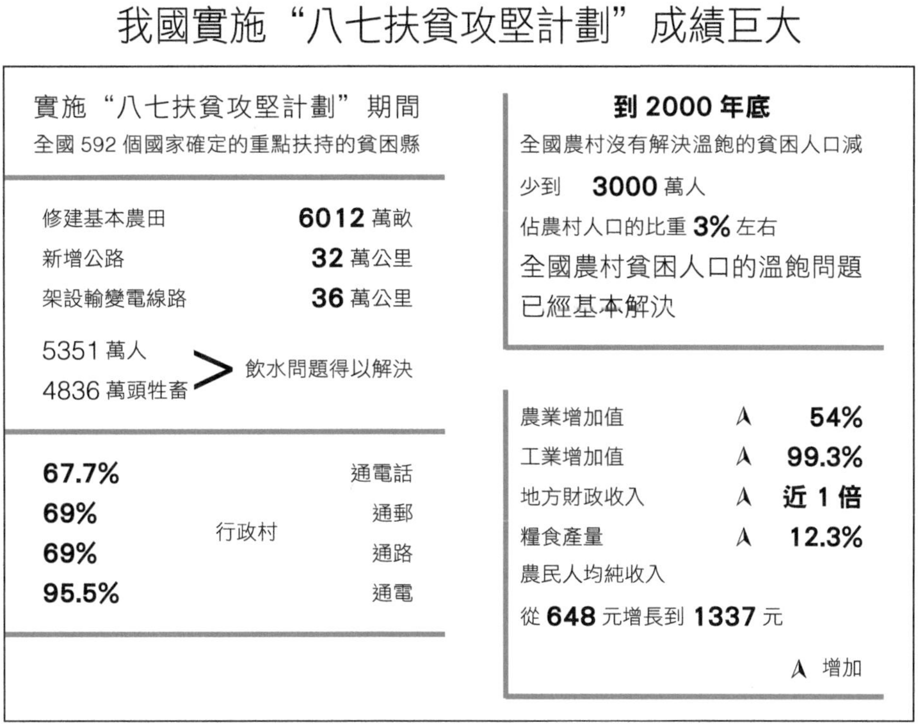

我國實施“八七扶貧攻堅計劃”成績巨大

實施“八七扶貧攻堅計劃”期間
全國 592 個國家確定的重點扶持的貧困縣

修建基本農田 **6012** 萬畝
新增公路 **32** 萬公里
架設輸變電線路 **36** 萬公里

5351 萬人
4836 萬頭牲畜
> 飲水問題得以解決

行政村
67.7% 通電話
69% 通郵
69% 通路
95.5% 通電

到 2000 年底
全國農村沒有解決溫飽的貧困人口減少到 **3000** 萬人
佔農村人口的比重 **3%** 左右
全國農村貧困人口的溫飽問題已經基本解決

農業增加值 ▲ **54%**
工業增加值 ▲ **99.3%**
地方財政收入 ▲ **近 1 倍**
糧食產量 ▲ **12.3%**
農民人均純收入
從 **648** 元增長到 **1337** 元

▲ 增加

曹文忠 孟麗靜 製作（新華社 6 月 19 日發）

圖表：我國實施“八七扶貧攻堅計劃”成績巨大（2001 年）（新華社照片）

化建設的第二步戰略目標、人民生活總體達到小康水平發揮了重要作用。

在扶貧開發的實踐中，創造了許多行之有效的經驗。2001 年在中央扶貧開發工作會議上是這樣總結這些寶貴經驗的：一是把扶貧開發作為事關經濟發展和社會穩定全局的大事，精心組織，紮實推進。二是從我國基本國情和貧困地區的實際出發，實事求是地確定扶貧開發的階段性目標和任務。三是堅持以經濟建設為中心，走開發式扶貧的道路。四是重視發展各項社會事業，著眼於貧困地區的長遠發展。五是實行政府主導，動員和組織社會各界參與扶貧開發。六是充分發揮貧困地區幹部群眾的積極性和創造性，自力更生、艱苦奮鬥。

對於我國的扶貧開發工作，江澤民指出：“在這樣短的時間內，這麼多貧困人口解決了溫飽問題，這是世界歷史上前所未有的，是一個了不起的成就。這充分說明，只要我們堅持解放思想、實事求是的思想路線，堅持貫徹黨的基本路線和方針政策，堅持全心全意為人民服務的宗旨，堅持發揮社會主義制度的優越性，緊緊依靠全國各族人民的共同努力，就能夠不斷創造出新的人間奇蹟。”曾任聯合國秘書長的加利評價中國的扶貧工作成就時指出，中國是一個很好的榜樣。

幫助貧困地區群眾脫貧致富是逐步實現各族人民共同富裕的重大戰略措施。在致富奔小康的道路上，“實現國家八七扶貧攻堅計劃確定的目標，只是一個階段性勝利。下一個階段的扶貧開發，要向更高水平邁進”。

3.

依法治國，建設社會主義法治國家

“法治興則國家興，法治衰則國家亂”。黨的十一屆三中全會以來，我國不斷加強社會主義法制建設，各項工作都取得了新進展。黨的十五大正式提出將依法治國作為黨領導人民治理國家的基本方略，並深刻闡述了依法治國的本質特徵及其重大意義。從法制到法治，我國在建設社會主義法治國家的道路上更進一步。

依法治國，建設社會主義法治國家的提出

1992 年 10 月，黨的十四大明確我國經濟體制改革的目標是建立社會主義市場經濟體制。而社會主義市場經濟體制的建立和完善，必須要有法律作保障。法制是市場經濟運行的依託。黨的十四大報告明確要求“高度重視法制建設。加強立法工作，特別是抓緊制訂與完善保障改革開放、加強宏觀經濟管理、規範微觀經濟行為的法律和法規，這是建立社會主義市場經濟體制的迫切要求。要嚴格執行憲法和法律，加強執法監督，堅決糾正以言代法、以罰代刑等現象，保障人民法院和檢察院依法獨立進行審判和檢察。加強政法部門自身建設，提高人員素質和執法水平。要把民主法制實踐和民主法制教育結合起來，不斷增強廣大幹部群眾的民主意識和法制觀念”。黨的十四大以後，我國在法制建設方面不斷向前推進。

1994 年 12 月 9 日，中共中央舉辦了法律知識講座，在講座開始前，江澤民說：建設社會主義法制，實行以法治國，是為了把我們國家建設成為富強、民主、文明的社會主義現代化國家。我們正在建立社會主義市場經濟體制，必須學會運用法律來規範和引導市場經濟的運行，充分發揮市場機制對經濟發展的積極作用，把市場運行納入規範和法制的軌道，保證社會主義市場經濟體制健康發展。依法管理各項事業，是寫入了我們的黨章總綱和國家憲法的。

在黨中央的高度重視下，我國在依法治國理論和實踐方面接連取得新進展。

1996 年 2 月在中共中央舉辦的法制講座上，江澤民把此前“以法治國”的提法改為“依法治國”，他強調：“加強社會主義法制建設，依法治國，是鄧小平建設有中國特色社會主義理論的重要組成部分，是我們黨和政府管理國家和社會事務的重要方針。實行和堅持依法治國，就是使國家各項工作逐步走上法制化的軌道，實現國家政治生活、經濟生活、社會生活的法制化、規範化；就是廣大人民群眾在黨的領導下，依照憲法和法律的規定，通過各種途徑和形式，管理國家事務，管理經濟和文化事業，管理社會事務；就是逐步實現社會主義民主的制度化、法律化。實行和堅持依法治國，對於推動經濟持續、快速、健康發展和社會全面進步，保障國家長治久安，具有十分重要的意義。”江澤民指出：“依法治國是社會進步、社會文明的一個重要標誌，是我們建設社會主義現代化國家的必然要求。經過全黨全社會共同努力，隨著社會主義民主法制建設的日益加強，隨著社會主義市場經濟體制的建立和完善，我們黨和政府依法治國的水平必將不斷提高。”同年 3 月，八屆全國人大四次會議把依法治國寫入《國民經濟和社會發展“九五”計劃和二〇一〇年遠景目標綱要》，提出：“依法治國，建設社會主義法制國家。加強立法、司法、執法、普法工作。”

1997 年 9 月 12 日至 18 日，黨的十五大召開。首次把依法治國、建設社會主義法治國家，作為黨領導人民治理國家的基本方略鄭重地提了出來，並對依法治國的本質特徵及其重大意義進行了深刻闡述。

江澤民在黨的十五大報告中明確提出，要“在堅持四項基本原則的前提下，繼續推進政治體制改革，進一步擴大社會主義民主，健全社會主義法制，依法治國，建設社會主義法治國家”。依法治國，就是廣大人民群眾在黨的領導下，依照憲法和法律規定，通過各種途徑和形式管理國家事務，管理經濟文化事業，管理社會事務，保證國家各項工作都依法進行，逐步實現社會主義民主的制度化、法律化，使這種制度和法律不因領導人的改變而改變，不因領導人看法和注意力的改變而改變。

江澤民強調：“依法治國，是黨領導人民治理國家的基本方略，是發展社會主義市場經濟的客觀需要，是社會文明進步的重要標誌，是國家長治久安的重要保障。黨領導人民制定憲法和法律，並在憲法和法律範圍內活動。依法治國把堅持黨的領導、發揚人民民主和嚴格依法辦事統一起來，從制度和法律上保證黨的基本路線和基本方針的貫徹實施，保證黨始終發揮總攬全局、協調各方的領導核心作用。”

依法治國的目標由“建設社會主義法制國家”改為“建設社會主義法治國家”，是一個重要的變化。“法制”和“法治”有著不同的實質意義，前者是法治的內容與形式之一，後者則是治國理政的方式與方略。

1999 年 3 月，九屆全國人大二次會議通過《中華人民共和國憲法修正案》，將“依法治國，建設社會主義法治國家”納入憲法，以國家根本法的形式確立了依法治國基本方略，使之成為一項憲法的基本原則。

法治建設的纍纍碩果

在建設社會主義法治國家的道路上，經過長期不懈努力，各項工作都有長足的發展。依法治國，首先是要做到有法可依。在立法工作上，成就顯著。1993 年八屆全國人大常委會第二次會議通過了中華人民共和國歷史上第一部關於科學技術的法律——《中華人民共和國科學技術進步法》，還有農業技術推廣法、農業法以及關於懲治生產、銷售偽劣商品犯罪的決定共四部法律。八屆全國人大常委會委員長喬石在會上強調要抓緊制定社會主義市場經濟法律，本屆常委會任期內要大體形成社會主義市場經濟法律體系的框架。1996 年 12 月，喬石在人民大會堂答美國記者問時，說道：“到目前為止，我們已經制定了公司法、勞動法、反不正當競爭法、消費者權益保護法、預算法、中國人民銀行法、商業銀行法、保險法、擔保法、票據法、鄉鎮企業法等一系列規範市場主體、維護市場秩序、完善宏觀調控和社會保障方面的法律。並從適應社會主義市場經濟體制的要求出發，修改了經濟合同法、個人所得稅法、會計法等一批法律。可以說，在形成社會主義市場經濟法律體系方面，我們已經取得了重大的進展。”從 1979 年初到 2003 年，全國人大及其常委會通過了 440 多件法律、法律解釋和有關法律問題的決定，其中現行有效的法律有 220 多件，國務院制定了其中現行有效的 670 多件行政法規，地方人大及其常委會制定了近萬件地方性法規，民族自治地方制定了近 500 件自治條例和單行條例。經過多年的努力，21 世紀初我國以憲法為核心的中國特色社會主義法律體系已經初步形成。我國的政治生活、經濟生活和社會生活的主要方面基本做到了有法可依。完善的法律，保障了經濟建設的正常運行和國家的長治久安。

普法工作也邁出了更大步伐。領導帶頭、全民學法，是這一時期的生動寫照。從 1994 年底到 1997 年初，黨和國家領導人五次聽取法制講座，內容包括社會主義市場經濟法律制度建設；依法治國，建設社會主義法制國家的理論和實踐問題；“一國兩制”與香港基本法等。上行下效，各省、自治區、直轄市先後都舉辦了法律知識講座，尤其是注重與工作實際的結合，有重點地學習與社會主義市場經濟密切相關的法律知識，有的將公司法、勞動法、稅法、破產法等也列入講座的選題。江澤民指出：“加強社會主義法制建設，堅持依法治國，一項重要任務是要不斷提高廣大幹部群眾的法律意識和法制觀念。思想是行動的先導。幹部依法決策、依法行政是依法治國的重要環節。公民自覺守法、依法維護國家利益和自身權益是依法治國的重要基礎。”“加強社會主義法制建設必須同時從兩個方面著手，既要加強立法工作，不斷健全和完善法制；又要加強普法教育，不斷提高幹部群眾的遵守法律、依法辦事的素質和自覺性。二者缺一不可，任何時候都不可偏廢。”在 1996 年開始的“三五”普法期間，全國共舉辦 280 多次省部級領導幹部專題法制講座，參加的領導幹部多達 1.2 萬人次；經過正規法律培訓的地廳級領導幹部達 18.4 萬人次；有 7.5 億人參加了各種形式的學法活動。人們也越來越善於通過法律來維護自己的合法權益。1997 年天津市一家律師事務所推出“常年家庭法律顧問”業務，僅一個月時間裏，就有 100 多戶普通家庭與其簽訂聘請家庭律師的合同；江西省寧都縣，有 3000 多戶農民常年聘請私人律師。

在司法方面，江澤民提出：“保證司法機關嚴格執法，堅決糾正有法不依、違法不究的現象。要在總結經驗的基礎上，有領導地加快司法改革的步伐，逐步形成有中國特色的司法體制。”他還指出：“推進司法改革，從制度上保證司法機關依法獨立公正地行使審判權和檢察權，建立冤案、錯案責任追究制度。”1996 年、1997 年，八屆全國人大四次會議和五次會議，分

2001 年 12 月 4 日是我國第一個法制宣傳日。這是臨汾市司法局幹部在向市民發放法律宣傳資料。（新華社記者馬毅敏　攝）

別審議通過了刑事訴訟法修正案和新刑法兩部法律。這兩部法律是我國法律、司法實踐數十年正反兩方面經驗、教訓的總結，被海內外視為我國刑事審判制度新的里程碑。它們體現了罪刑法定、法律面前人人平等、罪刑相當、無罪推定等原則，充分反映了司法公正原則。這一時期我國進一步推進司法改革，在提高司法效率，保證嚴格公正執法，準確懲罰犯罪，特別是加強公民權利的保障方面，都有顯著成效。

在嚴格執法上，各級人民代表大會及其常設機構對政府部門和法院、檢察院的執法進行監督。全國人大常委會把對法律實施的檢查監督放在與立法同等重要的位置。八屆全國人大常委會第三次會議通過了《關於加強對法律實施情況檢查監督的若干規定》。各地政法部門加強廉政建設，將吃請受禮、辦“關係案”“人情案”，搞地方部門保護主義、裁判不公，作為反腐敗鬥爭的重點。建立健全內部和外部監督機制，完善執法違法和錯案追究制度，大力查處不依法辦案、以案謀私、以權謀私等違法亂紀問題。在黨的十四大以來的五年時間裏，全國人大常委會對 30 部法律的執行情況進行了檢查，有的連續檢查多次。僅 1997 年前後，就組織了 21 個執法檢查組，對農業法、教育法、環境保護法、勞動法和關於加強社會治安綜合治理的決定的實施情況進行檢查。執法的力度和深度不斷增強。

1997 年 12 月 25 日，江澤民在全國政法工作會議上強調："實行依法治國，建設社會主義法治國家，是一項複雜的社會系統工程，在立法、執法、司法和普法教育等方面都有大量的工作要做，需要付出艱苦的努力。"在黨的領導下，我國在建設社會主義法治國家的道路上行穩致遠，幾代人的法治夢逐步成為現實。

4.

社會主義的全面發展全面進步

1996 年，表明居民食品支出佔生活消費比例的恩格爾系數，在我國城鎮首次低於 50%。這標誌著人民生活質量的跨越。從滿足物質需求，向滿足更多需求邁進，從一個側面反映了我國社會的全面發展與進步。

“社會主義社會是全面發展、全面進步的社會”

黨的十一屆三中全會以來，我國經濟發展迅速，人們的物質生活得到了很大改善。不過，僅從物質文明看我國的發展變化是不充分的，而應以一個更全面的視角認識我們的社會主義社會。

黨中央一直高度重視社會主義社會的全面發展與進步。鄧小平強調我們要建設的社會主義國家，不但要有高度的物質文明，而且要有高度的精神文明，兩個文明都搞好，才是有中國特色的社會主義，搞現代化一定要堅持以經濟建設為中心，要有兩手，只有一手是不行的。“我們為社會主義奮鬥，不但是因為社會主義有條件比資本主義更快地發展生產力，而且因為只有社會主義才能消除資本主義和其他剝削制度所必然產生的種種貪婪、腐敗和不公正現象。”

1992 年 10 月 12 日，江澤民在黨的十四大報告中指出：“現階段我國社會的主要矛盾是人民日益增長的物質文化需要同落後的社會生產之間的矛盾，必須把發展生產力擺在首要位置，以經濟建設為中心，推動社會全面進步。”“我們要在九十年代把有中國特色社會主義的偉大事業推向前進，最根本的是堅持黨的基本路線，加快改革開放，集中精力把經濟建設搞上去。同時，要圍繞經濟建設這個中心，加強社會主義民主法制和精神文明建設，促進社會全面進步。”

1993 年 12 月，江澤民在中央軍委擴大會議上再次強調：“社會主義的優越性不僅表現在經濟政治方面，表現在能夠創造出高度的物質文明上，而且表現在思想文化方面，表現在能夠創造出高度的精神文明上。貧窮不是社會主義；精神生活空虛，社會風氣敗壞，也不是社會主義。現代化建設的實踐告訴我們，越是集中力量發展經濟，越是加快改革開放的步伐，就越是需要社會主義精神文明提供強大的精神動力和智力支持。”

1996 年 10 月 10 日，江澤民在黨的十四屆六中全會上發表重要講話，他提出：“社會主義社會是全面發展、全面進步的社會。社會主義現代化建設事業是物質文明和精神文明協調發展、相輔相成的事業，缺少任何一個方面，都不成其為有中國特色的社會主義。”12 月 9 日，江澤民在由黨中央、國務院召開的第一次全國衛生工作會議上又一次強調：“我國社會主義現代化建設事業，是以經濟建設為中心的社會全面發展、全面進步的事業。”

“社會主義社會是全面發展、全面進步的社會”，充分體現了社會主義的本質特徵和優越性。

全面發展全面進步的顯著成效

20 世紀 90 年代以來，物質文明和精神文明建設齊頭並進，進一步推動社會全面發展全面進步，各方面都取得了可喜的成就。

在指導思想方面，1992 年，黨的十四大確立鄧小平建設有中國特色社會主義理論的指導地位，提出用這一理論武裝全黨。1997 年，黨的十五大首次使用“鄧小平理論”這個概念，把鄧小平理論同馬克思列寧主義、毛澤東思想一起作為黨的指導思想寫入黨章。黨的十五大報告指出：“這是我們黨經過近二十年改革開放和社會主義現代化建設的成功實踐作出的歷史性決策。作出這個決策，表明中央領導集體和全黨把鄧小平開創的建設有中國特色社會主義事業全面推向新世紀的決心和信念，也反映了全國人民的共識和心願。”

我國積極推進政治體制改革，使社會主義民主和法制建設取得新的發展。在社會主義建設的政治保證問題上，始終堅持四項基本原則。進一步鞏固和發展了穩定的社會政治環境，保證經濟建設和改革開放的順利進行，不斷推進中國特色的社會主義民主政治。在黨的建設方面，黨的十五大報告總結道：“全黨學習鄧小平建設有中國特色社會主義理論逐步深入。領導班子建設和幹部隊伍建設取得新進展，大批優秀年輕幹部走上領導崗位。黨風廉政建設和反腐敗鬥爭的力度加大，取得了階段性成果。基層組織建設得到加強，廣大共產黨員發揮了先鋒模範作用。黨內生活向制度化、規範化邁出新的步伐。”

從經濟發展看，1996 年，我國國內生產總值達到 67795 億元，躍升至世界第七位，年平均增長率遠超世界平均水平。外貿進出口總額累計達到 11686 億美元，年平均增長 16.4%，在世界貿易中的位次由 1990 年的第 15 位上升至 1997 年的第 11 位。全國財政收入由 1992 年的 3483.37 億元提升到 1996 年的 7407.9 億元。工農業生產方面，截至 1997 年，我國主要工農業產品中，穀物、棉花、油料、肉類、禽蛋、棉布、煤、鋼、水泥年產量世

1998 年 4 月 23 日，浙江省衢縣北二村的村民們在一座古老的祠堂裏面進行村民委員會的換屆選舉。（新華社照片　譚進　攝）

界第一；發電量、化肥、化學纖維世界第二；大豆、甘蔗世界第三；原油世界第五。人們的生活水平顯著提高，衣食住行更加便利。1996 年底，我國實現了縣縣通公路，已有 95% 的鄉鎮和 74% 的村莊開通了客車；1997 年我國高速公路總里程已達 3422 公里，每週飛翔在祖國上空的航班有 1.1 萬班次；城鄉電話網總容量突破億門，為世界第二位，百姓不需要再跑到郵電局排隊打長途電話。截至 1996 年 6 月，城鄉居民的現金總額達到 6.5 萬億元，比 1991 年增長 3 倍多。其中，城鎮居民人均財產性收入達 112 元，比 1991 年上升 4.6 倍。

與此同時，在黨中央的高度重視下，精神文明建設成效顯著。從 1991 年開始，中共中央宣傳部組織實施精神文明建設“五個一工程”獎評選

1994 年 5 月 20 日，北京觀眾來到北京西四勝利影院觀看獲“五個一工程”入選作品獎的影片《炮兵少校》。（新華社記者楊飛　攝）

活動，即評選出一本好書、一台好戲、一部優秀影片、一部優秀電視劇（片）、一篇或幾篇有創見有說服力的文章。“五個一工程”反映時代精神，弘揚主旋律，鼓勵文藝工作者創作優秀作品豐富人民的文化生活。1994 年中共中央印發了《愛國主義教育實施綱要》，對愛國主義教育的基本原則、主要內容、工作重點和教育方法作了基本規定，實現了愛國主義教育活動的規範化和制度化。“萬里邊疆文化長廊”使邊疆文化建設狀況得到初步改善，截至 1997 年，該項目修建各類公益性文化設施 2850 個；“蒲公英”計劃實現了農村兒童文化場所零的突破；開展“文化科技衛生三下鄉”，深入農村尤其是“老少邊窮”地區，推動農村精神文明建設；一些窗口行業和部門組織“為人民服務、樹行業新風”主題行動，推出文明服務示範點，使行業精神文明建設更加制度化、規範化，取得良好效果。社會各界攜手共建“萬村書庫”，進行文化扶貧。新聞出版業蓬勃發展，把握正確輿論導向，新聞媒體實施“精品工程”，弘揚社會正氣，各類報刊堅持圍繞黨的中心工作，發揮報刊功能。全國深入開展“掃黃”“打非”鬥爭，文化市場得到有效淨化。1995 年八位英雄模範人物的名字出現在八屆全國人大三次會議的政府工作報告中。人們爭相向李國安、徐虎、李素麗等一批先進模範人物學習。全國各地積極投入到創建文明城市的實踐當中，“講文明、樹新風”活動也蓬勃開展起來。從 1992 年到 1997 年，文化領域法規建設步伐加快，先後制定頒布全國性行政法規六項，制定部門規章、規範性文件 300 餘項，各省（市、區）制定的地方性法規、政府規章及政策性文件近 400 項。

1996 年 3 月，八屆全國人大四次會議把精神文明建設列入國民經濟和社會發展總體規劃，推動物質文明和精神文明建設相互促進、協調發展。同年通過的《中共中央關於加強社會主義精神文明建設若干重要問題的決議》明確指出：“根據黨在社會主義初級階段的歷史任務，根據建國以來特別是改革開放以來的歷史經驗，我國社會主義精神文明建設，必須以馬克思列寧主義、毛澤東思想和鄧小平建設有中國特色社會主義理論為指導，堅持黨的基本路線和基本方針，加強思想道德建設，發展教育科學文化，以科學的理論武裝人，以正確的輿論引導人，以高尚的精神塑造人，以優秀的作品鼓舞人，培育有理想、有道德、有文化、有紀律的社會主義公民，提高全民族的思想道德素質和科學文化素質，團結和動員各族人民把我國建設成為富強、民主、文明的社會主義現代化國家。”這進一步推動我國精神文明建設不斷向前發展。

在科教方面，我國也取得了長足進步。在科技方面，許多技術達到了世界先進水平，如以銀河系列巨型計算機、計算機集成製造技術等為代表的大型計算工程和大規模數據處理技術，以重離子加速器、自由電子激光、超導為代表的高新技術，以航天育種、無性繁殖為代表的生物工程技術，等等。我國順利實施“863 計劃”“科技成果推廣計劃”和“星火計劃”，科技成果轉化率加快，1992 年以來的五年裏科技對經濟增長貢獻率由約 30% 提高到 38%。教育方面，1996 年，萬人擁有大學生數為 24.7 人，四年前，這個數還只有 18.6；研究生數量 1992 年接近三萬人，到了 1996 年，則增加至六萬人左右。

2001 年是中國共產黨成立 80 週年，江澤民發表了重要講話。他強調指出：“社會主義社會是全面發展、全面進步的社會。社會主義現代化事業是物質文明和精神文明相輔相成、協調發展的事業。全黨同志必須全面把握兩個文明建設的辯證關係，在推進物質文明建設的同時，努力推進社會主義精神文明建設。在當代中國，發展先進文化，就是發展有中國特色社會主義的文化，就是建設社會主義精神文明。”在黨中央的領導下，社會各界共同努力，我國社會主義社會在全面發展、全面進步中不斷前進。

5.

“小三步走”

1987 年 4 月，鄧小平明確提出“三步走”現代化戰略構想。同年，黨的十三大正式確認了這一戰略構想。在改革開放推動下，這一時期，我國經濟社會發展迅速，先是解決了溫飽問題，完成“三步走”戰略的第一步目標。到了 1997 年，第二步目標也即將提前實現。對於接下來的第三步，江澤民在黨的十五大報告中把它進一步具體化，提出了“小三步走”戰略。

“三步走”前兩步發展目標的實現

20 世紀 80 年代，我國在改革開放和現代化建設中取得了巨大成就，從農村到城市，從沿海到內地，經濟生活和社會生活出現了前所未有的蓬勃生機。國家經濟實力顯著增強，社會面貌發生深刻變化。1980 年代末，“三步走”的第一步戰略目標，即國民生產總值比 1980 年翻一番，解決人民溫飽問題，已經基本實現。

1990 年，黨的十三屆七中全會通過的《中共中央關於制定國民經濟和社會發展十年規劃和“八五”計劃的建議》指出：“從 1991 年到 2000 年，我們要實現現代化建設的第二步戰略目標，把國民經濟的整體素質提高到一個新水平。”

用十年時間，實現國民生產總值再翻一番，完成第二步戰略目標，需要達到並保持一定的發展速度。根據科學測算，《中共中央關於制定國民經濟和社會發展十年規劃和“八五”計劃的建議》明確要求“今後十年國民生產總值平均每年增長百分之六左右”。

6% 的經濟發展速度，對世界上很多國家而言，都是一個不小的目標。而在我國，不久後就對這一數字進行了更高的調整。

1992 年鄧小平南方談話後，我國經濟社會發展更加有活力，各方面事業呈現出蒸蒸日上、欣欣向榮的景象。這一年 10 月，黨中央根據發展實際，對我國經濟發展目標作出新要求。黨的十四大報告提出：90 年代我國經濟的發展速度，原定為國民生產總值平均每年增長 6%，現在從國際國內形勢的發展情況來看，可以更快一些。根據初步測算，增長 8% 到 9% 是可能的，我們應該向這個目標前進。根據黨的十四大精神，1993 年 3 月，黨的十四屆二中全會通過的《中共中央關於調整“八五”計劃若干指標的建議》提出：“‘八五’期間國民經濟平均每年的增長速度，綜合考慮各種因素，擬調整為百分之八——百分之九”。

這是一次鼓舞人心的調整。

從 1991 年到 1995 年的“八五”期間，國民生產總值年均增長速度超過了原計劃的 8%—9%，高達 12%。1995 年，國民生產總值達到 5.76 萬億元，我國提前五年實現了到 20 世紀末國民生產總值比 1980 年翻兩番的目標。

1994 年春節前夕，90 歲高齡的鄧小平在楊浦大橋上遙望建設中的浦東，發出了“喜看今日路，勝讀百年書”的感慨。

在這良好的發展勢頭下，黨中央提出了一個更高要求，即要實現人均國民生產總值翻兩番。1995 年 9 月，黨的十四屆五中全會通過的《中共中央關於制定國民經濟和社會發展“九五”計劃和二〇一〇年遠景目標的建議》提出：“全面完成現代化建設的第二步戰略部署，2000 年，在我國人口將比

上海楊浦大橋建成（新華社記者徐義根　攝）

1980 年增長 3 億左右的情況下，實現人均國民生產總值比 1980 年翻兩番；基本消除貧困現象，人民生活達到小康水平；加快現代企業制度建設，初步建立社會主義市場經濟體制。”

在這一目標的激勵下，1996 年，我國國內生產總值達到 67795 億元，在世界的排位已上升至第七位。1997 年，國內生產總值已達 74772 億元，人均國民生產總值比 1980 年翻兩番的目標提前達到。

我國現代化建設“三步走”戰略的第二步目標即將實現。

第三步細化的“小三步”

隨著新世紀的臨近，越來越多的目光轉向“三步走”戰略的第三步目標。

對於第三步，鄧小平多次談起它的重要性。1987 年 4 月，鄧小平指出：“我們制定的目標更重要的還是第三步”，“做到這一步，中國就達到中等發達的水平。這是我們的雄心壯志”。1989 年 6 月，鄧小平同幾位中央負責同志談話，建議“組織一個班子，研究下一個世紀前 50 年的發展戰略和規劃，主要是制定一個基礎工業和交通運輸的發展規劃。要採取有力的步驟，使我們的發展能夠持續、有後勁”。1992 年，他在南方談話中特別指出：“從現在起到下世紀中葉，將是很要緊的時期，我們要埋頭苦幹。我們肩膀上的擔子重，責任大啊！”

以江澤民同志為核心的黨的第三代中央領導集體，在 20 世紀 80 年代末 90 年代初著手醞釀和規劃“三步走”戰略的“第三步”。1992 年，對現代化建設的第三步戰略目標作出具體規劃。江澤民在黨的十四大報告中指出：“再經過 20 年的努力，到建黨 100 週年的時候，我們將在各方面形成一整套更加成熟更加定型的制度。在這樣的基礎上，到下世紀中葉建國 100 週年的時候，就能夠達到第三步發展目標，基本實現社會主義現代化。”

新世紀的藍圖正一步步勾畫著，豐富著。

《中共中央關於制定國民經濟和社會發展“九五”計劃和二〇一〇年遠景目標的建議》指出：“經過 15 年的努力，我國社會生產力、綜合國力、人民生活水平將再上一個大台階，社會主義精神文明建設和民主法制建設將取得明顯進展，為下個世紀中葉實現第三步戰略目標，基本實現現代化，開創新的局面。”

1997 年 9 月 12 日至 18 日，中國共產黨第十五次全國代表大會召開。江澤民在黨的十五大報告中指出：“從現在起到下世紀的前十年，是我國實現第二步戰略目標、向第三步戰略目標邁進的關鍵時期。”江澤民明確提出了21世紀前50年分三個階段發展的構想：21世紀我們的目標是，第一個10年實現國民生產總值比2000年翻一番，使人民的小康生活更加寬裕，形成比較完善的社會主義市場經濟體制；再經過10年的努力，到建黨100年時，使國民經濟更加發展，各項制度更加完善；到世紀中葉建國100年時，基本實現現代化，建成富強民主文明的社會主義國家。黨的十五大圍繞新的"三步走"發展戰略，對我國跨世紀發展作出戰略部署。這一新的"三步走"發展戰略，也被稱為"小三步走"，它進一步明確了我國經濟發展、政治體制改革和文化建設的目標與任務，在實踐中豐富和發展了鄧小平"三步走"現代化發展戰略中第三步的戰略構想。

世紀之交，"九五"計劃勝利完成，標誌著我國實現了社會主義現代化建設第二步戰略目標。從新世紀開始，我國進入全面建設小康社會、加快推進社會主義現代化的新的發展階段，開始邁向第三步戰略目標。

2000年10月，黨的十五屆五中全會通過了《中共中央關於制定國民經濟和社會發展第十個五年計劃的建議》。《建議》指出"十五"期間經濟和社會發展的主要目標是：國民經濟保持較快發展速度，經濟結構戰略性調整取得明顯成效，經濟增長質量和效益顯著提高，為到2010年國內生產總值比2000年翻一番奠定堅實基礎；國有企業建立現代企業制度取得重大進展，社會保障制度比較健全，完善社會主義市場經濟體制邁出實質性步伐，在更大範圍內和更深程度上參與國際經濟合作與競爭；就業渠道拓寬，城鄉居民收入持續增加，物質文化生活有較大改善，生態建設和環境保護得到加強；科技教育加快發展，國民素質進一步提高，精神文明建設和民主法制建設取得明顯進展。

2002年1月，黨的十六大籌備工作正在緊張有序開展，江澤民在黨的十六大文件起草組會議上指出："不少同志在討論中提出，從現在起到本世紀中葉基本實現現代化這 50 年，時間跨度比較大，能否劃出一段時間，提出一個鮮明的階段性目標，也就是以本世紀頭 20 年為期，明確提出全面建設小康社會的目標。我認真考慮了大家的意見，認為基本是可行的。”江澤民強調黨的十六大要進一步對 21 世紀前 50 年三個階段的目標作出科學的表述。他指出：“根據有關部門的測算，大體的情況是：（一）到 2010 年，實現國內生產總值比 2000 年翻一番，經濟結構戰略性調整取得明顯進展，社會主義市場經濟體制進一步完善，人民的小康生活更加寬裕。（二）到建黨 100 年時，國內生產總值比 2010 年再翻一番，基本完成工業化，建成經濟更加發展、民主更加健全、科教更加進步、文化更加繁榮、社會更加和諧、人民生活更加殷實的小康社會。（三）在此基礎上再奮鬥 30 年，到建國 100 年時，基本實現現代化，進入中等發達國家行列，把我國建成富強民主文明的社會主義現代化國家。” 11 月，黨的十六大報告明確提出：“根據十五大提出的到 2010 年、建黨 100 年和新中國成立 100 年的發展目標，我們要在本世紀頭 20 年，集中力量，全面建設惠及十幾億人口的更高水平的小康社會，使經濟更加發展、民主更加健全、科教更加進步、文化更加繁榮、社會更加和諧、人民生活更加殷實。”“經過這個階段的建設，再繼續奮鬥幾十年，到本世紀中葉基本實現現代化，把我國建成富強民主文明的社會主義國家。”

從“三步走”到“小三步走”，一張張藍圖凝聚人心、鼓舞鬥志。江澤民指出：“我們黨在革命、建設、改革的各個歷史時期，都根據人民的意願和黨的事業的發展，提出明確的具有感召力的目標，並團結和帶領廣大人民為之奮鬥。這是我們黨一個十分重要的政治領導藝術。”在此基礎上，中國共產黨立足國情實際，組織實施了一系列重大戰略決策，不斷推動人民對美好生活的嚮往一步步變為現實。

6.

科教興國戰略

進入 20 世紀 90 年代，世界科技革命出現新的高潮，科學技術對經濟社會發展的推動作用日益明顯，成為決定國家綜合國力和國際地位的重要因素。黨中央根據當代世界經濟、科技的發展潮流和我國現代化建設的需要，及時提出並實施了科教興國戰略，對中國特色社會主義事業的跨世紀發展起到了強有力的推動作用。

“863 計劃”與科技事業的興起

20 世紀 80 年代，高科技已成為國際競爭的制高點，全球性的高科技競爭日趨激烈。1983 年 3 月 23 日，美國總統里根發表了著名的“星球大戰”演說，在世界範圍內激起千層浪。日本隨即緊跟步伐提出了“今後十年科學技術振興政策”，西歐則提出了“尤里卡計劃”，蘇聯也很快制定了“高科技發展綱要”，高科技浪潮席捲全球。

剛剛開始改革開放的中國也對“星球大戰”計劃十分關注，多次組織專家學者進行分析研討。1986 年初，中科院技術科學部主任王大珩參加了一次針對“星球大戰”計劃的研討會。這不是他第一次參加這樣的會議，但他的情緒愈發激動，愈發感到中國決不能延誤發展時機，自己必須要做點什麼。這天晚上，另一位參會者、他的同事陳芳允心事重重地敲開了他的家門，兩人不謀而合，決定給中央寫信，提出發展中國高技術的建議。之後，他倆又邀請核物理專家王淦昌、航天技術專家楊嘉墀共同商議。

3月，四位老科學家對國內外科技狀況作了深刻分析後上書中央，提出了要跟蹤世界先進水平、發展我國高技術的倡議。中央高度重視，鄧小平隨即作出批示："此事宜速作決斷，不可拖延。"11月，中共中央、國務院轉發《高技術研究發展計劃綱要》（後被稱為"863計劃"），提出了生物技術、航天技術、信息技術、先進防禦技術、自動化技術、能源技術和新材料等七個領域中的15個主題項目，作為我國發展高科技的重點。中國的宏偉的高技術研究發展計劃，就這樣堅定地開始實施了。1991年，鄧小平又揮筆為"863計劃"工作會議寫下了題詞："發展高科技，實現產業化"。科技，在神州大地上激蕩起澎湃動力。

科教興國戰略的提出

1992年，黨的十四大提出，必須把經濟建設轉到依靠科技進步和提高勞動者素質的軌道上來。同年，國務院頒布《國家中長期科學技術發展綱領》，對面向新世紀的科技發展作出規劃。為落實《綱領》的各項要求，國家科委和有關部門聯合推出一系列科技和經濟體制綜合配套改革措施，並先後在瀋陽、南京等八個城市進行科技體制和經濟體制綜合配套改革試點，為科學技術服務於經濟建設積累了寶貴經驗。1993年5月，全國科技工作會議在北京召開。會議指出，要進一步動員和組織我國的科技力量和社會各界，抓住機遇，加快改革開放，大力解放和發展科學技術的生產力。7月2日，八屆全國人大常委會第二次會議通過《中華人民共和國科學技術進步法》。這是新中國成立以來第一部關於科學技術的法律，是中國科技史上的一件大事，更是科技體制改革的重要成果。它表明，中國的科技體制改革已經邁上了進一步規範發展的軌道。1994 年 2 月，《適應社會主義市場經濟發展，深化科技體制改革實施要點》出台，強調科技體制改革要實行“穩住一頭，放開一片”的方針，即穩定基礎性研究、高技術研究、事關經濟建設與社會發展和國防事業長遠發展的重大研究；放開各類直接為經濟建設和社會發展服務的開發和研究，放開放活科技成果商品化、產業化活動，使之與市場規律相適應。科技與經濟社會發展更加緊密地結合在了一起。

1995 年 5 月 6 日，黨中央、國務院進一步作出《關於加速科學技術進步的決定》，正式提出科教興國戰略。《決定》指出：實施科教興國戰略，要全面落實科學技術是第一生產力的思想，堅持教育為本，把科技和教育擺在經濟、社會發展的重要位置，增強國家的科技實力及向現實生產力轉化的能力，提高全民族的科學文化素質，把經濟建設轉移到依靠科技進步和提高勞動者素質的軌道上來，加速實現國家的繁榮強盛。這是保證國民經濟持續、快速、健康發展的根本措施，是實現社會主義現代化宏偉目標的必然抉擇，也是中華民族振興的必由之路。20 天後，黨中央、國務院在北京召開全國科學技術大會。江澤民在會上再次強調了鄧小平的“科學技術是第一生產力”的著名論斷，並指出：黨中央、國務院決定在全國實施科教興國戰略，是總結歷史經驗和根據我國現實情況作出的重大部署。沒有強大的科技實力，就沒有社會主義現代化。他強調：創新是一個民族進步的靈魂，是國家興旺發達的不竭動力。如果自主創新能力上不去，一味靠技術引進，就永遠難以擺脫技術落後的局面。一個沒有創新能力的民族，難以屹立於世界先進民族之林。我們必須在學習、引進國外先進技術的同時，堅持不懈地著力提高國家的自主研究開發能力。

抓住機遇，科教興國

1996年，江澤民會見了參加“863計劃”十週年工作會議的代表，他指出：實施科教興國戰略，對於我國今後的發展和整個現代化的實現是至關重要的。我們要牢牢把握歷史機遇，大力發展高技術及其產業，不斷提高科技進步在推動經濟增長中的作用，促進國民經濟增長方式的轉變。

據不完全統計，為落實科教興國戰略的基本要求，1996年至2000年間，在繼續實施“863計劃”的同時，國家有關部門又相繼出台了13項科技計劃和相關政策，比如國家重點基礎研究發展計劃（“973計劃”）、科技型中小企業技術創新基金、知識創新工程、國家科技創新工程等。從1998年起，國家逐年加大了對科技事業的投入，中央財政五年內投入25億元用於國家重點基礎研究。國務院先後對十個國家局所屬242個應用型科研機構實行了企業化轉制。科研機構、高校和企業之間開展了共建實驗室、研究中心，科研人員兼職，聯合培養研究生，科研機構進入企業加強面向市場的產品開發等多種形式的合作。這些舉措大幅提高了國家的自主創新能力，有力推動了科技成果的產業化，促進了科技與經濟的緊密聯合。

為了在全社會形成尊重知識、尊重科學、依靠科學的良好氣氛，鼓勵廣大科技工作者通過不懈努力，為中國的科技發展不斷作出新的貢獻，黨和國家還建立健全了表彰激勵機制。1999年9月，黨中央、國務院、中央軍委作出決定，表彰為研製“兩彈一星”作出突出貢獻的23位科技專家，授予于敏、王大珩、王希季、朱光亞、孫家棟、任新民、吳自良、陳芳允、陳能寬、楊嘉墀、周光召、錢學森、屠守鍔、黃緯祿、程開甲、彭桓武“兩彈一星功勳獎章”；追授王淦昌、鄧稼先、趙九章、姚桐斌、錢驥、錢三強、郭永懷“兩彈一星功勳獎章”。從2000年起設立國家最高科學技術獎，是黨中

2001 年 2 月 19 日，中共中央、國務院在北京人民大會堂隆重召開國家科學技術獎勵大會。這是國家最高科學技術獎得者袁隆平（左）、吳文俊在主席台上。（新華社記者鞠鵬　攝）

央、國務院作出的一項重大決定。2001 年 2 月，黨中央、國務院在北京舉行國家科學技術獎勵大會，頒布 2000 年度國家科學技術獎勵獲獎項目和人選，數學家吳文俊、“雜交水稻之父”袁隆平榮膺該年度國家最高科學技術獎。此後，國家最高科學技術獎每年頒發一次，2000 年度至 2020 年度共有 35 人獲獎。

實施科教興國戰略，關鍵是人才。隨著科技革命的不斷深化，對勞動者知識和技術水平的要求越來越高。教育成為科技進步的根本所在。大力發展教育事業，提高勞動者隊伍的素質，對於我國社會主義現代化建設事業具有重要意義。

1993 年 2 月，黨中央、國務院頒布《中國教育改革和發展綱要》，提出到 20 世紀末我國教育發展的總目標是：全民受教育水平有明顯提高；城鄉勞動者的職前、職後教育有較大發展；各類專門人才的擁有量基本滿足現代化建設需要；形成具有中國特色的、面向 21 世紀的社會主義教育體系的基本框架。再經過幾十年的努力，建立起比較成熟和完善的社會主義教育體系，實現教育的現代化。1995 年 3 月，八屆全國人大三次會議通過《中華人民共和國教育法》，從法律上為教育事業的發展提供了保障。

為貫徹落實科教興國戰略、推動高等教育的發展，國家實施了加強重點高校建設的"211 工程"，旨在面向 21 世紀重點建設 100 所左右的高等學校和一批重點學科，推動高等教育改革和多種形式聯合辦學，促使高校布局和結構趨於合理，提高辦學規模效益和教育質量。教育部採取"共建、調整、合作、合併"等多種方式，合理調整高校布局結構，原國務院部委管理的 360 多所高校多數改由中央和地方共建、以地方管理為主，一些需要國家管理的學校由行業主管部門劃歸教育部管理，逐步改變了高等教育長期存在的條塊分割、重複建設狀況，教育資源配置更加合理。基礎教育和職業技術教育逐步形成了政府為主與社會參與相結合的辦學新體制。"九五"期間，國家大幅度增加對教育事業的投入，有力地支持了教育體制的改革和教育事業的發展。1998 年 12 月，教育部制定《面向二十一世紀教育振興行動計劃》，使我國教育事業的改革和發展在邁向新世紀的道路上有了更加明確的奮鬥目標。高等學校從 1999 年起連續擴大招生規模，高考錄取率從 36% 提高到 59%；2002 年高等學校在校生 1600 萬人，是 1997 年的 2.3 倍；五年內全國本專科畢業生 1300 萬人，畢業研究生 31 萬人。

實施科教興國戰略，是實現最廣大人民根本利益的重大戰略。鄧小平在 1992 年初視察南方時，著重強調了科技和教育在社會經濟發展中的作用。他指出："經濟發展得快一點，必須依靠科技和教育。"在科教興國戰略的大力驅動下，科技教育在經濟社會發展中的地位越來越關鍵，中國在科教領域取得了一系列重大成果。中國科學院知識創新工程、“863計劃”、“973計劃”、火炬計劃等重大科技行動取得顯著成效。一批批優質高產農作物新品種育成推廣，使越來越多的人過上豐衣足食的美好生活。一批批重大裝備研製任務順利完成，在數字程控交換機、高性能並行計算機、工業機器人、生物疫苗、功能材料等高技術領域取得重要進展，工業增長質量和效益明顯提升，社會效益和經濟效益顯著。全國基本普及九年義務教育，基本掃除青壯年文盲，2000年小學學齡兒童入學率達到99%以上，初中入學率達到85%左右，高等學校招生人數突破性擴大，教育事業迎來一個又一個春天，為現代化建設提供了各類人才支持和知識貢獻。中國的科技實力明顯增強，中國人民文化素質顯著提高，科教興國戰略為跨世紀的中國插上了騰飛的雙翼。

7.

可持續發展戰略

可持續發展，就是既要考慮當前發展需要，又要考慮未來發展需要，不以犧牲後人的利益為代價來滿足當代人的利益。1995年，可持續發展被中共中央作為國家發展的重大戰略正式提出，並付諸實施。可持續發展戰略的實施，對保持國民經濟持續快速健康發展、不斷提高經濟增長的質量和效益、促進人的全面發展、改善生態環境、促進人與自然的和諧，發揮了重要作用。

可持續發展戰略的提出

自從20世紀初以電氣化為標誌的第二次工業革命完成以來，工業文明突飛猛進，科學技術日新月異，人類社會生產力快速發展。尤其是第二次世界大戰以後，世界局勢相對和平穩定，各國掀起發展經濟的高潮。據世界觀察所的統計，相較於1900年，20世紀末全球工業總產值增長了50多倍。然而，與經濟發展速度同樣驚人的是自然資源的消失速度、環境的惡化速度和人口的膨脹速度……

雲南省滇西北地區，是金沙江、瀾滄江和怒江三江並流地，馳名中外的蒼山洱海、梅里雪山、麗江古城就分布在這裏。由於缺少科學的全面規劃，滇西北地區竭澤而漁的掠奪式開發使草場大面積退化，生物物種滅絕加快。

有資料顯示，這一地區的森林覆蓋率由 1950 年代的 56% 降至 1990 年代的 30%，水土流失面積已佔總面積的 24.38%。

滇西北的環境問題是全中國環境問題的縮影。西北起沙暴，京城降泥雨，南海泛赤潮，頭頂有酸雨連片，腳下是黑水垃圾，環境警鐘頻頻敲響，驚人心魄。中國自然資源方面儘管總量比較豐富，但人均資源十分貧乏，資源破壞嚴重，礦產資源濫採亂挖，採富棄貧，浪費驚人；淡水、森林、草原、耕地在開發、灌溉、採伐、載畜、開墾等方面問題不少；資源的有效利用和轉化、降低能源消耗、提高廢物材料的回收再生等方面也暴露出許多問題。大量事實告誡我們：保護環境迫在眉睫，我們絕不能重走先發展後治理的老路。

1992 年，在里約熱內盧召開的聯合國環境與發展大會上，通過了一份旨在鼓勵發展的同時保護環境的全球可持續發展計劃的行動藍圖——《21 世紀議程》。參加聯合國環發大會高峰會議的李鵬代表中國政府向世界作出了承諾：中國作為最大的發展中國家，將保持經濟與環境保護協調發展，把《21 世紀議程》付諸行動。這是中國對歷史的承諾，也是對美好明天和子孫後代的承諾。

聯合國里約環發大會召開後僅僅幾個月，國家計委、國家科委就組織了國務院 50 多個部門、300 多名專家，著手編寫《中國 21 世紀議程》。在有關部委、機構和社會各界的積極參與下，中外專家多次討論修改。1994 年，我國發表《中國 21 世紀議程——中國 21 世紀人口、環境與發展白皮書》，從中國的人口、環境與發展的總體情況出發，提出了促進中國經濟、社會、資源和環境相互協調的可持續發展的戰略目標、對策和行動方案。1994 年和 1996 年，中國政府分別召開了第一次、第二次中國 21 世紀議程高級國際圓桌會議，得到了聯合國機構、有關國際組織、許多國家政府以及工商企業界的支持，交流了可持續發展的經驗，推動了可持續發展領域的國際合作，促進了中國國內的工作。1995 年 9 月，黨的十四屆五中全會在確定經濟和社會發展目標時，明確強調了要實現經濟與社會的相互協調和可持續發展問題。1996 年 3 月，八屆全國人大四次會議的政府工作報告明確提出：實施科教興國戰略和可持續發展戰略，對於今後 15 年的發展乃至整個現代化的實現，具有重要意義。會議批准的《中華人民共和國國民經濟和社會發展"九五"計劃和二〇一〇年遠景目標綱要》，把可持續發展作為一項戰略目標和重要的指導方針，指導國家的發展規劃。從 1997 年開始，黨中央每年召開人口、資源、環境工作座談會，各級黨委和政府高度重視可持續發展戰略的實施。黨的十五大提出：在現代化建設中必須實施可持續發展戰略，堅持計劃生育和保護環境的基本國策，正確處理經濟發展同人口、資源、環境的關係，加強對環境污染的治理，植樹種草，搞好水土保持，防治荒漠化，改善生態環境。實施可持續發展戰略成為我國跨世紀發展的重要任務。

"九五"計劃期間，一系列有關環境、資源方面的法律、法規陸續出台。在新修訂的《刑法》中，增加了"破壞環境資源保護罪"的規定，為強化環境監督執法、制裁環境犯罪行為，提供了強有力的法律依據。1999 年 12 月修訂的《海洋環境保護法》，進一步加大了對海上活動的環保監督力度。2000 年修訂的《大氣污染防治法》，強化了法律責任和執法力度。黨的十五屆五中全會上通過的《關於制定國民經濟和社會發展第十個五年計劃的建議》中，就繼續嚴格控制人口數量，合理使用、節約和保護資源，加強生態建設，加大環境保護和治理力度等，制定了明確的政策和目標。我國逐步建立起比較完善的環境管理體系和環境法規體系，使可持續發展戰略的實施走上法制化、制度化和科學化的軌道。

1996年，國務院發布《關於環境保護若干問題的決定》，大力推進"一控雙達標"（控制主要污染物排放總量、工業污染源達標和重點城市的環境質量按功能區達標）工作，全面開展"三河"（淮河、海河、遼河）、"三湖"（太湖、滇池、巢湖）水污染防治，"兩控區"（酸雨污染控制區和二氧化硫污染控制區）大氣污染防治，"一市"（北京市）、"一海"（渤海）的污染防治（簡稱"33211"工程）。十五大以後，國務院先後頒布《全國生態環境建設規劃》和《全國自然保護區發展規劃》，相繼作出嚴厲打擊非法捕殺和經營野生動物、秸稈禁燒和綜合利用等一系列規定，統籌規劃國土資源開發和整治，實行資源有償使用制度，逐年加大了生態環境保護工作的力度。特別是三北防護林體系建設、天然林保護、退耕還林（還草）、京津風沙源治理、濕地保護與恢復、野生動植物保護及自然保護區建設、速生豐產林建設等工程的實施或啟動，在我國生態建設中發揮了重要作用。

加強計劃生育工作，控制人口增長，是實施可持續發展戰略的一個重要方面。黨和國家繼續嚴格執行控制人口增長的政策，著力抓好農村計劃生育，切實加強對流動人口計劃生育的管理和優生優育的宣傳。

江澤民在第四次全國環境保護工作會議上高瞻遠矚地指出："在社會主義現代化建設中，必須把貫徹可持續發展戰略始終作為一件大事來抓。""經濟的發展，必須與人口、環境、資源統籌考慮，不僅要安排好當前的發展，還要為子孫後代著想，為未來的發展創造更好的條件，決不能走浪費資源、先污染後治理的路子，更不能吃祖宗飯、斷子孫路。"環境保護和計劃生育兩個基本國策已深入人心，並逐步納入國民經濟和社會發展的計劃之中。中國實施可持續發展戰略的實質，是要開創一種新的發展模式，使國民經濟和社會發展逐步走上良性循環的道路。

可持續發展戰略成效顯著

和夥伴們一起划著皮划艇，巡護船房河，在入滇河口賞夕陽西下，這是2019 年 1 月被聘為昆明“市民河長”的陳嘉佳每個月最期待的美好時光。“小時候，父親經常帶我去滇池游泳。但後來滇池以及上游河流污染越來越嚴重。”讓陳嘉佳欣慰的是，經過多年治理，滇池水質明顯改善。作為滇池主要入湖河流之一，陳嘉佳巡護的船房河如今兩岸綠柳成蔭，河水清可見底，成了昆明城內最美的河流之一。

隨著可持續戰略的深入推進，生產方式、消費方式、思維方式、人和自然的關係正在中國飛速轉變。

環境污染治理取得顯著成果。1997 年，淮河流域工業企業水污染源實現達標排放；1998 年，太湖流域工業企業水污染源實現達標排放；滇池和巢湖已基本實現全流域工業污染源達標排放，水質有所好轉。“兩控區”減少二氧化硫排放量近 80 萬噸，47 個城市二氧化硫濃度達到國家環境質量標準。北京市實施大氣污染治理措施以來，全市二氧化硫濃度年均下降 1/3，氮氧化物污染加重趨勢得到控制。同時，實行污染源排放單位排污總量配額制，工業污染加劇和資源浪費的趨勢得以緩解。“九五”期間，全國關閉了污染嚴重又沒有治理價值的“十五小”企業 8.4 萬家，並實現了污染物全過程控制、濃度與總量控制相結合、集中控制與分散治理相結合的三個戰略性轉變。通過調整工業結構，加快技術進步，推行清潔生產，促進了工業增長方式的轉變。據統計，1999 年全社會用於污染治理的投資為 823 億元，佔國內生產總值的比例首次達到 1%。

生態環境建設步伐加快，生態建設的合理布局逐步形成。我國建立了2000 多個生態農業試驗區，建立各類自然保護區近 1000 處。2001 年，“三

雲南梅里雪山迎來由美國、印度等國的 30 餘名生態環保專家組成的大型考察團
（新華社記者王林　攝）

北”地區的森林覆蓋率達到 10%，初步建立起阻止風沙南侵的綠色長城。三北防護林工程被譽為“世界生態工程之最”，工程實施過程中還湧現了塞罕壩林場、右玉縣等一批改善生態的先進典型。2000 年，全國已有封山育林面積 3019 萬公頃，180 萬平方公里的國土基本消滅了宜林荒山。全國 10% 的荒漠和荒漠化土地得到治理，自然保護區達到 1227 個，總面積 9821 萬公頃，佔國土總面積的 9.9%。

資源合理開發和保護不斷加強，利用效率和綜合利用水平有所提高。政府實行嚴格的資源管理制度，制止亂佔耕地，實行節約用水和水價改革，治理整頓礦業開採。1996 年國家制定了對廢棄物實現資源化的鼓勵政策，提出了“資源開發與節約並舉，把節約放在首位”的指導方針，資源綜合利用水平有了明顯提高。

人口數量得到控制，人口再生產類型實現了歷史性轉變。我國自 20 世紀 70 年代開始實行計劃生育基本國策以來，人口自然增長率由 1995 年的 10.55‰ 下降到 1998 年的 9.53‰，首次低於 10‰。到 2000 年末，全國人口總數約為 12.67 億，實現了到 2000 年將全國人口規模控制在 13 億以內的目標。這標誌著我國在發展中國家中率先進入低出生率、低死亡率、低自然增長率階段，實現了人口再生產的重大歷史性飛躍。在控制人口數量的同時，人口素質有所提高，全國基本實現普及九年義務教育和基本掃除青壯年文盲的目標。

可持續發展戰略的要求和小康社會的目標是一致的。一方面，在經濟增長的同時，我國的產業結構將得到優化，經濟效益逐步提高，經濟增長方式進一步向集約型轉變。經濟增長與資源環境之間的矛盾將逐步緩解，為國民經濟的持續健康發展注入一針強心劑。另一方面，人民生活水平和生活質量的全面提高對可持續發展提出了更迫切的需求。人們在滿足了吃、穿、用、住等物質需要以後，對環境的要求也將越來越高。隨著教育、文化、健康素質的提高，人們的可持續發展意識不斷增強，可持續發展戰略的實施得到更多民眾的積極回應，在全社會形成良好氛圍，推動社會以更加科學健康的方式進步發展。

8.

西部大開發戰略

欲發展中國，須發展西部。擔當著中華民族偉大復興重任的中國共產黨人，義不容辭地承擔起這一歷史使命。從鄧小平提出“兩個大局”構想，到江澤民提出西部大開發戰略，西部地區的小康之路越走越寬廣。

從“兩個大局”到西部大開發

1956 年，毛澤東從實現區域協調發展出發，在《論十大關係》中明確提出要處理好沿海和內地的關係，平衡工業布局，大力發展內地工業。1988 年，鄧小平提出“兩個大局”的戰略構想，即“沿海地區要加快對外開放，使這個擁有兩億人口的廣大地帶較快地先發展起來，從而帶動內地更好地發展，這是一個事關大局的問題。內地要顧全這個大局。反過來，發展到一定的時候，又要求沿海拿出更多力量來幫助內地發展，這也是個大局。那時沿海也要服從這個大局”。1992 年，他在南方談話中提出了轉變的時機：“可以設想，在本世紀末達到小康水平的時候，就要突出地提出和解決這個問題。”1995 年 9 月，黨的十四屆五中全會強調區域協調發展問題，要求在“九五”期間以及今後 15 年經濟和社會發展中，堅持區域經濟協調發展，逐步縮小地區發展差距。

黨的十一屆三中全會後，西部地區進入一個新的發展時期。國家出台了一系列扶持西部地區的政策措施，大力支持發展農業，加大財政轉移支付力度，增加西部地區基本建設投資。經過改革開放 20 多年的積累，西部地區通過艱苦奮鬥，經濟實力不斷增強。1978 年西南西北九省區地區生產總值為 558 億元，而 1999 年西部十省區市為 15354 億元；人均地區生產總值從 1978 年的 251 元增加到 1999 年的 4171 元。西部地區還形成了鋼鐵、有色金屬、機械電子、航空航天等門類齊全、實力較為雄厚的工業體系。

20 世紀 90 年代末，西部地區經濟社會發展已取得巨大成就，但從經濟總量和發展水平來說，西部地區與東部地區差異仍然較大。1979 年到 1999 年，西部地區生產總值年均增長率比東部地區低 1.4 個百分點。西部 12 個省區市面積佔全國的 71.5%，人口佔 27.5%，GDP 卻僅佔 17.3%。1999 年，全國 60% 的農村貧困人口分布在西部；全國 592 個貧困縣，307 個位於西部。

1999 年 3 月，北京春寒料峭。江澤民在九屆全國人大二次會議和全國政協九屆二次會議的黨員負責人會議上的講話中明確提出了"西部大開發"的戰略構想。他指出，西部地區那麼大，佔全國國土面積一半以上，但大部分處於未開發或荒漠化狀態。西部地區遲早是要大開發的，不開發，我們怎麼實現全國的現代化？中國怎麼能成為經濟強國？這是我們發展的大戰略、大思路。他要求有關部門提出西部大開發的實施步驟、政策、辦法和組織形式。

隨後，國家計委相繼召開了四個座談會，分別聽取部門、地方、專家對西部大開發的意見和建議，圍繞西部大開發的必要性和可行性，就西部大開發的目標、任務、方式、政策進行探討。

6 月 17 日，古城西安。江澤民在西北地區國有企業改革和發展座談會上，系統闡述了西部大開發的戰略構想。他提出，加快開發西部地區，對於

2001 年 6 月 29 日，西部大開發的標誌性工程——清藏鐵路全線開工。（新華社照片）

推進全國的改革和建設，對於保持長治久安，具有重大的政治和社會意義。加快開發西部地區，從現在起，要作為黨和國家一項重大戰略任務，擺到更加突出的位置。他強調："沒有西部地區的穩定就沒有全國的穩定，沒有西部地區的小康就沒有全國的小康，沒有西部地區的現代化就不能說實現了全國的現代化。"

世紀之交，我國綜合國力顯著增強，國家支持西部地區加快發展的條件基本具備，時機已經成熟。1999 年 9 月，黨的十五屆四中全會明確提出國家要實施西部大開發戰略，通過優先安排基礎設施建設、增加財政轉移支付等措施，支持中西部地區和少數民族地區加快發展。2000 年 1 月，中共中央、國務院印發《關於轉發國家發展計劃委員會〈關於實施西部大開發戰略初步設想的匯報〉的通知》。這一文件成為指導西部大開發的綱領性文件。同月，國務院成立由總理朱鎔基、副總理溫家寶任正、副組長的國務院西部地區開發領導小組。該小組在有關部門進行的大量調查研究基礎上，提出了實施西部大開發戰略的初步設想。同年 10 月，黨的十五屆五中全會進一步強調：實施西部大開發戰略，加快中西部地區發展，是實現現代化建設第三步戰略目標的重大舉措，是一項艱巨的歷史任務。既要有緊迫感，又要有長期奮鬥的思想準備。會後，國務院就西部大開發中的資金投入、投資環境、對外對內開放、吸引人才和發展科技教育等制定了若干具體政策措施，明確規定當前和今後一個時期的重點任務和目標是：力爭用五到十年時間，使西部地區基礎設施和生態環境建設取得突破性進展，西部開發有一個良好開局；到 21 世紀中葉，要建成一個經濟繁榮、社會進步、生活安定、民族團結、山川秀美的新西部。西部大開發戰略由此全面啟動。10 月，《國務院關於實施西部大開發若干政策措施》正式出台。西氣東輸、西電東送、青藏鐵路、退耕還林還草等一批西部大開發標誌性工程陸續開工，有力地推動了西部地區的經濟發展和社會進步。

據統計，2000 年至 2002 年，西部地區共開工建設重點工程 36 項，投資總規模 6000 多億元。西部地區國內生產總值分別增長 8.5%、8.7% 和 9.9%，比 1999 年的 7.2% 明顯加快，與全國各地平均增長速度的差距明顯縮小。固定資產投資年均增長 18.8%，比全國平均水平高出近六個百分點。

西部大開發是黨中央總攬全局作出的一項重大決策，對於推動東西部地區協調發展和最終實現共同富裕，維護民族團結、社會穩定和國家安全，擴展國家發展的戰略迴旋空間，具有重大而深遠的意義。

二十年“舊貌換新顏”

洛松次仁的母親第一次坐火車，眼睛就沒離開過窗戶，“真快！這景我都看不過來！”同行人笑著告訴她，“你兒子開的火車比這還快呢！”這位藏族阿媽激動地拍起了手。

洛松次仁是青藏鐵路唯一一名藏族動車司機，他欣喜地感嘆：“鐵路讓我走下高原，改變了人生。”

2006 年，火車第一次開進拉薩，色瑪村村民尼瑪次仁忘不了火車經過家門前的那一刻。“全村老少都出來迎接。”“以前色瑪村是純農業村，全村 800 多農民守著不到 1000 畝土地，種青稞、土豆，靠天吃飯，一家一年有 5000 元存款就算富裕。”尼瑪次仁回憶。

2007 年，色瑪村利用毗鄰拉薩貨運西站的優勢，成立色瑪振通物流股份有限公司，搞起了物流，跑起了運輸。不到三年，物流公司紅紅火火，超市、旅館和修車鋪等生意也如雨後春筍，色瑪村從“農業村”變成“物流村”。“現在公司裏年收入多的村民能拿到 7 萬多元。”尼瑪次仁高興地說，全村以入股方式加入物流公司，去年公司從 987 萬元收入中拿出 850 多萬元給村民分紅。

從西寧向西延伸至格爾木，再向南取道，青藏鐵路猶如一隻粗壯的臂彎，將青藏高原擁入懷抱。這是世界上海拔最高、線路最長的高原鐵路。鐵路全線路共完成路基土石方 7853 萬立方米，橋樑 675 座、近 16 萬延長米，涵洞 2050 座、37662 橫延米，隧道 7 座、9074 延長米。這條被人們稱為“天路”的鋼鐵動脈，為青海和西藏兩省區經濟社會發展注入了強勁的動力。這，只是西部大開發的成就之一。

通過實施西部大開發戰略，西部地區基礎設施建設取得突破性進展，生

陝北安塞縣一個民間藝術團，成立了 30 多人的銅管樂隊。這是銅管樂隊在為當地群眾演奏。（新華社照片）

態環境保護成效顯著，社會事業和人才開發得到加強，人民生活水平明顯提高，城鄉面貌發生歷史性變化。西部地區從經濟、環境到文化和社會領域都發生了天翻地覆的變化，“舊貌換新顏”，這是中華民族發展史上一件驚天動地的壯舉，也是世界發展史上的空前壯舉。

西部地區發展步伐不斷加快，綜合經濟實力大幅躍升。西部地區生產總值逐年增長，2000 年至 2018 年 GDP 總量由 16654.62 億元增長到 184302.11 億元，增長約 10 倍，GDP 佔全國的比重增長到 20.47%，GDP 增速保持在 8% 以上。

西部地區基礎設施建設取得突破性進展。2000 年至 2019 年，西部大開發累計新開工重點工程 378 項，投資總額達 9.16 萬億元。2019 年，西部地區鐵路運營里程達到 5.4 萬公里，其中高速鐵路 7618 公里。高速公路通車里程突破 5 萬公里。民用運輸機場數量達 114 個，佔全國比重近 50%。通過持續不斷優化民航布局、強化鐵路建設、完善公路網絡、加快水運發展、加強水利建設、暢通能源通道以及完善信息基礎設施，西部地區的鐵路路網密度、幹線等級和公路網絡聯通、通達水平得到明顯提高，河流航道和沿岸港口建設得到不斷改造，能源布局得到持續優化，信息化水平得到大幅提升。

西部地區生態環境明顯改善。生態環境的保護和治理一直是西部開發面臨的一個突出問題。國家加大對西部地區生態建設投入，加快實施重點生態地區生態修復治理。以退耕還林還草、退牧還草、天然林保護、石漠化地區綜合治理、水土保持、濕地保護與恢復以及自然保護區生態保護與建設等為代表的一系列生態重點工程的持續推進，目前已在西部地區設立了 37 個生態文明先行示範區，耕地、水流、濕地、荒漠、草原、森林等領域的生態補償機制逐步完善。實施退耕還林還草面積累計超過 1.37 億畝，森林覆蓋率大幅提高。草原、濕地等重要生態系統得到有效保護和恢復，地區生態環境明顯改善，國家生態安全屏障得到鞏固。

西部地區貧困面貌得到改善，人民生活水平大幅提高。西部大開發戰略極大程度地發揮了開發式扶貧的涓滴效應，西部集中連片特困地區的貧困問題得到顯著改善，貧困人口數量明顯減少。2000 年至 2010 年，西部地區農村貧困人口累計減少 6734 萬人，貧困發生率從 10.2% 降低到 2.8%。2012 年至 2017 年，以現行的貧困標準測算，西部地區農村貧困人口從 5086 萬人下降到 1634 萬人，累計減少 3452 萬人，貧困發生率由 17.6% 下降為 5.6%。2017 年，西部地區城鎮和農村居民人均可支配收入分別達到 3.1 萬元和 1.1 萬元，是 2013 年的 1.38 倍和 1.46 倍，年均增長超過 10%。西部廣袤無垠的土地煥發出新的生機，千百萬質樸的人民走向富裕。

2000 年 3 月，朱鎔基在九屆全國人大三次會議記者招待會上這樣描述了西部大開發的前景：我認為西部地區的開發見效可能是很快的。當然，這是一個非常艱巨的事業，不是一代人能夠完成的，西部地區真正的開發恐怕需要一代人、兩代人，甚至幾代人的努力。20 年後，《中共中央國務院關於新時代推進西部大開發形成新格局的指導意見》正式發布，這是黨中央、國務院為加快形成西部大開發新格局，推動西部地區高質量發展，決勝全面建成小康社會，作出的重大決策部署。如火如荼的西部大開發展開了新畫卷。

9.

“引進來”和“走出去”戰略

“引進來”和“走出去”戰略是我國對外開放基本國策的重要組成部分。根據經濟全球化的新趨勢和我國改革開放的發展進程，黨中央在世紀之交提出並實施了對外開放“引進來”和“走出去”相結合的戰略，推動對外開放形成全方位、多層次、寬領域發展的新格局。

中國企業要“走出去”

達蘇水電站是巴基斯坦技術難度最大、總裝機容量和總投資最大的項目之一，能夠有效改善當地電力短缺狀況。為解決達蘇水電站圖紙批覆問題，中水北方勘測設計研究有限責任公司副總工程師楊海燕跨越近 300 公里的崎嶇山路，深入施工現場，與業主工程師對接。

在楊海燕的工作生涯中，這樣的行程算是輕鬆的。隨著我國水電工程走出去步伐加快，楊海燕每年在海外工程一線的時間超過 200 天。扎根海外水利工程一線十餘年，楊海燕帶領團隊克服惡劣自然環境和艱苦工作條件，推動中國水電技術標準走向世界，彰顯了中國工程師的風采，被譽為綻放在“一帶一路”上的“水電玫瑰”。

當今中國是世界範圍內最具競爭力的水電強國之一，中國水電企業業務遍及全球 140 多個國家和地區，佔據海外 70% 以上的水電市場，參與的已建在建海外水電工程 300 餘座，總裝機 8100 多萬千瓦，大中型水電工程市場幾乎全部被中國水電企業佔領。

中國水電技術帶動了中國資本走出去。採用中國水電技術開發水電項目具有成本低、建設週期短等優勢，得到了資本市場的認可，帶動中行、國開行、工行等金融機構參與了尼日利亞、巴基斯坦、阿根廷等多個國家大型水電項目的融資建設。初步統計，中國資本在海外投資水電超過 2000 億元，遍布歐洲、美洲、非洲、東南亞 40 多個國家和地區。

中國水電已成為名副其實的中國創造和國之重器，成為我國“走出去”領域中的一張亮麗名片。而這在 20 多年前還是想都不敢想的事兒。

改革開放後的 20 年裏，基於國情和實際需要，我國對外開放在很長一段時間裏是以進出口貿易和吸收外資為主，雖然這期間也有一些企業自發去境外發展，但多是零敲碎打，難成氣候。據統計，20 世紀末，全球對外投資總額約為 1 萬億美元，而在引進外資居世界最前列的中國，企業對外投資僅 6 億多美元，只佔全球不到 0.1%，與發達國家有著上百倍的差距。全世界每年國際工程承包的總金額在 1 萬億美元左右，我們只拿到 1% 多一點。這表明，我們在新一輪國際競爭與合作中已遠遠落伍。隨著國內外形勢變化，大力開拓海外市場逐步具備必要性和可能性。面對歷史賦予的挑戰和機遇，我們應確立什麼樣的未來發展坐標？我們如何搶佔國際競爭制高點？我們能否開掘出新的經濟增長點？

1996 年 7 月，江澤民在河北省唐山市考察工作時明確指出：要加緊研究國有企業如何有重點有組織地走出去，做好利用國際市場和國外資源這篇大文章。1997 年，黨的十五大報告指出：鼓勵能夠發揮我國比較優勢的對外投資。更好地利用國內國外兩個市場、兩種資源。

黨的十五大閉幕後不久，黨中央明確提出中國企業要“走出去”。1997

年 12 月，江澤民在會見全國外資工作會議代表時這樣說道："我們不僅要積極吸引外國企業到中國投資辦廠，也要積極引導和組織國內有實力的企業走出去，到國外去投資辦廠，利用當地的市場和資源。""'引進來'和'走出去'，是我們對外開放基本國策兩個緊密聯繫、相互促進的方面，缺一不可。這個指導思想一定要明確。現在，國際競爭這樣激烈，無論從目前搞活國有企業還是從我國經濟的長遠發展來看，非這樣做不可。""我們要進一步抓緊這方面的研究、部署和組織實施工作，爭取在兩三年內取得明顯成效。關鍵是要有領導有步驟地組織和支持一批國有大中型骨幹企業走出去，形成開拓國外投資市場的初步規模。這是一個大戰略，既是對外開放的重要戰略，也是經濟發展的重要戰略。"

1998 年 2 月，江澤民在黨的十五屆二中全會上闡述應對亞洲金融危機的方針時再次強調既要"引進來"也要"走出去"，提出在積極擴大出口的同時，要有領導有步驟地組織和支持一批有實力有優勢的國有企業走出去，到國外主要是到非洲、中亞、中東、東歐、南美等地投資辦廠。2000 年 10 月，黨的十五屆五中全會通過《中共中央關於制定國民經濟和社會發展第十個五年計劃的建議》，提出"要以更加積極的姿態，抓住機遇，迎接挑戰，趨利避害，不斷提高企業競爭能力，進一步推動全方位、多層次、寬領域的對外開放"，"實施'走出去'戰略，努力在利用國內外兩種資源、兩個市場方面有新的突破"。"走出去"被中央正式確定為新時期一項對外開放戰略。

"走出去"戰略的制定和實施，標誌著我國對外開放戰略的重大轉變，有利於我們在變幻莫測的國際風雲中保持平衡，掌握主動。中國需要走出去，中國有能力走出去，這是時代的必然選擇。

“引進來”“走出去”開創新天地

根據“十五”計劃部署，我國的對外開放從過去的側重引進為主，發展為“引進來”和“走出去”相結合，積極參與國際合作。

多種形式的對外經濟合作業務持續穩定增長。2001 年新簽訂涉及電力、交通、建築、石化等行業的大型工程項目 15 個。到 2001 年底，我國累計參與境外資源合作項目 195 個，總投資 46 億美元；累計設立各種境外企業 6610 家，其中中方投資 84 億美元；境外項目平均投資達 252 萬美元，比上年提高近 30%。一批大型骨幹企業在實施海外投資戰略中發揮了龍頭作用，已初具跨國公司雛形。

一些“走出去”的企業很快就以多樣的形式展現了多樣的成功：在新加坡，中航油成為首家完全利用海外自有資產在該國上市的中資企業；在美國，浙江萬向連續收購數家上市公司，並躋身全美三大汽車集團零部件的供應商行列；在南亞、北非，中興通訊憑藉設立海外研發基地，贏得了大批訂單；在南非，海信麾下的境外家電加工裝配企業每年帶動國內電視機散件出口近千萬美元；而在伊朗，由中信公司承建的德黑蘭地鐵已順利通車，其中大部分成套設備從中國進口……

2001 年 12 月 11 日，中國正式成為世貿組織的第 143 名成員。這是我國改革開放進程中具有歷史意義的一件大事，標誌著我國對外開放進入了一個新的階段。隨著中國加入世貿組織，中國經濟已經與世界經濟更加緊密地聯繫在了一起，這為“引進來”和“走出去”戰略帶來了更多的機遇和挑戰。我國在更大範圍、更廣領域和更高的層次上參與國際資源配置，拓寬發展空間，以開放促進改革和發展。“引進來”和“走出去”戰略在經濟全球化浪潮的蕩滌中不斷完善，我國對外開放水平不斷提高。

2001 年 11 月 11 日，在卡塔爾首都多哈舉行的中國加入世貿組織簽字儀式上，中國外經貿部部長石廣生等在簽字後鼓掌祝賀。（新華社照片）

據商務部統計，截至 2002 年底，我國累計投資設立各類境外企業 6960 家，遍及 160 多個國家和地區，協議投資總額逾 138 億美元，中方投資約 93 億多美元（實際數量和金額遠不止於此）；累計簽訂對外承包工程合同額 1148 億美元，完成營業額 827 億美元；累計簽訂對外勞務合作合同額 295 億美元，完成營業額 238 億美元，外派勞務逾 273 萬人次。已有 39 家中國企業進入世界最大 225 家國際承包商之列，11 家進入國際工程諮詢設計 200 強。此外，在境外資源開發、跨國購併、設立研發中心、開展農業合作等方面，中資企業也身手不凡。

"引進來" 和 "走出去" 相結合的開放戰略促進了開放型經濟的發展，使全方位、多層次、寬領域的對外開放格局更加清晰。中國經濟進一步融入經濟全球化進程，獲得了更廣闊的發展空間。今天，中國對外直接投資的流量和存量均已躍居全球第二位，中國在積極參與全球化進程中實現了自身經濟的快速發展。歷史和實踐證明，“引進來”和“走出去”戰略是黨中央在跨世紀發展道路上作出的又一項富有遠見的決策。

我們所要建設的小康社會，不是自給自足、自我封閉的社會，而是一個對外開放、參與國際競爭的社會。實施“引進來”和“走出去”戰略，是新世紀新階段全面建設小康社會的必由之路。江澤民指出：綜觀全局，21 世紀頭 20 年，對我國來說，是一個必須緊緊抓住並且可以大有作為的重要戰略機遇期。這是實現現代化建設“三步走”戰略目標必經的承上啟下的發展階段，也是完善社會主義市場經濟體制和擴大對外開放的關鍵階段。在這個全面建設小康社會的關鍵時期，適應經濟全球化和加入世貿組織的新形勢，進一步擴大對外直接投資，對於更好地利用國內國際“兩個市場”“兩種資源”，加快轉變經濟發展方式，實現跨世紀發展，具有重大而深遠的意義。

10.

實現第二步戰略目標，人民生活總體達到小康

當人們迎來 21 世紀的第一縷曙光時，中國大地已經發生了巨大的變化。2000 年底，我們勝利實現了現代化建設“三步走”戰略的第一步、第二步目標，人民生活總體達到了小康水平。這是一個偉大的里程碑，也是一個豪邁的新起點。

經濟形勢喜人

2000 年 12 月，國家統計局宣布，當年我國國民經濟出現重要轉機，經濟增長加快，據初步預算，全國國內生產總值為 8.9 萬多億元人民幣，首次突破一萬億美元。

一萬億美元，一個響噹噹沉甸甸的數字，一個了不起的偉大成就，一個來之不易的豐碩成果。

國內生產總值，是一個國家（或地區）在一定時期內所生產的最終產品和提供的勞務總量的貨幣表現。它反映的是一個國家的整體經濟實力和創造財富的多少，是衡量一個國家經濟發展成就的最重要的總量指標。國內生產總值突破一萬億美元，平均一天創造國內生產總值達 240 多億元，大約相當於 1952 年全年國內生產總值的 1/3。這表明我國綜合國力大大提高，現代化

建設上了新台階，人民生活明顯改善。

2000年10月，黨的十五屆五中全會在北京召開。全會高度評價了改革開放20多年特別是“九五”計劃以來，我國經濟建設和社會發展所取得的巨大成就。全會宣布：我們已經實現了現代化建設的前兩步戰略目標，經濟和社會全面發展，人民生活總體上達到了小康水平。這是中華民族發展史上的一個新的里程碑。

經過改革開放以來20多年的不懈奮鬥，我國經濟實力顯著增強，經濟總量躍居世界第六位。2001年，我國人均國民總收入（1993年聯合國國民核算體系將國民生產總值改稱國民總收入）為890美元，按不變價格計算，比1990年增長近兩倍，實現了從溫飽到總體上達到小康的巨大跨越。1989年財政收入僅2665億元，2001年達到16386億元，年均增長16.3%。財政實力由弱到強，是國民經濟持續增長、經濟運行質量不斷提高的反映。公共財政體制的建立和完善，不但增強政府的宏觀調控能力，對於促進結構調整和經濟社會協調發展，促進社會公正等，將繼續發揮重要作用。

在經濟總量不斷增長的同時，經濟增長方式也發生了很大轉變，經濟結構趨於合理，經濟效益不斷提高。1990年至2001年，我國國內生產總值年均增長9.3%，居世界第一，遠遠高於同期世界經濟平均增長率，萬元產值能耗下降73.7%，全社會勞動生產率年均增長14.8%。我國第一、第二、第三產業增加值佔GDP的比重，1980年分別為30.1：48.5：21.4，2000年這一比例調整為16.4：50.2：33.4。我國進入了以第二產業為主導的重工業化時期，我們離基本實現工業化又更進一步。我國積極探索可持續發展的道路，努力把經濟增長方式轉到速度與結構、質量、效益相統一上來。作為小康社會核心指標之一的森林覆蓋率，從1993年的13.92%上升到2000年的16.55%，增長速度明顯加快。走一條科技含量高、經濟效益好、資源消耗低、環境污染少、人力資源優勢得到充分發揮的經濟發展道路，必將提升中國經濟的整體素質和國際競爭力。

區域經濟協調發展是全面建設小康社會的題中應有之義，關乎國民經濟的持續健康發展，關乎全體人民的根本福祉。中國的改革開放從優先發展東部沿海地區起步，根據不斷變化的形勢，黨中央又適時提出了西部大開發和振興東北等老工業基地戰略。從 2000 年起，西部地區人均佔有國家預算內財政投資已開始超過東部地區和中部地區。到 2002 年，國家在西部開工 30 多個項目，總投資超過 6000 億元。振興東北老工業基地的第一批項目總投資額數百億元。我國城鎮人口佔全國人口比重從 1980 年的 19.4% 上升到 2000 年的 36.2%，農村富餘勞動力向非農產業和城鎮轉移，帶動社會跨越式發展，走出一條中國特色的城鎮化道路。加快中西部和農村發展，振興東北等老工業基地，不但體現社會主義共同富裕的原則，也為新時期經濟發展拓展了廣闊的空間。

人民安居樂業

北京的郭大媽，每次去超市，都會為“不知挑什麼好”而發愁。就說水，有礦泉水、純淨水、蒸餾水、茶飲料、果汁、可樂⋯⋯各種品牌、各種類型，讓人眼花繚亂。“連水都變出這麼多花樣。前些年，哪想到會有這事。”

郭大媽的感嘆，折射出中國人民生活的巨大變化。

小康不小康，老百姓的“錢袋子”鼓不鼓是一個重要指標。我國城鎮居民家庭人均可支配收入由 1997 年的 5160 元增加到 2002 年的 7703 元，平均每年實際增長 8.3%。農村居民家庭人均純收入由 2090 元增加到 2476 元，平均每年實際增長 3.4%。城鄉居民人民幣儲蓄存款餘額由 4.6 萬億元增加到 8.7 萬億元。居民擁有的股票、債券等其他金融資產也有較多增加。農村貧困人口由 4960 萬人減少到 2820 萬人，農村貧困地區群眾溫飽問題基本得到解決。

城鄉市場一片欣欣向榮，社會消費水平明顯提高，全社會消費品零售總額從 1997 年的 2.73 萬億元增加到 2002 年的 4.1 萬億元，平均每年實際增長 8.5%。我們終於告別了短缺。1998 年，我國供過於求的商品佔 1/3，到 2002 年達到 88%，琳瑯滿目的商品訴說著市場的繁榮。

從人民生活質量看，居民消費結構也發生了巨大變化。2002 年，我國城鎮居民的恩格爾系數已降到 40% 以下，農村居民的恩格爾系數降到 50% 以下。說明城鎮居民消費已跨入小康門檻，農村居民吃的問題已解決，教育、文化、耐用消費品等新的熱點在升溫，中國人的生活已實現總體上的小康，並向著更殷實的小康穩步前進。另一組統計數字則表明，如果按人均國內生產總值、恩格爾系數、城鎮人均可支配收入、農民人均純收入等 16 項指標綜合測算，1990 年我國的小康實現程度為 48%，而到 2000 年已躍升到 96%。

老百姓的"錢袋子"鼓起來了，日子也過得越來越紅火，越來越豐富多彩。城鎮居民人均住房建築面積由 17.8 平方米增加到近 22 平方米，農村居民人均居住面積由 22.5 平方米增加到 26.5 平方米，城鎮居民住房自有率達到 70%。電視機、洗衣機、電冰箱等家用電器進一步普及，電腦、轎車越來越多地進入居民家庭。在深圳，僅 2000 年上半年就售出汽車 21000 部，平均每天售出 120 部。2002 年我國汽車市場轎車銷售 110 多萬輛，其中個人購車佔據半壁江山。1999 年，全國固定電話和移動電話用戶分別達到 1.1 億戶和 4324 萬戶，電話普及率達到了 13%。我國電信在網絡規模上已超過日本直追美國，居世界第二位。家電等耐用消費品擁有量進一步增加，不少居民家中的電器已多次換代，電腦、大屏幕高清晰度彩電、新型大容量多開門冰箱、家庭影院等都已成了尋常的消費品。

老百姓的精神文化生活也得到進一步充實，過去想都不敢想的事情變成現實：雙休日或節假日，人們紛紛舉家出門旅遊，甚至走出國門，在世界各個角落展現著富裕起來的中國人民的風采，“假日消費”成為新的經濟增長點；醫療保健條件不斷改善，人民群眾健康水平進一步提高，人均期望壽命2002年達71.8歲，接近中等發達國家水平；成人教育、職業教育、社區教育紅紅火火，居民用於子女非義務教育和自身再教育的支出大幅度提高；各地群眾性文化活動蓬勃發展，老年秧歌隊走街串巷演出，民間戲樂團年前年後搭台唱大戲…… 百姓生活喜洋洋，樂融融。“力有所為，閒有所樂，老有所養，病有所醫”，顯現一派國泰民安的景象。

福州市再就業明星陳曉萍是2003年的全國人大代表。當年陳曉萍下崗後，也曾失落徬徨。靠政府支持、靠自己努力，陳曉萍辦起了真味包點公司，吸收了60多名下崗失業人員。“我能有今天，離不開國家對下崗職工的關心，離不開中央促進就業和再就業的好政策！”

就業是民生之本，是老百姓最大的保障。黨中央、國務院高度重視促進就業和再就業，1998年和2002年，兩次召開全國再就業工作會議，對就業工作全面部署，出台了一系列再就業優惠政策，具有中國特色的積極就業政策框架基本建立。1997年至2002年，全國每年新增就業800萬人，2600萬下崗職工中有1800多萬先後實現再就業，城鎮登記失業率控制在4%以內。

就業是老百姓生存發展的現實“飯碗”，社會保障則是解除老百姓後顧之憂的長遠保證。1998年中央提出“兩個確保”——確保企業離退休人員養老金按時足額發放，確保國有企業下崗職工基本生活。1998年至2002年，

2600多萬國有企業下崗職工中，90%以上的人先後進入再就業服務中心、領到了基本生活費，3000多萬企業離退休人員按時足額領到了養老金。與此同時，國家進一步完善了養老、失業、醫療保險和“低保”制度。到2002年底，全國參加基本養老保險和失業保險的職工均超過一億，參加基本醫療保險的職工9400萬，享受城市居民最低生活保障的人數達2000萬。我國社會保障制度建設取得了重大進展。

2003年羊年春節，一條手機短信受人青睞：“祝您生活奔小康，收入達富康，身體更健康，全家都安康。”簡單的話語在親朋好友間傳遞，既是人們對新一年最美好的祝願，也是人們真情的流露。小康，已經從一個美好的願望，逐漸變成了老百姓看得見摸得著的日常生活。二十年磨一劍，全面小康這一部雄偉的史詩，已在世紀之交完成了總體小康這一精彩開篇，更多的華美篇章正在中華大地上熱火朝天地譜寫著！

四

全面建設小康社會

跨入 21 世紀，當“奔小康”這個萬眾一心的目標總體實現，下一個小康目標是什麼？第三步該怎麼走？諸多問題已擺在我們面前。2000 年，黨的十五屆五中全會通過的《中共中央關於制定國民經濟和社會發展第十個五年計劃的建議》作出明確回答：“從新世紀開始，我國將進入全面建設小康社會，加快推進社會主義現代化的新的發展階段。”2002 年，黨的十六大對全面建設小康社會作出全面部署。全面建設小康社會的號角，在中國大地吹響。

1.

全面小康的內涵

2002 年 11 月 8 日，一篇題為《一座古老的小鎮，崛起雞鳴三省處》的新聞，出現在《人民日報》。其中介紹了地處豫皖兩省交界處的歷史古鎮葉集，從一個小“集”到建成邊貿市場、被批准為省級經濟技術開發區的華麗轉型。板車變轎車，草房變別墅，葉集鎮的變化，只是中國現代化進程中的一個縮影。“搶抓機遇，與時俱進”是葉集的發展規劃，更是 21 世紀的中國建設更高水平小康社會的要求和動力。隨著曾經的千年窮荒地崛起雞鳴三省處，中國的小康社會建設也邁入新的階段。

黨的十六大提出奮鬥目標

2002 年 11 月，黨的十六大報告正式提出了全面建設小康社會的奮鬥目標：“根據十五大提出的到 2010 年、建黨 100 年和新中國成立 100 年的發展目標，我們要在本世紀頭 20 年，集中力量，全面建設惠及十幾億人口的更高水平的小康社會，使經濟更加發展、民主更加健全、科教更加進步、文化更加繁榮、社會更加和諧、人民生活更加殷實。這是實現現代化建設第三步戰略目標必經的承上啟下的發展階段，也是完善社會主義市場經濟體制和擴大對外開放的關鍵階段。經過這個階段的建設，再繼續奮鬥幾十年，到本世紀中葉基本實現現代化，把我國建成富強民主文明的社會主義國家。”

為什麼在總體實現小康後，我國還要提出全面建設小康社會的目標？其實，這與我國所達到的總體小康情況有關。

根據 20 世紀 90 年代國家統計局會同國家計委和農業部共同制定的《全國人民小康生活水平的基本標準》，到 2000 年，“小康水平”的 16 項指標中只有 13 項指標按時完成，農民人均純收入、人均蛋白質日攝入量和農村初級衛生保健基本合格縣比重等三項指標並未達標。此外，東部地區與中西部地區的小康實現程度也不統一。正處於並將長期處於社會主義初級階段的中國，剛剛進入小康社會所達到的小康還是低水平的、不全面的、發展很不平衡的小康。具體表現為：

（1）我國生產力和科技、教育還比較落後，實現工業化和現代化還有很長的路要走；

（2）城鄉二元結構經濟還沒有改變，地區差距擴大的趨勢尚未扭轉，貧困人口還為數不少；

（3）人口總量繼續增加，老齡人口比重上升，就業和社會保障壓力增大；

（4）生態環境、自然資源和經濟社會發展的矛盾日益突出；

（5）我們仍然面臨發達國家在經濟科技等方面佔優勢的壓力；

（6）經濟體制和其他方面的管理體制還不完善；

（7）民主法制建設和思想道德建設等方面還存在一些不容忽視的問題。

要“鞏固和提高目前達到的小康水平，還需要進行長時期的艱苦奮鬥”。因此，全面建設小康社會的目標和要求應運而生。

全面建設小康社會的具體任務和要求

為更加明確全面建設小康社會的階段和具體目標，2002 年 1 月，江澤民在黨的十六大文件起草組會議上指出："從全國來看，實現全面建設小康社會的目標，時間大體定為 20 年是適當的。"

"對我國來說，21 世紀頭 20 年是必須緊緊抓住並且可以大有作為的重要戰略機遇期。" 該時期的奮鬥目標，也是全面建設小康社會的總體目標：經濟更加發展、民主更加健全、科教更加進步、文化更加繁榮、社會更加和諧、人民生活更加殷實。

怎樣才能順利實現這些目標呢？十六大報告從四個方面提出了具體任務和要求：

一是在優化結構和提高效益的基礎上，國內生產總值到 2020 年力爭比 2000 年翻兩番，綜合國力和國際競爭力明顯增強。基本實現工業化，建成完善的社會主義市場經濟體制和更具活力、更加開放的經濟體系。城鎮人口的比重較大幅度提高，工農差別、城鄉差別和地區差別擴大的趨勢逐步扭轉。社會保障體系比較健全，社會就業比較充分，家庭財產普遍增加，人民過上更加富足的生活。

二是社會主義民主更加完善，社會主義法制更加完備，依法治國基本方略得到全面落實，人民的政治、經濟和文化權益得到切實尊重和保障。基層民主更加健全，社會秩序良好，人民安居樂業。

三是全民族的思想道德素質、科學文化素質和健康素質明顯提高，形成比較完善的現代國民教育體系、科技和文化創新體系、全民健身和醫療衛生體系。人民享有接受良好教育的機會，基本普及高中階段教育，消除文盲。形成全民學習、終身學習的學習型社會，促進人的全面發展。

四是可持續發展能力不斷增強，生態環境得到改善，資源利用效率顯著提高，促進人與自然的和諧，推動整個社會走上生產發展、生活富裕、生態良好的文明發展道路。

這些任務和要求聚焦中國經濟、政治、文化、科教和社會發展，將建設物質文明、政治文明和精神文明的要求與加快推進現代化建設進行了統一，既符合中國國情，也符合現代化建設實際。

"就是要在中國共產黨的堅強領導下，發展社會主義市場經濟、社會主義民主政治和社會主義先進文化，不斷促進社會主義物質文明、政治文明和精神文明的協調發展，推進中華民族的偉大復興。"

全面建設小康社會新目標和確定到 2020 年全面建設小康社會任務的提出和明確，為我國全面建設小康社會、加快推進社會主義現代化指明了方向。我國的小康社會建設，開始由"總體小康"向"全面小康"邁進。

黨的十七大提出實現全面建設小康社會奮鬥目標新要求

黨的十六大以後，面對複雜多變的國際形勢和艱巨繁重的改革發展穩定任務，黨中央帶領全國各族人民取得了改革開放和全面建設小康社會的重大成就，開創了中國特色社會主義事業新局面。2007 年 10 月，黨的十七大在新的歷史起點上又提出了到 2020 年實現全面建設小康社會奮鬥目標的五個新要求：

（1）增強發展協調性，努力實現經濟又好又快發展。轉變發展方式取得重大進展，在優化結構、提高效益、降低消耗、保護環境的基礎上，實現人均國內生產總值到 2020 年比 2000 年翻兩番。社會主義市場經濟體制更加完善。自主創新能力顯著提高，科技進步對經濟增長的貢獻率大幅上升，進入創新型國家行列。居民消費率穩步提高，形成消費、投資、出口協調拉動的增長格局。城鄉、區域協調互動發展機制和主體功能區布局基本形成。社會主義新農村建設取得重大進展，城鎮人口比重明顯增加。

（2）擴大社會主義民主，更好保障人民權益和社會公平正義。公民政治參與有序擴大。依法治國基本方略深入落實，全社會法制觀念進一步增強，法治政府建設取得新成效。基層民主制度更加完善。政府提供基本公共服務能力顯著增強。

（3）加強文化建設，明顯提高全民族文明素質。社會主義核心價值體系深入人心，良好思想道德風尚進一步弘揚。覆蓋全社會的公共文化服務體系基本建立，文化產業佔國民經濟比重明顯提高、國際競爭力顯著增強，適應人民需要的文化產品更加豐富。

（4）加快發展社會事業，全面改善人民生活。現代國民教育體系更加完善，終身教育體系基本形成，全民受教育程度和創新人才培養水平明顯提高。社會就業更加充分。覆蓋城鄉居民的社會保障體系基本建立，人人享有基本生活保障。合理有序的收入分配格局基本形成，中等收入者佔多數，絕對貧困現象基本消除。人人享有基本醫療衛生服務。社會管理體系更加健全。

（5）建設生態文明，基本形成節約能源資源和保護生態環境的產業結構、增長方式、消費模式。循環經濟形成較大規模，可再生能源比重顯著上升。主要污染物排放得到有效控制，生態環境質量明顯改善。生態文明觀念在全社會牢固樹立。

這五個方面都有具體內容，統攬了中國特色社會主義經濟建設、政治建設、文化建設、社會建設和生態文明建設，全面建設小康社會的目標更全面、內涵更豐富、要求更具體。2008 年 1 月，胡錦濤在中共中央政治局第三次集體學習會上指出："貫徹落實實現全面建設小康社會奮鬥目標的新要求，必須全面推進經濟建設、政治建設、文化建設、社會建設以及生態文明建設，促進現代化建設各個環節、各個方面相協調，促進生產關係與生產力、上層建築與經濟基礎相協調。"

自此，全面建設小康社會奮鬥目標從黨的十六大提出的經濟建設、政治建設、文化建設、社會建設"四位一體"擴展為加上生態文明建設的"五位一體"，從思想上、政治上、組織上為奪取全面建設小康社會新勝利、不斷開創中國特色社會主義事業新局面提供了根本保證，也賦予了其新的時代內涵。正如胡錦濤在十七大報告中對我國全面建設小康社會前景的展望："到2020年全面建設小康社會目標實現之時，我們這個歷史悠久的文明古國和發展中社會主義大國，將成為工業化基本實現、綜合國力顯著增強、國內市場總體規模位居世界前列的國家，成為人民富裕程度普遍提高、生活質量明顯改善、生態環境良好的國家，成為人民享有更加充分民主權利、具有更高文明素質和精神追求的國家，成為各方面制度更加完善、社會更加充滿活力而又安定團結的國家，成為對外更加開放、更加具有親和力、為人類文明作出更大貢獻的國家。"

2.

實現全面、協調、可持續的發展

黨的十六大以後，我國進入了全面建設小康社會又一個關鍵時期。經過20多年的發展，中國社會進入了一個“矛盾凸顯期”。以胡錦濤同志為總書記的黨中央準確把握中國基本國情，深刻洞察世界發展大勢，積極探索新形勢下發展的新思路，創造性地提出了科學發展觀重大戰略思想，堅持以人為本，全面、協調、可持續發展，帶領全黨全國各族人民譜寫了全面建設小康社會的新篇章。

“非典”疫情引發科學發展新思想的探索

2003年，一場突如其來的“非典”疫情暴露出我國在公共衛生等社會建設方面的某些薄弱環節，為我們思考新的發展理念帶來了重要啟示。

這年早春，非典型性肺炎疫病災害爆發。到4月中下旬，疫情波及我國26個省、自治區、直轄市。除中國外，全球有30多個國家和地區也陸續發生了疫情。據世界衛生組織2003年8月15日公布的數據統計，截至2003年8月7日，全球累計“非典”病例共8422例，涉及32個國家和地區；全球因非典死亡人數919人，病死率近11%。中國內地累計病例5327例，死亡349人；中國香港1755例，死亡300人；中國台灣665例，死亡180人；加拿大251例，死亡41人；新加坡238例，死亡33人；越南63例，死亡5人……

“非典”來勢洶洶，對人民群眾的身體健康和生命安全構成了嚴重威脅，更給國家經濟社會發展帶來嚴重衝擊：上海商業經濟研究中心對全國34個城市4月中旬至5月中旬服務業情況的調查表明，太原百貨及連鎖銷售額下降35.7%，天津下降33%，就連一直沒有發現非典病例的“淨土”貴陽，百貨銷售也下降32.06%，餐飲業收入下降43.3%。

面對疫情的嚴峻考驗，黨中央、國務院堅持一手抓防治“非典”不放鬆、一手抓經濟建設中心不動搖，採取了一系列行之有效的政策措施，有效控制住了疫情，於2003年6月下旬取得抗擊“非典”的階段性重大勝利。但在抗疫過程中暴露的如城鄉發展和區域發展不夠協調、公共衛生事業發展滯後、突發事件應急機制不健全、應急能力不強等問題，也引起了黨中央對新的發展理念和發展方式的思考和探索。

實現什麼樣的發展、怎樣發展？解決這個問題迫在眉睫。

2003年4月15日，胡錦濤在廣東考察時提出要積極探索加快發展的新路子，“堅持全面的發展觀”，以“努力在社會主義物質文明、政治文明、精神文明建設方面都交出優異的答卷”。7月28日，他在全國防治非典工作會議上強調，要更好地堅持協調發展、全面發展、可持續發展的發展觀。8月28日至9月1日在江西考察工作時，胡錦濤明確使用了“科學發展觀”概念，提出要牢固樹立協調發展、全面發展、可持續發展的科學發展觀。

2003年10月，黨的十六屆三中全會審議通過了《中共中央關於完善社會主義市場經濟體制若干問題的決定》，第一次在黨的正式文件中完整提出：“堅持以人為本，樹立全面、協調、可持續的發展觀，促進經濟社會和人的全面發展。”至此，科學發展觀作為推動經濟社會發展的一個重大戰略思想初步形成，實現全面、協調、可持續發展的要求及實踐，也越來越明晰。

“堅持以人為本、全面協調可持續的發展觀”

2004 年 3 月 10 日，胡錦濤在中央人口資源環境工作座談會上闡釋了堅持以人為本、全面協調可持續的發展觀的主要內容，他指出：“堅持以人為本、全面協調可持續的發展觀，是我們以鄧小平理論和‘三個代表’重要思想為指導，從新世紀新階段黨和國家事業發展全局出發提出的重大戰略思想。”他尤其強調，要實現全面建設小康社會的奮鬥目標，開創中國特色社會主義事業新局面，必須堅持貫徹“三個代表”重要思想和黨的十六大精神，牢固樹立和認真落實以人為本、全面協調可持續的發展觀，切實抓好發展這個黨執政興國的第一要務。

堅持以人為本，就是要以實現人的全面發展為目標，從人民群眾的根本利益出發謀發展、促發展，不斷滿足人民群眾日益增長的物質文化需要，切實保障人民群眾的經濟、政治和文化權益，讓發展的成果惠及全體人民。

全面發展，就是要以經濟建設為中心，全面推進經濟、政治、文化建設，實現經濟發展和社會全面進步。

協調發展，就是要統籌城鄉發展、統籌區域發展、統籌經濟社會發展、統籌人與自然和諧發展、統籌國內發展和對外開放，推進生產力和生產關係、經濟基礎和上層建築相協調，推進經濟、政治、文化建設的各個環節、各個方面相協調。

可持續發展，就是要促進人與自然的和諧，實現經濟發展和人口、資源、環境相協調，堅持走生產發展、生活富裕、生態良好的文明發展道路，保證一代接一代地永續發展。

以人為本、全面協調可持續的科學發展觀，總結了 20 多年來我國改革開放和現代化建設的成功經驗，吸取了世界上其他國家在發展進程中的經驗教訓，概括了戰勝“非典”疫情給我們的重要啟示，揭示了經濟社會發展的客觀規律，反映了我們黨對發展問題的新認識。

在此基礎上，2005 年 10 月，黨的十六屆五中全會通過《中共中央關於制定國民經濟和社會發展第十一個五年規劃的建議》，明確提出：“發展必須是科學發展，要堅持以人為本，轉變發展觀念、創新發展模式、提高發展質量，落實‘五個統籌’，把經濟社會發展切實轉入全面協調可持續發展的軌道。”其中不僅提出了加快轉變經濟增長方式，同時強調了以“在優化結構、提高效益和降低消耗的基礎上實現 2010 年人均國內生產總值比 2000 年翻一番”“單位國內生產總值能源消耗比‘十五’期末降低 20% 左右”等為主要內容的全面建設小康社會新目標。

“跟農村比起來，住房條件改善了，我們家住房面積有二百多平方米，小孩上學比較近，小區新開了幾家超市，購物也方便，路也好。現在我在廠裏上班，經濟效益還可以，不像以前種田那麼累。”四川省雙流縣率先推行農民多層公寓建設的燃燈小區居民劉麗如是說。如今小區道路整潔，鮮花綠樹，有公共健身設施；公寓樓寬敞明亮，客廳、臥室、廚房、衛生間布局合理、舒適。隨著越來越多的居民搬進這樣的新公寓，大家對自己的生活也越來越滿意。

安居才能樂業。為解決好農民變市民的問題，雙流縣也走過一條先發展、後規劃的路，但因規劃滯後、各自為陣，點面散亂，不僅浪費了土地資源，也大大增加了公共設施的投入。後來，以統籌城鄉經濟社會發展和西部大開發為抓手和突破口，雙流舉辦“城市競爭力論壇”，邀請國內眾多專家研討城鎮化發展問題；同時到浙江、沿海一帶學習，到鄉鎮調研，結合雙流實際，創新了城鄉發展思路：（1）加快工業化進程，工業向園區集中，發揮基礎設施的最大效益，實現工業發展與環境保護的協調發展；（2）加快城鎮化進程，推進農民向城鎮集中，加速農民變市民，實現城鄉協調發展；（3）推進土地向業主集中，促進農業集約化經營，發展現代農業，把農民從土地上解放出來，為農民的轉移、轉化創造條件。以此為基礎，雙流政府統一徵地，成建制拆遷安置、同步做好農轉非工作，規範化建設統建小區，多形式安置失地農民，堅持以人為本，不僅讓雙流的城鄉發展走出了一條綠色、協調、可持續之路，更是讓城鄉居民的生活質量有了質的飛躍，幸福指數直線上升。

隨著轉變經濟發展方式、構建社會主義和諧社會、加強社會建設、統籌城鄉發展，以及推進社會主義政治、文化和生態文明建設等推動經濟社會科學發展的各項政策的陸續制定和實施，以人為本、全面協調可持續的科學發展觀念，逐漸深入人心。

黨的十七大為全面、協調、可持續發展注入新動力

2007 年 10 月 15 日，胡錦濤在黨的十七大上對以人為本、全面協調可持續的科學發展觀作了進一步闡釋，指出：“科學發展觀，第一要義是發展，核心是以人為本，基本要求是全面協調可持續，根本方法是統籌兼顧。”他尤其強調，要牢牢扭住經濟建設這個中心，努力實現以人為本、全面協調可持續的科學發展，全面推進“五個建設”，促進現代化建設各個環節、各個方面相協調，總攬全局、統籌規劃，堅持聚精會神搞建設、一心一意謀發展，著力把握發展規律、創新發展理念、轉變發展方式、破解發展難題，提高發展質量和效益，實現又好又快發展。

同時，黨的十七大還對全面建設小康社會提出了五方面新目標和新要求，包括“增強發展協調性，努力實現經濟又好又快發展”“擴大社會主義民主，更好保障人民權益和社會公平正義”“加強文化建設，明顯提高全民族文明素質”“加快發展社會事業，全面改善人民生活”“建設生態文明，基本形成節約能源資源和保護生態環境的產業結構、增長方式、消費模式”等。這些新目標和新要求，既是對全面建設小康社會目標內涵的擴展，也從經濟建設、政治建設、文化建設、社會建設和生態文明建設的角度，進一步論證、發展了堅持以人為本，在統籌兼顧的基礎上貫徹落實全面、協調、可持續發展的小康社會建設理念。

3.

建設社會主義新農村

農業、農村和農民問題，是黨的十六大後以胡錦濤同志為總書記的黨中央最為重視的大事之一。因為低水平、不全面、發展不平衡的小康，使得“三農”問題尤其是農村建設，成為全面建設小康社會的重中之重。正是在這樣的大背景下，社會主義新農村建設翻開了新的一頁。

全面建設小康社會的工作重點在農村

2006 年 1 月，國家廣電總局召開廣播電視村村通工作現場會，提出：要按照黨的十六屆五中全會提出的要求，貫徹落實《關於進一步加強農村文化建設的意見》，把廣播電視村村通工程作為建設社會主義新農村的一件大事，作為農村文化建設的重中之重，同時強力推進新一輪村村通工程，為建設社會主義新農村，滿足農民群眾日益增長的精神文化需求作出新貢獻。

截至 2005 年底，中央和地方財政累計投入資金 34.4 億元，基本解決了全國 11.7 萬個行政村和 8.6 萬個自然村共 9700 萬農民群眾收聽收看廣播電視的問題，深受廣大農村群眾的擁護和歡迎。

這裏提到的“建設社會主義新農村”，並不是一個新的詞彙。早在 20 世紀 50 年代，我國就發出了建設社會主義新農村的號召。但這時的新農村建設，是為了給工業發展提供更多的原料和農產品，實現農業支持工業、農村支持城市，因此導致農民長期貧困、農村發展受限，城鄉差距拉大。

改革開放以來，特別是進入 21 世紀，黨中央尤為重視農業、農村和農民問題。“從我國的未來發展看，實現全面建設小康社會的宏偉目標，最繁重、最艱巨的任務在農村”，因此 2002 年 11 月，黨的十六大明確提出：“統籌城鄉經濟社會發展，建設現代農業，發展農村經濟，增加農民收入，是全面建設小康社會的重大任務。”

為什麼將“三農”問題列為我國實現全面建設小康社會的重點和難點？這是因為我國在達到的低水平、不全面、發展不平衡的小康中，差距主要在農村。對此，胡錦濤於 2003 年 1 月 8 日在中央農村工作會議上作了說明：“一是我國農業勞動生產率低，農村生產力落後，仍然是國民經濟的薄弱環節。二是我國人口大多數居住在農村，農民的生活水平明顯低於城鎮居民。目前尚未達到小康或者剛剛進入小康、收入還不穩定的人口也主要在農村，特別是農村現有貧困人口的脫貧難度很大。三是近年來農民收入增長緩慢，制約著農民生活的改善和農村經濟的發展。……農村教育、科技、文化和衛生等事業的發展水平也明顯落後於城市。農業和農村發展還面臨著一些有待解決的深層次矛盾和問題。”

他指出，全面建設小康社會的工作重點在農村，沒有農民的小康就沒有全國人民的小康，沒有農村的現代化就沒有國家的現代化。強調“全面建設小康社會，建設社會主義新農村，必須實現農村社會主義物質文明、政治文明和精神文明的協調發展”。2003 年 1 月，《中共中央、國務院關於做好農業和農村工作的意見》出台，從農業區域布局、農業產業化經營、加快農業科技成果轉化、加強農村市場建設、調整農業投資結構等方面提出 19 條要求，強調要全面建設小康社會，必須“統籌城鄉經濟社會發展，更多地關注農村，關心農民，支持農業，把解決好農業、農村和農民問題作為全黨工作的重中之重，放在更加突出的位置，努力開創農業和農村工作的新局面”。

2004 年，黨中央作出“我國總體上已進入了以工促農、以城帶鄉的發展階段”的論斷，“加大對農業發展的支持力度，發揮城市對農村的輻射和帶動作用，發揮工業對農業的支持和反哺作用，走城鄉互動、工農互促的協調發展道路”成為工農城鄉關係發展的趨勢。

“十一五”規劃明確社會主義新農村建設目標

2005 年 10 月，黨的十六屆五中全會通過的《中共中央關於制定國民經濟和社會發展第十一個五年規劃的建議》，提出了完整的社會主義新農村建設目標：生產發展、生活寬裕、鄉風文明、村容整潔、管理民主。20 字新目標從統籌城鄉發展、建設現代農業、全面深化農村改革、大力發展農村公共事業、增加農民收入等方面提出具體建議，體現了新農村建設的物質文明、政治文明和精神文明要求，明確了建設社會主義新農村的重大戰略任務。

在此基礎上，2005 年 12 月，中共中央、國務院印發《關於推進社會主義新農村建設的若干意見》，強調做好農業和農村工作，完善強化支農政策、建設現代農業、加快社會事業發展、促進農民持續增收，確保社會主義新農村建設有一個良好開局。這是黨中央發出的第一個以社會主義新農村建設為主題的文件，為落實新農村建設目標作了具體部署。

2006 年元宵節剛過，黑河流域雪花飛舞，一輛輛桑塔納、富康轎車相繼駛出甘肅省高台縣宣化鎮樂二村公路，奔向城市建築工地、工廠企業。與此同時，一位位農民或背著包，或提著皮箱，三五成群地朝汽車站、火車站走去。他們的步伐邁得很踏實，因為工作已經由村裏的免費勞務中介——

大學生志願者為大同市靈丘縣白崖台村村民宣講新農村建設的有關政策（新華社照片　陳帆　攝）

村幹部們搞定了。

以前，“這個時候大家都還窩在家裏，等著天氣暖和了種小麥、玉米。我們村幹部則把很多精力用在配合鎮政府收取農業稅、分派任務、抓計劃生育上。大家見了我們沒有什麼好臉色。大夥兒一年忙到頭，村裏還是老樣子，一個字：窮！”

如今，“村領導班子的職能發生了巨大轉變，由收稅變為送信息、搞服務，鄉親們見到我們也喜笑顏開了”。

從沒個好臉色到喜笑顏開，從負責收稅到搞勞務中介，樂二村的變化源自 2005 年甘肅省全面取消農業稅。負擔減輕了，農民歡欣鼓舞，紛紛唸叨黨的政策好，村幹部們也將更多精力用在了勞務輸出上，增加了農民收入，也拉動了其他產業的發展。

事實上，為推進現代農業和社會主義新農村建設，從 2004 年起，中央每年印發有關“三農”問題的“一號文件”，立足於促進農民增加收入、提高農業綜合生產能力、推進社會主義新農村建設、發展現代農業、加強農村基礎建設、促進農業穩定發展農民持續增收、加大統籌城鄉發展力度、加快水利改革發展和推進農業科技創新等，以加快社會主義新農村建設，切實為農民減負增收。

經過幾年的農村稅費改革試點，2005 年 12 月，十屆全國人大常委會第十九次會議決定廢止《中華人民共和國農業稅條例》，自 2006 年 1 月 1 日起不再針對農業單獨徵稅。從此，中國農民告別了綿延 2600 多年的“皇糧國稅”。

“我是農民的兒子，祖上幾代耕織輩輩納稅。今朝告別了田賦，我要鑄鼎刻銘，告知後人。”2006 年 9 月 29 日，一個高 99 厘米、重 252 公斤的“告別田賦鼎”初步成型，鼎上銘文記述了從春秋時代到改革開放以來賦稅變遷給農民生活帶來的影響和變化。

“告別田賦鼎”鑄成後，引起廣泛關注。鼎的鑄造者——河北省石家莊市靈壽縣青廉村村民王三妮說：“鼎之所以引起關注，並非我的手藝有多麼好，而是它標誌著 2000 多年的‘皇糧國稅’時代的終結，表達了億萬農民對國家惠農政策的擁護。”

王三妮鑄鼎紀念取消農業稅的特殊形式，是廣大農民對減負政策由衷的感恩，也是繼續推進農村改革、加快社會主義新農村建設的動力。據統計，到 2006 年全面取消農業稅後，與免稅前的 1999 年同口徑相比，全國農村稅費改革每年減輕農民負擔 1250 億元，人均減負 140 多元，平均減負率達到 80%，農民負擔重的狀況得到根本性扭轉。

在推進農村改革、幫助農民增收減負的基礎上，國家以解決制度缺失為重點，按照廣覆蓋、保基本、多層次、可持續的原則，積極構建我國農村社會保障制度基本框架：以農村最低生活保障、新型農村合作醫療、新型農村社會養老保險、農村五保供養等為主要內容的農村社會保障體系逐步形成。被徵地農民社會保障、農民工工傷和醫療等社會保險逐步健全，農村無社保的局面得到了改變。

黨的十七大提出 2020 年農村發展基本目標

2007 年，黨的十七大繼續強調統籌城鄉發展，推進社會主義新農村建設，要求“加強農業基礎地位，走中國特色農業現代化道路，建立以工促農、以城帶鄉長效機制，形成城鄉經濟社會發展一體化新格局”。還提出“培育有文化、懂技術、會經營的新型農民，發揮億萬農民建設新農村的主體作用”。

為貫徹黨的十七大精神，2008 年 10 月，黨的十七屆三中全會審議通過了《中共中央關於推進農村改革發展若干重大問題的決定》，提出 2020 年農村發展基本目標：“農村經濟體制更加健全，城鄉經濟社會發展一體化體制機制基本建立；現代農業建設取得顯著進展，農業綜合生產能力明顯提高，國家糧食安全和主要農產品供給得到有效保障；農民人均純收入比 2008 年翻一番，消費水平大幅提升，絕對貧困現象基本消除；農村基層組織建設進一步加強，村民自治制度更加完善，農民民主權利得到切實保障；城鄉基本公共服務均等化明顯推進，農村文化進一步繁榮，農民基本文化權益得到更好落實，農村人人享有接受良好教育的機會，農村基本生活保障、基本醫療衛生制度更加健全，農村社會管理體系進一步完善；資源節約型、環境友好型農業生產體系基本形成，農村人居和生態環境明顯改善，可持續發展能力不斷增強。”

此後，中央進一步加大對農業的財政投入，出台一系列強農惠農富農政策，在實施糧食直補的基礎上，對種糧農民實施良種補貼、農機具購置補貼和農資綜合補貼，充分調動了種糧農民的積極性。從 2004 年起，我國糧食產量實現八年連續增長，2011 年達到 5.9 億噸。農民人均純收入也連年增長。

2010 年 11 月，世界慢城聯盟把“國際慢城”稱號頒給了南京市高淳區的椏溪鎮，高淳椏溪也成為中國第一個“國際慢城”。創建全國農業旅遊示範點、鋪設生態路、治理環境、建設基礎設施、鼓勵村民發展鄉村旅遊事業，過去因位置偏遠、交通不便而默默無聞的村子，隨著一條 48 公里生態之旅景觀帶的建設被串聯起來，惠民兩萬餘人。

在獲得慢城稱號後，椏溪鎮更是堅持慢城發展與生態保護同步提升、經濟增長與富民惠民同步推進、都市農業與美麗鄉村同步發展的理念，大力發展旅遊農業、生態農業、高效農業，立志打造集旅遊觀光、休閒娛樂、餐飲度假為一體的悠閒宜居之城、和諧安康之城。

椏溪走出了一條社會主義新農村建設的成功之路。隨著農村經濟的發展、農民生活的不斷改善、城鄉經濟社會發展一體化進程的推進，實現 2020 年社會主義新農村建設目標，正徐徐展開新的篇章。

4.

又好又快：轉變經濟發展方式

經濟發展是一項十分宏大的系統工程。經過黨的十四大以後十多年的奮鬥探索，我國初步建立起社會主義市場經濟體制，極大地促進了社會生產力的發展。但在我國經濟持續快速增長、經濟實力不斷增強、綜合國力不斷提高、人民生活不斷改善的同時，也面臨著突出的矛盾和問題。如何實現經濟又好又快發展，成為我們黨面臨的重大考驗。

實現經濟又快又好發展

為解決過多依靠消費能源資源的粗放式增長方式、經濟發展越來越受到資源有限、環境污染、經濟結構不合理以及社會發展滯後的制約等經濟發展中的突出矛盾，實現可持續發展，黨的十六大後，以胡錦濤同志為總書記的黨中央加大了轉變經濟增長方式的工作力度，提出把可持續發展放在突出地位，不斷創新轉變經濟增長方式新的思路。

2005 年 10 月，黨的十六屆五中全會通過了《中共中央關於制定國民經濟和社會發展第十一個五年規劃的建議》，提出制定和實施“十一五”規劃，必須認真貫徹落實科學發展觀，切實推動我國經濟社會發展轉入以人為本、全面協調可持續發展的軌道。《建議》強調要實現經濟又快又好發展，必須加快轉變經濟增長方式：“我國土地、淡水、能源、礦產資源和環境狀況對經濟發展已構成嚴重制約。要把節約資源作為基本國策，發展循環經濟，保護生態環境，加快建設資源節約型、環境友好型社會，促進經濟發展與人口、資源、環境相協調。推進國民經濟和社會信息化，切實走新型工業化道路，堅持節約發展、清潔發展、安全發展，實現可持續發展。”

據《人民日報》2005 年 6 月報道，截至 2005 年，“東方鍋爐”已成為國內首家同時擁有火電機組脫硫、脫硝環保技術和製造能力的企業。依靠自主研發的先進煙氣脫硝技術和海水脫硫技術，“東方鍋爐”繼 2005 年春連續獲得兩項大額訂單後，5 月又拿到廈門嵩嶼電廠 4×30 萬千瓦海水脫硫工程總額 2.4 億多元的總承包合同，打破了國外對我國大型燃煤機組海水脫硫技術的壟斷。

“這台四五十噸重的大型環保鍋爐，可用過去被當成廢物的煤矸石或劣質煤作燃料，並能有效控制污染物排放，所以廣受市場青睞。”2005 年 6 月，記者走進四川自貢東方鍋爐集團公司巨大的生產車間，車間負責人指著一台正在組裝的鍋爐這樣介紹道。

發展循環經濟，不僅造就了“東方鍋爐”這家年銷售收入 40 多億元的老國有大型企業的今天，更為自貢這個老工業基地擺脫粗放型發展模式寫下了精彩篇章。自貢市委負責人告訴大家：樹立和落實科學發展觀，使全市更多的企業把發展經濟與保護生態、實現可持續發展緊密聯繫起來，也使循環經濟理念逐漸深入人心。

從“又快又好”到“又好又快”

2006 年 10 月，在黨的十六屆六中全會第二次全體會議上，胡錦濤提出了“紮實促進經濟又好又快發展”的新要求。將經濟發展過去使用的“又快又好”的提法改為“又好又快”。“快”是對經濟發展速度的強調，“好”是對經濟發展質量和效益的要求。從“又快又好”到“又好又快”，表明我們要更加重視經濟發展的質量和效益，把質量和效益放在更加突出的位置；從“又快又好”到“又好又快”，詞序的變化也蘊涵著深刻的意義，這是對科學發展觀本質要求認識的深化，也是對我國經濟社會發展新形勢認識的深化。

2006 年 12 月 5 日，胡錦濤在中央經濟工作會議上進一步闡發了這個思想，指出：“堅持又好又快發展，是落實科學發展觀、實現全面建設小康社會目標的必然要求”，“又好又快發展是有機統一的整體，既要求保持經濟平穩較快增長，防止大起大落，更要求堅持好中求快，注重優化結構，努力提高質量和效益”。他強調要實現又好又快發展，“關鍵要在轉變增長方式上狠下功夫，當前特別要在增強自主創新能力和節能降耗、保護生態環境方面邁出實質性步伐”。

2007 年 1 月 4 日，新年後上班第一天，安徽省政府就召開有關部門會議，依照科學發展觀的要求，及時調整考核各市政府的指標體系，制定了以“五要五不要”為主要內容的新的目標考核體系：“要清潔發展，不要犧牲環境的增長；要節約發展，不要浪費資源的增長；要協調發展，不要擴大城鄉、經濟社會之間差距的發展；要安全發展，不要以生命為代價的增長；要關注民生，不要人民群眾得不到實惠的增長。”

安徽“五要五不要”的考核指標，突出表現了科學發展、和諧發展以及又好又快發展。調整後的目標考核體系共 24 項指標，目的在於以後不單以“快”論英雄，不單以數字論好漢，而是在“又好又快”上下功夫。指標加快了結構調整和關注民生，新增科技研發支出佔地區生產總值比重、主要污染物減排完成情況、實現年度耕地保護指標、開發區單位土地面積投資強度等指標。其中社會保障、教育衛生和人民生活等方面的指標共有 13 項，佔全部指標的一半以上。

從“轉變經濟增長方式”到“轉變經濟發展方式”

隨著科學發展觀的深入貫徹和落實，黨中央對新階段我國經濟發展規律的認識有了進一步深化。2007 年 10 月，胡錦濤在黨的十七大報告中第一次將長期沿用的“轉變經濟增長方式”的提法，改為“轉變經濟發展方式”，更加突出發展要以“優化結構、提高效益、降低消耗、保護環境”為基礎。其中尤其強調擴大內需特別是消費需求，調整投資、消費和出口關係，促進“三駕馬車”共同協調拉動經濟發展。從經濟“增長方式”到“發展方式”的轉變，不僅是從注重量的增加到注重質、量和效益並行的轉變，更體現了更加全面、協調、可持續的經濟發展大方向。

2008 年鼠年春節，上海市商業部門的統計數據令人眼熱：消費品市場銷售規模和銷售增幅分別創下自 2000 年和 2004 年以來歷史新高。七天長假零售額比上年春節黃金週增長逾兩成。浙江、江蘇、廣東等地的情況與此相似。

“消費品市場旺盛只是東部地區經濟增長由主要依靠投資、出口拉動向依靠消費、投資、出口協調拉動轉變的一個縮影。”東方證券分析師王勇說。

據國家發展和改革委員會數據顯示，2007 年，東部地區拉動經濟增長的“三駕馬車”中，消費增長 17.09%，增幅比上年提高 1.9 個百分點，而投資、出口增幅均有所下降。部分省市消費需求增速創了歷史新高，如廣東省 2007 年累計實現社會消費品零售總額逾萬億元，增速創近十年來新高。投資增長也回歸理性，一些重點發展產業和薄弱環節投資得以進一步加強，如環境保護投資增長了 102%。外貿出口結構不斷優化，高新技術產品和機電產品等高附加值產品出口比例明顯提升，如上海機電產品出口佔全市出口總額近七成。

據統計，從 2002 年到 2008 年，中國 GDP 總量增長近 1.5 倍，人均 GDP 增長 1.4 倍，糧食產量增加 7165.1 萬噸，國家財政收入增長 2.24 倍，出口貿易額增長 3.39 倍。

事實上，2003 年至 2007 年，我國國內生產總值增速連續五年達到或超過 10%，大大高於同期世界經濟平均增長率，經濟發展的穩定性顯著增強。按世界銀行主要匯率因素排名，我國經濟總量從世界第六位上升到第四位。自 2006 年起，中國成為世界經濟增長的最大貢獻國。在經濟持續較快增長的同時，經濟效益大幅提升。此外，全國財政收入累計約 17 萬億元，比上一個五年增加 10 萬億元，是改革開放以來增長最快的時期之一。規上工業企業利潤年均增長 36.2%，企業發展後勁不斷增強。經濟結構調整取得積極進展，農業綜合生產能力得到鞏固和提升，高技術產業增加值佔國內生產總值的比重不斷提高。開放型經濟水平不斷提高，我國進出口總額從世界第六位上升到第三位。

從國內資源消耗看，到 2007 年，中國能源消耗強度從 1979 年的 17.02 萬噸標準煤 / 億元下降到 5.17 萬噸標準煤 / 億元；水資源消耗強度從 1999 年的 0.26 立方米 / 元下降到 0.13 立方米 / 元。這種以持續發展為核心的轉變經濟發展方式促進了中國經濟快速健康發展，也為中國經濟發展指明了方向。

2008 年，資源節約型、環境友好型社會建設在東部地區迅速推進。一些省市實行環境保護“一票否決”、領導“問責制”，收效明顯。如天津大力推進循環經濟試點建設，六個循環經濟試點園區已經初步形成，全市萬元生產總值能耗下降繼續保持全國先進水平。福建省重點區域、流域、海域綜合治理也正有效推進，水環境和城市空氣質量名列全國前茅，可持續發展能力得以提高。

同年，全球遭遇嚴重金融危機，世界經濟受到重創。中國採取一系列有效措施成功應對危機，經濟迅速回升向好，並持續保持中高速增長，成為世界經濟增長的主要穩定器和動力源。

為保持經濟又好又快發展，2010 年，我國繼續提高宏觀調控水平，出台了擴內需、穩增長，調結構、促轉變，緊貨幣、控通脹等措施。同年 5 月，國務院發出《關於進一步加大工作力度確保實現"十一五"節能減排目標的通知》，以鐵腕手段淘汰落後產能，工信部下達 18 個行業淘汰落後產能目標任務。

2010 年 6 月，國家發展改革委在上海世博會中國國家館舉行了"節能減排進世博"活動，向世博會參觀者免費發放兩萬個印有中英文"節能減排全民行動"和"低碳世博"字樣的書籤，倡導公眾從身邊小事做起，積極踐行低碳生活。

節能減排、綠色發展，關係到經濟社會可持續發展全局。2006 年以來，我國以節能減排作為調整經濟結構、轉變發展方式的重要抓手，淘汰落後產能，在第二產業中發展高新技術，發展第三產業。至 2009 年，高技術產業增加值年均增長 14.5%，工業產品結構繼續優化，建築節能和交通節能等也取得重要進展。

2010 年，我國位居世界第一製造業大國。同年 10 月，黨的十七屆五中全會指出，加快轉變經濟發展方式是做好"十二五"時期經濟社會發展工作的主線。黨中央還對加快轉變經濟發展方式的基本要求作了新的概括，要求把經濟結構戰略性調整作為主攻方向，把建設資源節約型、環境友好型社會

循環經濟推動東北老工業基地走向"綠色振興"。這是污水進入曝氣池進行處理。
（新華社記者陸春華　攝）

作為重要著力點，把改革開放作為強大動力。按照這一要求，黨和國家相繼採取了系列措施，堅持擴大內需，走中國特色新型工業化道路，紮實推進節能減排和生態環境保護，深入實施區域發展總體戰略，穩妥推進城鎮化，在推動經濟發展方式轉變上邁出了新的步伐。

5.

建設社會主義政治文明

全面小康，既有效保障人民經濟權利，也有效保障人民政治權利。進入 21 世紀，隨著改革開放不斷深化和經濟社會持續發展，人民群眾的政治參與積極性不斷提高。黨的十六大報告指出："發展社會主義民主政治，建設社會主義政治文明，是全面建設小康社會的重要目標。" 黨的十六大以後，根據形勢要求和人民期待，黨中央堅持把黨的領導、人民當家作主和依法治國統一起來，深入、有序推進司法體制和行政管理體制改革，堅持走中國特色社會主義政治發展道路，始終把民主法治建設和政治體制改革擺在改革發展全局的重要位置，加快了推進社會主義政治文明建設的步伐。

堅持和完善社會主義基本政治制度

胡錦濤在黨的十七大報告中強調，要堅定不移發展社會主義民主政治："堅持中國特色社會主義政治發展道路，堅持黨的領導、人民當家作主、依法治國有機統一，堅持和完善人民代表大會制度、中國共產黨領導的多黨合作和政治協商制度、民族區域自治制度以及基層群眾自治制度，不斷推進社會主義政治制度自我完善和發展。"

(1) 人民代表大會制度建設進一步加強

人民代表大會制度是我國的根本政治制度，是中國人民當家作主的重要

2005 年 3 月 5 日，第十屆全國人民代表大會第三次會議在北京人民大會堂開幕。這是代表們在人民大會堂前合影。（新華社記者李剛　攝）

途徑和最高實現形式，是中國社會主義政治文明的重要制度載體。

洗淨手上的油污，整整身上的工作服，沈厚平走出汽車維修間吃午飯，遠遠就看到單位宣傳欄上貼出了一張紅榜，略帶緊張地看過去，等到看見了自己的名字，這才輕吁了一口氣。

2006 年 12 月 13 日中午 1 點，永和路 616 號，上海閘北第 118 選區第九投票站選舉結果公示。公示顯示，候選人沈厚平票數過了半數，只待確認代表資格有效後，這位 30 歲的外來務工人員，就將當選新一屆的上海閘北區人大代表。

以務工人員身份當選人大代表，沈厚平不是第一個。立志為外來務工人員的衣食住行、職業保障說話，盡力反映大家呼聲的他，在激動之餘，也深感自己的責任之重。

黨的十六大以後，黨中央堅持完善人民代表大會制度，繼續充分發揮全國人大作用。2005 年 5 月，中共中央轉發《中共全國人大常委會黨組關於進一步發揮全國人大代表作用，加強全國人大常委會制度建設的若干意見》。2006 年 8 月，十屆全國人大常委會第二十三次會議通過《中華人民共和國各級人民代表大會常務委員會監督法》。《意見》和《監督法》旨在加強人民代表大會制度建設，保障全國人大及其常委會、地方各級人大及其常委會依法行使對同級政府、法院、檢察院的監督權。2010 年 3 月，十一屆全國人大三次會議通過新修改的全國人大和地方各級人大選舉法規定，城鄉按相同人口比例選舉人大代表，進一步體現了人人平等、地區平等、民族平等的原則，有利於更好發揮人大代表作用、完善中國特色社會主義選舉制度。

2011 年上半年到 2012 年底，全國完成修改選舉法後的首次縣鄉兩級人大換屆選舉，實現了新中國歷史上城鄉"同票同權"，人人平等、地區平等、民族平等原則得到了更好的體現。

(2) 中國共產黨領導的多黨合作和政治協商制度進一步完善

中國共產黨領導的多黨合作和政治協商制度是我國的一項基本政治制度。這一新型政黨制度，以共產黨領導、多黨派合作，共產黨執政、多黨派參政為基本特徵，實現了執政與參政、領導與合作、協商與監督的有機統一，在內容上體現了人民的權利訴求，在程序上體現了人民當家作主。半個多世紀以來，人民政協為建立和鞏固新生的人民政權、促進社會主義革命和建設、推動改革開放和社會主義現代化建設，作出了重大貢獻。

"郵政服務'三農'的優勢是扶優打假，服務到家。50 萬郵政人員每天與農村基層打交道，了解農村市場。老百姓根深蒂固地相信這個品牌。"2005 年，在全國政協十屆三次會議上，王祥林委員備受關注——他利用郵政渠道服務“三農”的建議被採納，列入了中央一號文件。

作為全國政協委員，王祥林在 13 年間提出了幾十個關於“三農”問題的提案和建議。他說，政協委員是個頭銜，更是一種神聖的職責。

新世紀新階段，人民政協依舊重任在肩。為更好發揮人民政協政治協商、民主監督、參政議政的職能，2005 年，中共中央印發了《關於進一步加強中國共產黨領導的多黨合作和政治協商制度建設的意見》，次年 2 月又印發了《關於加強人民政協工作的意見》。隨著多黨合作和政治協商的制度化、規範化、程序化建設，協調關係、匯聚力量、建言獻策、服務大局的作用進一步得以發揮。黨的十七大以後，人民政協協商民主在實踐中有了進一步發展，專題協商、界別協商、對口協商、提案辦理協商等協商平台得以創立和廣泛運用，人民政協的作用也日益突出。

(3) 民族區域自治制度繼續鞏固和完善

民族區域自治制度是中國共產黨運用馬克思列寧主義解決我國民族問題的基本政策，是國家的一項基本政治制度。這項制度，既保證了國家團結統一，又實現了各民族共同當家作主，推動了民族地區發展，促進了民族團結，56 個民族像石榴籽一樣緊緊抱在一起，極大增強了中華民族凝聚力、向心力。

曾擔任內蒙古自治區政協副主席等職務的蒙古族老人克力更，2007 年接受採訪時已 91 歲，他參加過內蒙古自治區的創建，也是自治區 60 年來建設、發展的參與者和見證人，他說：“自治區成立前夕，內蒙古一窮二白。60 年來的發展變化真是翻天覆地。這一切，得益於民族區域自治制度的實行。”

自 1947 年內蒙古自治區建立到 2005 年 5 月，我國已建立 155 個民族自治地方，包括 5 個自治區、30 個自治州、120 個自治縣（旗）。

2005年5月，國務院頒布了《實施〈中華人民共和國民族區域自治法〉若干規定》，從科學發展、有法必依出發，對進一步規範上級國家機關對民族自治地方的幫助扶持責任、幫助民族自治地方解決經濟社會發展過程中存在的突出問題以及加快民族自治地方發展作了規定。經過不懈努力，到2012年，民族自治地方地區生產總值5.9萬億元；民族地區總體呈現出經濟繁榮、政治安定、文化發展、社會和諧、民族團結的喜人景象。民族自治地方依法行使自治權，少數民族的合法權益得到切實尊重和保障。各民族共同團結奮鬥、共同繁榮發展，平等團結互助和諧的社會主義民族關係也得到不斷鞏固和發展。

（4）基層群眾自治制度進一步實施

2009年11月22日，星期天。江蘇省太倉市市政府副秘書長、法制辦主任顧瀟軍在辦公室來回踱步，為起草一份通知字斟句酌。

連續三屆被評為“全國村民自治模範市”的太倉市，率全國之先，於2008年11月開始了“政府行政管理與基層群眾自治有效銜接和良性互動”的課題研究和實踐探索。目前，這一探索已進入政府進一步“放手還權”的核心區。“釐清‘權力清單’與‘權利清單’很關鍵，這是市政府2009年的重點工作之一。”顧瀟軍介紹道。

基層民主自治體系主要包括農村村民委員會、城市居民委員會和企業職工代表大會，保障人民通過多種形式直接行使民主權利，提升了基層治理實效。黨的十七大報告將“基層群眾自治制度”首次納入中國特色政治制度範疇，為城鄉億萬群眾依法管理自己的事情、享有更多更切實的民主權利提供了制度保障。截至2011年底，我國共有村民委員會59萬個，居民委員會8.9萬個。到2012年底，農村普遍開展了八輪以上村委會換屆選舉，98%以上的村委會依法實行直接選舉，村民參選率達到95%；城市開展了六輪以上居委會換屆選舉。村（居）民會議及其村（居）民代表會議經常召開，村務公開、民主評議、村幹部定期報告工作、村幹部任期和離任經濟責任審計等活動普遍開展。城鄉基層民主選舉、民主決策、民主管理、民主監督的實踐日益廣泛深入，形式日趨豐富。

中國特色社會主義法律體系建設成效顯著

社會主義政治文明建設的一個重要成果，是中國特色社會主義法律體系的基本形成。黨的十五大和十六大都曾提出到 2010 年形成中國特色社會主義法律體系的目標。圍繞實現這一目標，全國人大及其常委會堅持從實際出發，科學立法、民主立法。

2011 年 1 月 24 日，形成中國特色社會主義法律體系座談會在北京舉行。吳邦國在會上指出：一個立足中國國情和實際、適應改革開放和社會主義現代化建設需要、集中體現黨和人民意志的，以憲法為統帥，以憲法相關法、民法商法等多個法律部門的法律為主幹，由法律、行政法規、地方性法規等多個層次的法律規範構成的中國特色社會主義法律體系已經形成。至此，國家經濟建設、政治建設、文化建設、社會建設以及生態文明建設的各個方面實現有法可依。

2010 年 12 月，山東省濟南市歷城區東風街道祝甸社區居民杜文海和社區的 2000 多名居民一起，通過投票的方式，依法成功罷免了社區居委會全部 9 名成員。“依法罷免居委會成員，是法律賦予我們的權利。這次罷免行動的實施和成功，再次讓我們實實在在地感受到了當家作主人的權利。”杜文海說。

杜文海等人依法行使權利、罷免居委會成員的行為，既有憲法理論上的保障，更是一場全新的實踐，證明了中國特色社會主義法律體系建設的成功。

截至 2011 年 8 月底，中國已制定憲法和現行有效法律 240 部、行政法規 706 部、地方性法規 8600 多部。這個法律體系，立足中國國情，適應改革開放和社會主義現代化建設需要，集中體現了黨和人民意志，是我國社會主義民主法制建設史上的重要里程碑，是中國特色社會主義制度逐步走向成熟的重要標誌。

2009 年，我國誕生了諸如“聽取民眾意見改進公共決策”“與民眾合力尋找事件真相”“38 位省市區書記省長答覆網民留言”等成功的“網絡對話”。從這些案例來看，政府、網絡、網民三者間的良性互動，呈現出一種“雙向成長”：政府以尊重民意、提高執政能力為中心的應對網絡輿論新機制正在形成，積極參與公共事務、權利與責任平衡的“網絡公民”走向成熟。而這種“雙向成長”，也必將進一步提升整個社會的政治文明水平。

2011 年 3 月，十一屆全國人大四次會議表決通過的《中華人民共和國國民經濟和社會發展第十二個五年規劃綱要》，從發展社會主義民主政治、全面推進法制建設、加強反腐倡廉建設三方面闡述了我國“十二五”期間的政治文明建設要求。社會主義愈發展，民主也愈發展。隨著社會主義民主法治建設和政治體制改革的不斷推進，我國社會主義民主政治的生命力必將越來越旺盛、越來越強大。

6.

建立和完善社會保障體系

全面小康，要以人為本，民生為先。社會保障與人民幸福生活緊密相連，對保障人民基本生活、促進社會和諧，具有十分重要的作用。新中國成立以來，我國逐步建立起覆蓋城鎮國有部門的社會保障體系，隨著社會保障體系改革穩步推進，到 21 世紀初，初步形成了城鎮以職工養老、醫療和失業保險以及居民最低生活保障為重點的社會保障體系框架。

完善社會保障體系

2002 年，黨的十六大指出，我國正處於並將長期處於社會主義初級階段，現在達到的小康還是低水平的、不全面的、發展很不平衡的小康。要想鞏固和提高目前我國社會達到的小康水平，還需要繼續進行長時期的艱苦奮鬥。黨的十六大提出了全面建設小康社會的目標，其中，明確要建立健全同經濟發展水平相適應的社會保障體系。黨的十六大以後，黨中央從全面建設小康社會全局出發，統籌各方，大力推動社會保障事業發展，消除人民生活的後顧之憂，促進社會和諧發展。2004 年，十屆全國人大二次會議通過的《中華人民共和國憲法修正案》在憲法中增加了“國家建立健全同經濟發展水平相適應的社會保障制度”的內容，為我國社會保障體系建設提供了保障。黨的十六屆四中全會從全面建設小康社會全局考慮，進一步提出了建設社會主義和諧社會的戰略任務。胡錦濤在黨的十六屆四中全會第三次全體會議上的講話中明確指出，要進一步完善社會保障體系，逐步擴大社會保障覆蓋面，切實保障各方面困難群眾基本生活。這為進一步完善我國社會保障體系明確了方向。

社會保障體系的建設和完善，始終是圍繞人民群眾切身需求展開的。黨的十六大以後的社會保障體系建設，創造了覆蓋範圍從城鎮到農村，從國有、集體企業職工到非公企業職工和靈活就業人員，範圍逐步擴大，努力實現人人享有基本社會保障的新局面。2006 年 10 月，黨的十六屆六中全會通過《中共中央關於構建社會主義和諧社會若干重大問題的決定》，提出到 2020 年基本建立覆蓋城鄉居民的社會保障體系的目標。2007 年，黨的十七大提出實現全面建設小康社會奮鬥目標的新要求，要求“加快建立覆蓋城鄉居民的社會保障體系，保障人民基本生活”，指出了社會保障對於社會和諧穩定、健康發展的重要意義，對養老、醫療、低保等體系建設提出明確要求。積極加快完善社保體系，強調在經濟穩定發展的基礎上，更加注重社會建設，擴大公共服務，完善社會管理，著力保障和改善民生，努力使全體人民學有所教、勞有所得、病有所醫、老有所養、住有所居，推動建設和諧社會。社會保障體系建設與完善被放在社會發展的突出位置，以基本養老、基本醫療、最低生活保障等為重點，統籌城鄉，分步實施，保障力度不斷提升，覆蓋範圍逐漸擴大。

從城鎮到農村

社會保障體系的完善、社會保障待遇的提高，使人民的基本生活需要得到滿足，真正守住了民生底線，減輕了廣大人民群眾的負擔。社會保障體系的建立和完善，無論是在城市還是在農村，處處都有著鮮活的例子，悄然述說著社會保障體繫帶來的變化。

賈銀蘭是位“鐵杆義工”，無論是打掃衛生、入戶核對，還是捐款捐物、社區巡邏，都常常能看到她的身影，“正因為社會保障做得好，我現在老而無憂，才有餘力去發揮餘熱”。賈銀蘭曾在國營水泥廠工作，“剛退休那會兒，月工資只有 121 塊錢”。在賈銀蘭退休快十年時，工廠由於效益原因倒閉，而她的老伴兒養老金也只比她多 100 來塊錢。從 1996 年開始，江蘇持續上調企退人員的養老金水平，居民養老問題面臨的困境得到改善。到 2012 年，賈銀蘭的養老金已達 2000 餘元，她對生活的變化感到滿意，“幾乎年年都在漲，政府在想著我們呢”。

在城鎮，兒童和未就業的老人“一老一小”群體醫療需求亟待滿足。2007 年 7 月，國務院發出《關於開展城鎮居民基本醫療保險試點的指導意見》，從當年起開展城鎮居民基本醫療保險試點工作。按照規劃，爭取 2010 年全面推開，逐步覆蓋全體城鎮非從業居民。

2012 年 5 月，北京市海淀區清華園街道的無業老人陳桂珍病倒了卻堅持不轉院，有著自己的考慮：“自己沒有工作，一上大醫院，醫藥費花不起”，“不光是身體難受，花錢就像從快見底的缸裏往外舀水”。家人和醫生反覆勸說老人，她才同意轉院，逐漸康復起來，但仍然憂心費用問題。當地街道社保所所長牛建華打消了她的顧慮，“這次在醫院花的 62638 元，實際報銷 45892.18 元”。另外，考慮到她的困難情況，有關部門還可以為老人自費部分申請福利救助。如果申請到，自費的近兩萬元還可以報銷 50%。

如陳桂珍般的城鎮居民、非公企業職工和靈活就業人員被納入保障範圍，彌補了社會保障體系建設中的一個空白，也更有利於社會的和諧穩定。

而與城鎮相比，在農村，很長一段時間里社會保障處於體系建設的薄弱環節。我們黨一貫重視“三農”問題，在建設和完善社會保障體系的過程中，也著力解決農村社會保障的短板，農村養老、農村低保、新農合等制度體系陸續得到建設和完善。

“我和老伴都超過 60 歲了，不用自己繳一分錢，每個月就能領到 55 元養老金。”陳慧瓊老人這樣感嘆著，真沒想到農民也能像城裏人一樣，能享受“退休待遇”。廣東新興縣新城鎮南外社區是廣東省 14 個新型農村社會養老保險工作試點縣之一。“以前養兒防老，現在國家幫我們搞新農保，政府還給補貼，讓我們這些農民今後養老不愁。”“現在每個月自己有 55 元的養老金，雖然不多，但基本花銷還是夠的，自己想吃什麼就買什麼，不用再伸手向兒子兒媳要了，孩子們也能安心地在外打工，不用為我們牽腸掛肚。”截至 2012 年 4 月，新興縣參加新型農村社會養老保險 182593 人，已享受待遇 54238 人，參保率高達 96.91%，走在全省的前列。

新型農村社會養老保險制度保障了農村居民的老年生活，農村最低生活保障制度則守住了農村社會基本保障的防線。2007 年 7 月，國務院發出通知，決定在全國建立農村最低生活保障制度，將符合條件的農村貧困人口全部納入保障範圍，穩定、持久、有效地解決全國農村貧困人口的溫飽問題。此外，醫療保障體系的改革也是農村社會保障體系完善的重要方面。通過積極發展農村衛生事業，推進新型農村合作醫療制度普及工作，顯著提高了保障水平。到 2009 年底，新農合已覆蓋全國 2716 個縣（市、區），參加新農合人口 8.33 億人，參合率達 94%，農民的負擔大大減輕。新農合是解決群眾看病難、看病貴問題的一個重大舉措，也是完善社會保障體系的重要步驟，我們距離實現“老有所養、病有所醫”的目標更近了。

在城鎮與農村之間，隨著工業化和城鎮化快速推進，農民工群體逐漸龐大起來。農民工群體對城鎮的建設和發展作出重要貢獻，但由於種種限制，

山東壽光的幾位農民領到新農保養老金存摺（新華社照片）

他們的社會保障制度未能及時跟進完善。2006 年 1 月，國務院下發《關於解決農民工問題的若干意見》，強調要根據農民工最緊迫的社會保障需求，堅持分類指導穩步推進，優先解決工傷保險和大病醫療保障問題，逐步解決養老保障問題。2009 年 2 月，《農民工參加基本養老保險辦法》按照低費率、廣覆蓋、可轉移和能銜接的要求，提高養老保險的接續性，保障他們的合法權益。這些制度體系的建設，有利於統籌城鄉發展，維護社會公平正義，推動城鎮化和工業化健康快速發展。

社保體系的新成就

發展為了人民，發展成果也應由人民共享，在發展經濟的同時，切實保障和改善民生始終佔據著重要位置。新世紀以來，國際國內環境發生劇烈變化，我國經濟社會發展面臨嚴峻挑戰，不僅在經濟增長速度上遇到困難，更在經濟發展方式上面臨衝擊，社會保障體系也面臨深刻變革。黨中央果斷決策，加快經濟發展方式轉變，推動重大變革。2008 年中央經濟工作會議明確提出，"要著力在保增長上下功夫"，"把改善民生作為保增長的出發點和落腳點"。2009 年，中央財政僅用於教育、醫療衛生、社會保障和就業、保障性安居工程等民生方面的支出就比上年增長了 29.4%。

經過多年改革與發展，至 2012 年，建立和完善社會保障體系取得了明顯成就。改善民生的力度得到顯著提高，人民生活水平發生明顯變化，基本上全面建立了城鄉基本養老保險制度，基本形成了新型社會救助體系，初步建立了城鄉基本醫療衛生制度。全民醫保建設取得顯著成果，保障性住房建設順利推進，人民生活得到改善。

2011 年，全國五項社會保險（不含新型農村社會養老保險和城鎮居民社會養老保險）基金收入合計 24043 億元，比 2002 年增加 19994.5 億元，年均增長率為 21.9%；基金支出合計 18055 億元，比 2002 年增加 14583 億元，年均增長率為 20.1%。從 2005 年至 2012 年，國家連續 8 年統一調整企業退休人員基本養老金。隨著新農保和城鎮居民社會養老保險試點範圍擴大，到 2012 年 5 月底，全國已有 1.09 億名 60 歲以上的城鄉居民領取了政府發給的、每月最少 55 元的基礎養老金。小康社會的建設和建成，與人民安居樂業、安危冷暖息息相關。黨中央先後作出一系列重大決策部署，建立並不斷完善社會保障體系，發揮好社會保障的作用，切實改善民生，提高人民生活水平，對全面建設小康社會具有決定性意義。

7.

推動社會主義文化大發展大繁榮

黨的十六大以後，黨中央高度重視文化建設，提出了一系列新觀點新論斷，興起社會主義文化建設新高潮，積極推動社會主義文化大發展大繁榮。

文化建設的戰略地位逐漸凸顯

進入新世紀，科學技術日新月異，隨著世界多極化、經濟全球化的迅速發展，不同思想文化的交流逐漸增多，也帶來價值觀念、行為方式的激烈碰撞。因此，文化愈來愈成為影響綜合國力競爭的重要因素，文化建設的戰略地位逐漸凸顯。黨的十六大以後，黨中央從全面建設小康社會全局和實現中華民族偉大復興的高度，不斷加強文化建設，推動社會主義文化大發展大繁榮，使文化創造源泉充分湧流，全民族文化創造力持續迸發。

早在 20 世紀 90 年代初，徐文榮等人就提出了“開發文化力，促進生產力”的思路，在橫店辦起了文化村、度假村、娛樂村、天堂村、小機場等項目，開始探索發展文化旅遊產業。他們在旅遊產業上投資數百億元，陸續興建了明清宮苑、清明上河圖、華夏文化園、紅軍長征博覽城、圓明新園等影視拍攝基地。經過多年發展，橫店影視城已經成為遊客和影視劇組的首選目的地。圍繞影視拍攝，橫店形成了一條龍的完善服務，實現了“導演帶著本子進來，帶著片子出去”的目標。

橫店的發展是這些年文化建設的一個縮影，是站在全面建設小康社會全局，推進社會主義文化強國建設、推動社會主義文化大發展大繁榮、深化文化體制改革、解放和發展文化生產力的體現。2006 年 11 月，胡錦濤在中國文聯第八次全國代表大會、中國作協第七次全國代表大會上指出："當今時代，文化在綜合國力競爭中的地位日益重要。誰佔據了文化發展的制高點，誰就能夠更好地在激烈的國際競爭中掌握主動權。人類文明進步的歷史充分表明，沒有先進文化的積極引領，沒有人民精神世界的極大豐富，沒有全民族創造精神的充分發揮，一個國家、一個民族不可能屹立於世界先進民族之林。"

建設社會主義核心價值體系

堅持社會主義先進文化的前進方向，推動社會主義文化大發展大繁榮，就要建設在社會中佔據主導地位的社會主義核心價值體系。黨的十六屆六中全會明確提出建設社會主義核心價值體系的任務，指出："馬克思主義指導思想，中國特色社會主義共同理想，以愛國主義為核心的民族精神和以改革創新為核心的時代精神，社會主義榮辱觀，構成社會主義核心價值體系的基本內容。"社會主義核心價值體系是社會主義意識形態的本質體現，為我國經濟社會發展提供思想保證、智力支持。在全面建設小康社會的過程中，在中國特色社會主義建設的偉大實踐中，社會主義核心價值體系的內涵不斷得到豐富和發展，我們對社會主義核心價值體系的理論研究不斷深入。與此同時，黨中央作出一系列工作部署，主動做好意識形態工作，在實踐中積極探索用社會主義核心價值體系引領社會思潮的有效途徑，使之成為人民的自覺追求，引導人民群眾樹立正確、積極、健康的世界觀、人生觀、價值觀，形成全社會共同認同的理想信念、精神力量。

為使廣大居民盡快了解社會主義榮辱觀的內容，某地民心社區將“八榮八恥”譜寫成了《八榮八恥歌》，還自編自譜了《做知榮明恥好公民》一歌。為便於傳播，他們先是組織社區幹部和群眾骨幹 20 多人成立了合唱隊帶頭學唱，社區幹部又深入到居民樓院教唱，在居民中普及開來。幹部群眾自發編寫了山東快板、詩歌朗誦等，並舉辦了“民心社區學習社會主義榮辱觀文藝晚會”，吸引了轄區數千名群眾前往觀看。民心社區還通過製作學習專欄、牆報，印製發放宣傳單，在街頭開展宣傳活動等方式，廣泛宣傳社會主義榮辱觀的內容，使“八榮八恥”家喻戶曉，人人皆知。

深化文化體制改革

建設社會主義核心價值體系，涉及社會改革與發展的各個領域，體現在人民的自覺追求中，體現在精神文明建設和黨的建設的全過程，體現在文化創新與傳播的各個方面。意識形態的鬥爭是複雜的、激烈的，建設社會主義核心價值體系可以增強社會主義意識形態的凝聚力和吸引力，鞏固和發展馬克思主義在意識形態領域的指導地位。

隨著經濟快速發展，人民群眾的精神文化需求日益增長，全面建設小康社會必然要求文化更加繁榮，全民族文化素質極大提高。隨著對外開放的不斷擴大，激烈的文化競爭促使我們適應時代變化，增強文化發展活力，弘揚傳統文化，加強國家文化軟實力建設，全面增強我國綜合國力。這必然要求進一步解放和發展文化生產力，繁榮文化事業、發展文化產業。促進文化事業和文化產業的發展，就需要不斷深化文化體制改革，健全文化市場體系，推動文化形式內容、傳播手段不斷創新，解放和發展文化生產力。黨的十七屆六中全會通過的《中共中央關於深化文化體制改革推動社會主義文化大發展大繁榮若干重大問題的決定》，圍繞構建有利於文化繁榮發展的體制機制作出部署。

“文化引領時代風氣之先，是最需要創新的領域。必須牢牢把握正確方向，加快推進文化體制改革，建立健全黨委領導、政府管理、行業自律、社會監督、企事業單位依法運營的文化管理體制和富有活力的文化產品生產經營機制，發揮市場在文化資源配置中的積極作用，創新文化走出去模式，為文化繁榮發展提供強大動力。”

推動文化產業發展

隨著經濟社會形勢的發展變化和人民群眾精神文化需求的不斷提高，黨中央精準把握國際國內文化改革發展的規律，提出一系列指導文化建設的方針政策，推動中國特色社會主義文化發展。

改革是發展的動力。對文化體制進行深化改革，歸根到底是為了革除制約文化發展的障礙，解放和發展文化生產力，推動社會主義文化發展。截至 2012 年 6 月底，國有文藝院團體制改革基本完成，全國承擔改革任務的 2102 家國有文藝院團，已完成改革任務的達 1913 家，完成率達到 91%，其中轉企改制佔 61%、撤銷佔 20%、劃轉佔 19%。保留事業體制的院團不斷深化內部機制改革，取得積極進展。以企業為主體、事業為補充的新型演藝體制格局正在形成。

大力發展文化產業，既能夠促進社會主義文化事業的繁榮，創造經濟效益，又能夠滿足人民群眾的精神文化需要，對於加強文化建設，繁榮社會主義文化具有重要意義。黨和政府大力加強公益性文化事業建設，截至 2011

年底，全國有公共圖書館2952個，文化館（站）4.4萬個，其中鄉鎮文化站4萬個。農家書屋工程從無到有，到2011年已建成50.5萬家，覆蓋84%的行政村。人民基本文化權益得到保障，精神文化生活日益豐富活躍。

另外，黨中央高度重視推動中華文化走向世界，開展多種形式的文化交流與貿易，逐漸形成全方位的對外文化交流新格局，提升主流媒體國際傳播力，加強海外文化陣地建設，文化產品和服務出口持續增長。2011年全國電影故事片產量達到558部，比2002年增長458%，年均增長21.05%，已佔到國際電影總產量的1/10，排名世界第三。圖書版權輸出引進比從2002年的1：15擴大到2011年的1：2.1。中華文化走出去步伐不斷加大，親和力感召力不斷提升。

在德國法蘭克福國際書展上，參觀者在中國主題館內的活字方陣前留連。（新華社記者羅歡歡　攝）

通過影視文化旅遊產業的做大做強，極大地拉動了第三產業的發展，一大批新型服務業隨之興起，吸納的就業人員越來越多。在橫店農村，已經形成家家開民宿、戶戶搞旅遊、人人有錢賺的發展態勢。每一個橫店人都成了影視文化旅遊產業的受益者。按國家統計局提出的戶均年收入 6.5 萬—30 萬的中產階層標準，2005 年橫店中產階層家庭就達到了 80% 以上。橫店農民人均年收入是當時全國農民人均年收入的四倍，已經提前實現了全面小康。同時，橫店城鎮化水平飛速提升，城區面積從最初的 3 平方公里擴展到了 35 平方公里。“城在山中，房在林中，林在草中，人在花中”的現代化小城鎮從夢想逐步變成了現實。

文化是人民的精神家園。全面小康，既是國家經濟實力增強，也是國家文化軟實力提升。全面建成小康社會，實現中華民族偉大復興，必須推動社會主義文化大發展大繁榮，興起社會主義文化建設的新高潮。截至 2011 年底，全國共有文化市場經營單位 25.6 萬家，從業人員 157.3 萬人，資產 2761 億元，營業收入 1609 億元。隨著國民經濟持續快速增長，全國文化事業費呈現持續增長態勢。2002 年至 2011 年，全國文化事業費由 83.66 億元增至 392.62 億元，年均增長 18.7%。全國人均文化事業費由 2002 年的 6.51 元提高到 2011 年的 29.14 元。推動社會主義文化大發展大繁榮，使人民基本文化權益得到更好保障，中華文化國際影響力不斷增強，文化生活豐富多彩，文化市場日益繁榮，文化活動精彩紛呈，為廣大人民群眾提供了豐富精神食糧，為堅持和發展中國特色社會主義提供了強大精神力量。

8.

生態文明建設

什麼是生態文明，為什麼要建設生態文明，如何建設生態文明？黨的十六大以後，黨中央深入貫徹落實科學發展觀，提出許多重要論述，大力推進生態文明建設。

加快體制機制建設

資源環境存在的問題，既影響經濟社會的持續發展，又影響人類生存環境，生態文明建設已成為刻不容緩的戰略任務。生態建設和環境保護逐步上升為黨和國家的重大戰略。為加強生態文明建設，黨和政府推進體制機制建設，健全法律法規，加強全球協作。

黨的十六大提出要“推動整個社會走上生產發展、生活富裕、生態良好的文明發展道路”。2007 年，黨的十七大提出要把建設生態文明確定為全面建設小康社會的重要目標。通過制定總體規劃、健全考核體系、推行生態省市縣建設等加強生態文明建設，相繼制定《清潔生產促進法》《環境影響評價法》《放射性污染防治法》《循環經濟促進法》，修訂《固體廢物污染環境防治法》《水污染防治法》等法律，把能源環境工作納入法制軌道，不斷加強和完善環保立法，“要研究綠色國民經濟核算方法，探索將發展過程中的資源消耗、環境損失和環境效益納入經濟發展水平的評價體系”，督促領導幹部樹立正確政績觀。“實行有利於科學發展的財稅制度，建立健全資源有償使用制度和生態環境補償機制”，在太湖流域，山西、內蒙古等省區推行試點工作，多方面加強對資源環境的保護。

在國際上，堅持“共同但有區別的責任”，加強全球合作，通過《節能減排綜合性工作方案》等，積極應對氣候變化問題。在各地各部門的共同努力下，“十一五”規劃中提出的二氧化硫減排目標提前實現。2010 年，全國二氧化硫排放總量 2185.1 萬噸，化學需氧量排放總量 1238.1 萬噸，比 2005 年分別下降 14.29% 和 12.45%，實現了“十一五”規劃綱要確定的約束性目標。

全社會共同參與

我國人口眾多，水資源供需不平衡，其他資源開發與環境保護、經濟發展的矛盾也亟需解決。資源環境和經濟增長的矛盾日漸成為我國面臨的嚴峻挑戰。基於這樣的形勢，黨中央提出大力建設生態文明，對其作出戰略部署並納入中國特色社會主義事業總體布局。大力推進生態文明建設，是基於中國現實的科學選擇，需要全社會的共同參與。

南水北調是國家為緩解北方水資源短缺和生態環境惡化狀況、促進全國水資源整體優化配置而提出的戰略性舉措。這是人類有史以來規模最大的水利工程，是構築“四橫三縱，南北調配，東西互濟”的水資源總體格局，保證我國經濟社會和生態環境協調發展的重大舉措。南水北調工程規劃分東線、中線和西線三部分：東線從長江江蘇揚州段調水，經過江蘇、山東到達河北、天津；中線從湖北丹江口水庫調水，經河南、河北到北京、天津；西線規劃從長江上游調水到黃河上游，供應西北和華北。工程總投資 5000

一些群眾在總幹渠與引渠連結工程處觀看水流通過（新華社照片）

億元，工期 40—50 年，每年向北方調水 448 億立方米，等於一條黃河的水量。

胡錦濤在 2004 年中央人口資源環境工作座談會上提出：“必須清醒地看到，我國人口多、資源人均佔有量少的國情不會改變，非再生性資源儲量和可用量不斷減少的趨勢不會改變，資源環境對經濟增長制約作用越來越大，人民群眾對生態環境質量的要求也必然越來越高。從長遠看，經濟發展和人口資源環境的矛盾會越來越突出，可持續發展的壓力會越來越大。”這就要求我們必須調整經濟結構，轉變經濟發展方式，加強生態建設，走新型工業化道路。這符合我國經濟社會發展的規律和趨勢，適應了時代的要求，也是以人為本的必然要求，順應了人民對於更好生活的期待。2006 年，胡錦濤在與首都各界群眾代表參加義務植樹活動時，要求“著力解決生態環境保護和建設方面存在的突出問題，切實為人民群眾創造良好的生產生活環境。要通過全社會長期不懈的努力，使我們的祖國天更藍、地更綠、水更清、空氣更潔淨，人與自然的關係更和諧”。可見，建設生態文明統籌了人與自然的和諧發展，是基於以人為本的精神作出的科學決策。

生態文明建設工程需要調動全社會參與的積極性，進行長期、系統的建設。加強生態工程建設，要營造人人參與生態文明建設的良好氛圍，創造良好的社會環境，加強宣傳教育，增強資源意識、節約意識、環保意識，搭建利於全社會共同參與的平台，也要加強對企業的引導和約束，使企業注意節約能源資源，保護生態環境，承擔社會責任，推動技術進步，淘汰落後產能，提高資源的利用效率。

在廣西，曾被認為是效益低、污染大，沒有多大潛力的夕陽產業的糖業，成為生機勃勃的“朝陽產業”。通過發展循環經濟，過去當作垃圾處理的廢渣、廢水都變成了寶：蔗葉可用於飼養，蔗渣可用於造紙，廢糖蜜用於生產酒精和味精，就連濾泥也能用來生產有機肥……甘蔗這回被吃乾榨盡了，在“三廢”裏“淘金撈銀”，既提高了經濟效益又減少了環境污染。在龍州縣，以蔗糖產業資源的高效利用和循環利用為核心，以先進環保技術為支撐，已形成甘蔗—製糖—蔗渣造紙、蔗渣產生物有機肥、廢糖蜜製酒精—生物有機肥回田的產業鏈，甘蔗“造就”了造紙、酒精等多個新興產業群，為全縣財政收入提供了有力支撐，許多當地農民依靠種蔗脫貧致富。

生態文明建設的新成就

推進生態文明建設適應了國際形勢的變化。建立資源節約型、環境友好型社會已成為國際廣泛共識。為積極應對全球氣候變化問題，我國主動肩負起國際責任，建立起負責任大國的形象，貫徹節約資源和保護環境的基本國策，統籌人與自然和諧發展。發展循環經濟、追求綠色增長，有利於維護國家能源安全，破解能源對經濟發展的制約作用，也有利於減輕減排壓力，回擊以保護有限資源、環境為名設置非關稅壁壘的外國貿易保護主義，加強話語權，爭取商品出口競爭優勢。

黨的十六大以後，黨和政府建立健全相關制度政策，加大支持力度，積極發展綠色低碳能源。從 2002 年到 2011 年，水電、核電、風電等清潔能源佔能源生產總量的比重由 7.8% 升至 8.8%，佔能源消費總量的比重由 7.3% 升至 8.0%，均有明顯提高。

此外，近些年來，國家大力加強生態工程建設，堅定地為生態文明建設提供支持和保障，取得良好效果。第七次全國森林資源清查（2004—2008 年）資料顯示，我國森林面積達到 19545 萬公頃，比第六次全國森林資源清查（1999—2003 年）增長 11.7%；森林覆蓋率為 20.36%，增加 2.15 個百分點；森林蓄積量為 137.2 億立方米，增長 10.2%。2010 年全國完成造林面積 592 萬公頃；其中林業重點工程完成造林面積 346 萬公頃，佔全部造林面積的 58.4%。

自學洪是施甸縣大亮山林場的原場長。1988 年 3 月 1 號，縣裏通知他到林業局報到。林業局的領導說："楊善洲老書記退休了，省裏安排他到昆明休息，但是楊書記婉言謝絕了，他要回我們老家施甸種樹。現在抽調你們 15 個同志，和老書記一起上山籌辦大亮山林場。"從那時起，他就和老書記在一起，工作和生活了 22 年。經過多年的奮鬥，林場人工造林高達 5.6 萬畝，有的樹直徑已經達到了 40 厘米，建起了茶園 700 多畝。300 多畝果園，桃子、李子、桂圓、芒果，碩果纍纍，香飄十里。

黨的十六大以後，我國把生態文明建設擺在更加重要的位置，積極探索環保新道路，推進綠色發展、循環發展、低碳發展，推動發展方式轉變，形成節約資源和保護環境的空間格局，開創了環境保護事業的新局面。經過長期努力，紮實開展生態文明建設工作，全面推進資源節約和環境保護，我國生態保護事業取得明顯成效。

2010 年底城市污水處理廠日處理能力達 10435.7 萬噸，比 2002 年增長 1.9 倍。2010 年，全國環境污染治理投資總額為 6654.2 億元，比 2002 年增長 3.9 倍，環境污染治理投資佔 GDP 比重為 1.67%，比 2002 年提高了 0.52 個百分點。截止到 2010 年底，全國自然保護區數量達到 2588 個，比 2002 年增加 831 個；全國累計水土流失治理面積達到 10680 萬公頃，比 2002 年增加了 2139 萬公頃。實現資源和環境的可持續發展，實現人與自然的和諧相處，需要更加科學有效的舉措，建立生態文明制度，健全體制機制，形成人與自然和諧發展的現代化建設新格局。

良好生態環境是最普惠的民生福祉。建設生態文明關係人民福祉、關乎民族未來，大力推進生態文明建設，樹立尊重自然、順應自然、保護自然的生態文明理念，是全面建成小康社會的必然要求。黨和國家堅持優化國土空間開發格局、全面促進資源節約、加大自然生態系統和環境保護力度、加強生態文明制度建設，需要全社會的共同努力，需要更加自覺地保護生態、珍愛自然，努力走向社會主義生態文明新時代。

9.

鞏固溫飽成果，縮小發展差距

黨的十六大以後，黨中央對統籌推進區域發展作出新的部署。十六大把"地區差別擴大的趨勢逐步扭轉"作為全面建設小康社會奮鬥目標的重要內容，提出要加強東、中、西部經濟交流和合作，推進優勢互補，實現共同發展。

統籌區域發展的新局面

長期以來，地區、城鄉之間發展不平衡是我國經濟社會發展的突出問題，這關係到我國現代化建設的全局。以全局視角全面統籌推進區域協調發展，一方面是改革開放以來，我國經濟發展積累了雄厚物質基礎，另一方面則是隨著經濟全球化的浪潮，為增強我國在國際競爭中發展的可持續性，解決區域發展不協調的問題更加突出地擺在了眼前。不逐步有效扭轉區域發展不平衡的趨勢，就會影響社會主義現代化進程，制約全面小康社會奮鬥目標的實現。黨中央在總結以往成功經驗的基礎上，實施一系列新舉措，取得了重大進展。

青藏鐵路的建設，因為技術和經濟上的巨大困難，從最初設想，到決策上馬，再到全線建成經歷了一段漫長的歲月。為解決青藏鐵路二期工程建設面臨的世界性三大難題，即多年凍土、生態環保、高寒缺氧的問題，各相關

20 世紀 50 年代拍攝的勘測青藏線的資料照片（新華社照片）

2006 年 7 月 1 日，青藏鐵路全線通車，這是從格爾木出發的“青 1”次列車經過海拔 4767 米的崑崙山口。（新華社記者侯德強　攝）

部門通力合作，做了大量的工作。此外，為配合青藏鐵路建設，還做了大量的配套工作，包括整修青藏公路，從青海、西藏兩側架通輸電線路等。2006年7月1日，舉世矚目的青藏鐵路全長1956公里，已全線建成通車。作為世界海拔最高、線路最長、穿越凍土里程最長的高原鐵路，它結束了西藏自治區沒有鐵路的歷史，有力推動了雪域高原的跨越式發展，成為西藏經濟社會發展的"輸氧線"。

區域發展總體戰略的形成與實施

青藏鐵路、西電東送、西氣東輸等工程的建成，有利於將西部能源資源優勢轉化為經濟優勢，加快地區經濟社會發展，改善人民群眾生活。2003年10月，黨的十六屆三中全會通過的《中共中央關於完善社會主義市場經濟體制若干問題的決定》，提到加強對區域發展的協調和指導，"積極推進西部大開發，有效發揮中部地區綜合優勢，支持中西部地區加快改革發展，振興東北地區等老工業基地，鼓勵東部有條件地區率先基本實現現代化"。不久後的中央經濟工作會議上也提出了逐步形成東、中、西部協調發展新格局的要求。其中，西部大開發作為長期艱巨的歷史性工程，是促進區域協調發展的重要一環，國家相繼提出一系列規劃、政策統籌指導西部地區又快又好發展。2010年6月，《中共中央、國務院關於深入實施西部大開發戰略的若干意見》總結了西部大開發的主要成就，提出了西部大開發在我國區域協調發展戰略中的優先地位。黨和政府不斷加大對西部地區的支持力度，促進經濟建設和社會事業發展，惠及群眾生活。

在紮實推進西部大開發進程的同時，黨中央也相繼作出振興東北地區等老工業基地、促進中部地區崛起等重大決策，推動區域協調發展。2003年

10 月，印發《中共中央、國務院關於實施東北地區等老工業基地振興戰略的若干意見》，明確提出指導思想、方針政策。《意見》指出，振興老工業基地，不僅是東北地區等老工業基地自身改革發展的迫切要求，也是實現全國區域經濟社會協調發展的重要戰略舉措，事關改革發展穩定的大局，對全面建設小康社會和實現現代化建設目標有著十分重要的意義。2009 年 9 月，《國務院關於進一步實施東北地區等老工業基地振興戰略的若干意見》進一步制定了東北地區等轉變經濟發展方式、貫徹落實科學發展觀的新政策。

2006 年 4 月，《中共中央、國務院關於促進中部地區崛起的若干意見》指出，促進中部地區崛起，是繼鼓勵東部地區率先發展、實施西部大開發、振興東北地區等老工業基地戰略後，黨中央、國務院從我國現代化建設全局出發作出的又一重大決策，是我國新階段總體發展戰略布局的重要組成部分，對於形成東中西互動、優勢互補、相互促進、共同發展的新格局，對於貫徹落實科學發展觀、構建社會主義和諧社會，具有重大的現實意義和深遠的歷史意義。

黨的十七大提出實現全面建設小康社會奮鬥目標的新要求、促進國民經濟又好又快發展，指出："要繼續實施區域發展總體戰略，深入推進西部大開發，全面振興東北地區等老工業基地，大力促進中部地區崛起，積極支持東部地區率先發展。"實施西部大開發、振興東北地區等老工業基地和中部崛起戰略，並未忽視東部地區發展，而是鼓勵作為我國改革開放的先行地區和前沿地帶的東部地區，利用自身優勢率先發展，不斷創新，繼續"領跑"。黨的十六大以後，我國不斷推進重點地區開發開放，組織編製區域規劃，引導形成合力的區域發展格局。開展多種形式的區域合作，拓寬合作領域，健全區域協調互動機制，推進長三角、珠三角、京津冀等重點區域提升合作層次。加強渤海、太湖流域等重點流域環境治理，增強區域可持續發展能力。在國家大力支持下，東部地區不斷提高自主創新能力，推進結構優化升級，增強國際競爭力和可持續發展能力。

浙江清華長三角研究院成立於 2003 年 12 月，是浙江“引進大院名校，共建創新載體”戰略的先行者，是浙江第一個省校共建新型創新載體。2002 年 10 月 16 日，習近平剛到浙江工作不久，就代表浙江省政府與清華大學簽訂了省校全面合作協議，省校合作取得長足發展。2004 年 3 月 23 日，習近平在視察嘉興工作時就視察了研究院的選址地，對參與籌建的同志們給予勉勵。2008 年 10 月 29 日，習近平再次到研究院，視察微環境控制技術研究中心，並充分肯定研究院發展成績。他談道：“當年清華研究院創建時和總部大樓奠基時我都來過，這次看到研究院發展很快，成果已經顯現，做出了很好的成績，感到很高興。現在看來，我們引進清華研究院是正確的，選擇落戶在嘉興也是正確的。希望大家繼續努力，使我們搭建的這種創新模式的平台，發揮更大的作用，為落實科學發展觀、促進經濟社會發展作出更大的貢獻。”

區域協調發展的深入推進

在一系列政策措施支持下，東部地區經濟社會發展取得巨大成就，產業結構不斷優化、自主創新能力不斷提高、經濟集聚能力和經濟實力不斷提升、人民生活不斷改善。在科學發展觀和區域協調發展戰略的指引下，東中西互動、經濟共同發展取得明顯成效。胡錦濤指出，“把實現區域間基本公共服務均等化作為調整區域經濟結構的核心，把建立體現區域特色和比較優勢的產業體系作為調整區域經濟結構的關鍵，把形成區域經濟優勢互補、良性互動的機制作為調整區域經濟結構的保障”。黨和政府在實現基本公共服務均等化、加強主體功能區建設、推進城鎮化發展方面取得明顯成效。

全面建設小康社會，加快推進社會主義現代化，還必須統籌城鄉關係，著力解決“三農”問題，實現城鄉經濟社會一體化發展。從 2004 年起，中央每年印發有關“三農”問題的“一號文件”，鮮明地體現加快社會主義新農村建設、促進城鄉經濟社會發展一體化、促進農民持續增收的重要意義。黨的十六大以後，深人貫徹落實科學發展觀，農業生產得到發展，農村面貌得到改善，農民群眾得到實惠，農村貧困人口生存和溫飽問題基本解決。農村扶貧工作取得了新進展，我國扶貧開發從以解決溫飽為主要任務的階段轉入鞏固溫飽成果、加快脫貧致富、改善生態環境、提高發展能力、縮小發展差距的新階段。深入推進扶貧開發是縮小城鄉區域發展差距、全面建設小康社會、促進社會和諧的必然要求。通過推進農村稅費改革、推動公共財政覆蓋農村、推動城鄉平等就業等方式，切實推進農村社會事業發展和基礎設施建設，政策更加完善，效果更加顯著。

黨的十六大以後，為解決農村教育、衛生等公共服務發展滯後問題，黨中央推行城鄉免費義務教育，建立新型農村合作醫療制度和農村最低生活保障制度，啟動新型農村社會養老保險試點，增強公共就業服務，推動農村全面進步。根據黨的十七大提出的走中國特色城鎮化發展道路的要求，把城鎮化作為重要抓手，協調城鄉建設、區域發展，促進綜合實力提升和人民生活改善，提高城鎮化發展質量和水平，挖掘和釋放我國需求潛力。推進主體功能區建設是黨的十七大以後促進區域協調發展的重要特點。2010 年 12 月，國務院印發了新中國成立以來第一部全國性空間開發規劃——《全國主體功能區規劃》。自 2008 年以後，相繼出台《國務院關於推進上海加快發展現代服務業和先進製造業建設國際金融中心和國際航運中心的意見》《關中—天水經濟區發展規劃》《青海省柴達木循環經濟試驗區總體規劃》等區域發展規劃，推進區域經濟一體化，加快發展各地區經濟區、經濟帶，推進主體功能區建設，優化國土開發格局，促進區域協調發展。

黨的十六大以後，我國區域發展向著更加協調、更加均衡的方向邁進。2011 年，中部地區、西部地區生產總值佔全國的比重分別為 21.2%、19.0%，分別比 2002 年提高了 2.0、1.5 個百分點。繼續實施區域發展總體戰略，能夠充分發揮各地區優勢，推動城鄉一體化發展，鞏固溫飽成果，縮小發展差距，把我國經濟發展活力和競爭力提高到新的水平。

10.

新起點：中國經濟總量躍居世界第二

2010 年是“十一五”規劃結束，“十二五”規劃即將開始之年。2010 年，國內生產總值達到 40 萬億元人民幣，排至世界第二位，人均國內生產總值超過 30000 元。在新世紀的前十年裏，我國經濟社會發生了翻天覆地的變化，發展成就舉世矚目。

讓世界看到“中國速度”

從黨的十六大到十八大，這十年，我國取得一系列新的歷史成就，為全面建設小康社會打下了堅實基礎。2002 年 11 月，黨的十六大報告正式提出了全面建設小康社會的奮鬥目標。十年間，在黨的基本理論、基本路線、基本綱領、基本經驗的正確指引下，在新中國成立以來特別是改革開放以來奠定的深厚基礎上，在全黨全國各族人民的團結奮鬥中，我國取得了新的成績，自覺把推動經濟社會發展作為深入貫徹科學發展觀的第一要義，加快形成符合科學發展要求的體制機制，轉變經濟發展方式，實現全面、協調、可持續的發展，不斷解放和發展社會生產力，全面落實經濟建設、政治建設、文化建設、社會建設、生態文明建設五位一體布局，推動我國經濟持續發展、民主不斷健全、文化日益繁榮、社會保持穩定，民生得到保障和改善，人民得到更多實惠。十年間，中國以舉世矚目的速度成長，在質疑和挑戰中不斷突破。

黨的十六大以後的十年，是極不平凡的十年，中國展現了人類發展歷史上的驚人速度。儘管國際環境波譎雲詭，國內挑戰接連不斷，中國仍然在正確的道路上奮勇前進。在黨中央的正確領導下，我們圍繞堅持和發展中國特色社會主義提出一系列新思想、新論斷，堅定不移走中國特色社會主義道路，深入貫徹落實科學發展觀，加快推進改革開放和現代化建設。十年間，中國國民經濟連上新台階，綜合國力顯著提升，經濟結構調整邁出新步伐，經濟發展的協調性和競爭力得到增強，人民生活水平、居民收入水平、社會保障水平顯著提高，對外開放的深度和廣度、國際競爭力、國際影響力不斷擴大，國家面貌發生歷史性變化。

2003 年至 2011 年，國內生產總值年均實際增長 10.7%，其中有六年實現了 10% 以上的增長速度，在受國際金融危機衝擊最嚴重的 2009 年依然實現了 9.2% 的增速。這一時期的年均增速不僅遠高於同期世界經濟 3.9% 的年均增速，而且高於改革開放以來 9.9% 的年均增速。2008 年下半年國際金融危機爆發以來，在世界主要經濟體增速明顯放緩甚至面臨衰退時，我國經濟依然保持了相當高的增速並率先回升，成為帶動世界經濟復甦的重要引擎。2008 年國內生產總值超過德國，居世界第三位；2010 年超過日本，居世界第二位，成為僅次於美國的世界第二大經濟體。

奧運會與世博會寫就輝煌篇章

2008 年 8 月，一屆完美的奧運會呈現在世界面前。“北京奧運會積累下寶貴的物質財富和精神財富，彌足珍貴。從體育場館到新航站樓，從安保措施到媒體運行，從規章制度到寶貴人才，從發展理念到城市建設……這

2008 年北京奧運會在國家體育場“鳥巢”開幕（新華社記者蘭紅光　攝）

些都是財富，這些財富都將影響深遠。”北京奧運會後，各方總結梳理出13 類 4000 多項措施和經驗，逐一討論，應用到城市管理和運行的長效機制之中。

2010 年 5 月，在上海開幕的世博會舉世矚目。作為世界級的盛會，世博會不僅能夠促進經濟增長、科技進步，而且利於提高國家國際形象和人民綜合素質，促進國內外文化的交流。上海世博會圍繞“城市，讓生活更美好”的主題，演繹了一場精彩紛呈的世界文明大展示，為祖國和人民贏得了榮耀。

“風格各異的展館，百看不厭的文化展演，耐心熱情的‘小白菜’，世博會向中國打開了世界的窗口！”“世博會結束了，但中國學習的腳步不會停！”“你們帶來的是一個國家的自豪，而帶回去的卻是整個世界的精彩！”2010 年 10 月 31 日，上海世博園開幕第 184 天，園區裏處處洋溢著激動和自豪，也充滿著留戀與不捨。

“上海世博會給了參展方一個應對城市危機、建設和諧未來的交流平台，這是一個無與倫比的經歷！”上海世博會莫桑比克館總代表阿梅里科·馬加伊亞從 1992 年起已連續參加了五屆世博會，他稱讚：“上海世博會是規模最盛大的，不僅園區面積大、參與度廣泛、參觀者人數為歷屆之最，而且非洲聯合館也以前所未有的面積展示了自己的風情！”

在世博會舉辦的半年時間裏，馬加伊亞參加了許多研討會，“與各國參展方、主辦方分享的經歷和經驗讓我收穫頗豐。我一定要把這些城市建設理念收集起來帶回莫桑比克，告訴我們國家今後也要推廣零污染、積極推動綠色能源，這是上海世博會帶給我的最大意義！”

北京奧運會、殘奧會和上海世博會的成功舉辦彰顯了中國特色社會主義的巨大優越性和強大生命力。除此之外，2008 年以後，我們有效應對國際金融危機帶來的外部經濟風險衝擊，奪取抗擊汶川特大地震等嚴重自然災害和災後恢復重建重大勝利，妥善處置一系列重大突發事件，鞏固和發展了改革開放和社會主義現代化建設大局，增強了中國人民和中華民族的自豪感和凝聚力。

新起點，新成就

21 世紀初期，“中國的經濟正在衰退，並開始崩潰”，“中國現行的政治和經濟制度最多只能維持五年”，這樣的“中國崩潰論”風行西方，而十年來中國的發展，卻“出人意料”，不斷打破“預言”，成為最有活力的經濟體。

黨的十六大以後，保障和改善民生始終被作為重要的出發點和落腳點。中國的全面小康，是全體人民共同享有發展成果的小康。黨中央始終堅定不移走共同富裕道路，人民生活持續獲得改善。到 2011 年末，城鄉就業人數比 2002 年增加 2916 萬人，就業規模不斷擴大。2011 年城鎮居民人均可支配收入比 2002 年增長 1.8 倍，農村居民人均可支配收入比 2002 年增長 1.9 倍，收入增速於 2010 年、2011 年連續兩年超過城鎮，城鄉居民收入差距縮小。城鄉居民家庭恩格爾系數也比 2002 年分別降低 1.4% 和 5.8%，家用電器、移動電話等平均擁有量顯著增加，生活質量明顯得到改善。社會保障體系建設取得明顯進展，養老、醫療等保險參保人數增加，更多居民得到政府最低生活保障，更多農村低收入人口納入扶貧範圍，農村貧困人口不斷下降。

在新起點上，中國取得的新成就舉世矚目。歷史即將翻開新的篇章，全面建成小康社會、奪取中國特色社會主義的新勝利展現出更加廣闊的前景。

五

決勝全面建成小康社會

進入新時代，全面建成小康社會具備了充分的條件，中華兒女“兩個一百年”的宏偉目標也愈加真切。行百里者半九十。距離目標越近，越不能懈怠，越是要加倍努力，傾力奮鬥。黨的十八大勝利召開，以習近平同志為核心的黨中央接過了歷史的接力棒：“我們的人民熱愛生活，期盼有更好的教育、更穩定的工作、更滿意的收入、更可靠的社會保障、更高水平的醫療衛生服務、更舒適的居住條件、更優美的環境，期盼孩子們能成長得更好、工作得更好、生活得更好。人民對美好生活的嚮往，就是我們的奮鬥目標。”

為中國人民謀幸福，為中華民族謀復興，這是一代又一代中國共產黨人始終不曾改變的初心和使命。

1.

全面建成小康社會：“實現中華民族偉大復興中國夢的關鍵一步”

綿延數千年的中華文明史上，自強不息的中華兒女從未停止過對美好夢想的嚮往和追求，並在追求和實現夢想的過程中，為人類文明進步作出了不可磨滅的貢獻。鴉片戰爭後，近代中國遭受了前所未有的災難和苦痛。實現中華民族偉大復興的中國夢，成為中華民族近代以來最偉大的夢想。實現這一偉大夢想的關鍵一步，就是全面建成小康社會。

黨的十八大：全面建成惠及十幾億人口的小康社會

2012 年 11 月 8 日至 14 日，中國共產黨第十八次全國代表大會在北京舉行。大會的主題是：高舉中國特色社會主義偉大旗幟，以鄧小平理論、“三個代表”重要思想、科學發展觀為指導，解放思想，改革開放，凝聚力量，攻堅克難，堅定不移沿著中國特色社會主義道路前進，為全面建成小康社會而奮鬥。

根據國內外形勢的新變化，順應經濟社會新發展和人民群眾新期待，接續黨的十六大提出的全面建設小康社會奮鬥目標和黨的十七大提出的全面建設小康社會奮鬥目標新要求，黨的十八大提出了實現中華民族偉大復興中國夢新的“小目標”：到 2020 年國內生產總值和城鄉居民人均收入比 2010 年翻一番，全面建成惠及十幾億人口的小康社會。這是我們黨向人民、向歷史作出的莊嚴承諾。從“全面建設”到“全面建成”，彰顯出黨團結帶領人民奪取全面建成小康社會勝利的堅定決心。

那麼，“全面建成惠及十幾億人口的小康社會”是怎樣一幅圖景呢？黨的十八大報告從經濟、政治、文化、社會和生態文明建設五個方面提出了新的要求：

一是經濟持續健康發展。轉變經濟發展方式取得重大進展，在發展平衡性、協調性、可持續性明顯增強的基礎上，實現國內生產總值和城鄉居民人均收入比 2010 年翻一番。科技進步對經濟增長的貢獻率大幅上升，進入創新型國家行列。工業化基本實現，信息化水平大幅提升，城鎮化質量明顯提高，農業現代化和社會主義新農村建設成效顯著，區域協調發展機制基本形成。對外開放水平進一步提高，國際競爭力明顯增強。

二是人民民主不斷擴大。民主制度更加完善，民主形式更加豐富，人民積極性、主動性、創造性進一步發揮。依法治國基本方略全面落實，法治政府基本建成，司法公信力不斷提高，人權得到切實尊重和保障。

三是文化軟實力顯著增強。社會主義核心價值體系深入人心，公民文明素質和社會文明程度明顯提高。文化產品更加豐富，公共文化服務體系基本建成，文化產業成為國民經濟支柱性產業，中華文化走出去邁出更大步伐，社會主義文化強國建設基礎更加堅實。

四是人民生活水平全面提高。基本公共服務均等化總體實現。全民受教育程度和創新人才培養水平明顯提高，進入人才強國和人力資源強國行列，教育現代化基本實現。就業更加充分。收入分配差距縮小，中等收入群體持續擴大，扶貧對像大幅減少。社會保障全民覆蓋，人人享有基本醫療衛生服務，住房保障體系基本形成，社會和諧穩定。

五是資源節約型、環境友好型社會建設取得重大進展。主體功能區布局基本形成，資源循環利用體系初步建立。單位國內生產總值能源消耗和二氧化碳排放大幅下降，主要污染物排放總量顯著減少。森林覆蓋率提高，生態系統穩定性增強，人居環境明顯改善。

從這“五位一體”全面進步的要求不難看出，全面建成小康社會，強調的不僅是“小康”，更重要的也是更難做到的是“全面”，是覆蓋領域、覆蓋人口、覆蓋區域全面的小康，要求經濟更加發展、民主更加健全、科教更加進步、文化更加繁榮、社會更加和諧、人民生活更加殷實；要求人人參與、人人盡力、人人享有；不僅要求縮小城鄉、地區間國內生產總值總量、增長速度的差距，更要全面縮小居民收入水平、基礎設施通達水平、基本公共服務均等化水平、人民生活水平等方面的差距。

黨的十八大是在我國進入全面建成小康社會決定性階段召開的一次十分重要的大會。大會強調，全面建成小康社會，必須以更大的政治勇氣和智慧，不失時機深化重要領域改革，堅決破除一切妨礙科學發展的思想觀念和體制機制弊端，構建系統完備、科學規範、運行有效的制度體系，使各方面制度更加成熟更加定型。

抓重點、補短板、強弱項的“三大攻堅戰”

生產力不斷發展，社會不斷進步，人民對美好生活的期待不斷豐富，全面建成小康社會的具體任務和部署也隨之不斷動態發展。進入全面建成小康社會決勝期，黨的十九大進一步明確了對如期全面建成小康社會的承諾，強調要緊扣我國社會主要矛盾變化，統籌推進經濟建設、政治建設、文化建設、社會建設、生態文明建設，堅定實施科教興國戰略、人才強國戰略、創新驅動發展戰略、鄉村振興戰略、區域協調發展戰略、可持續發展戰略、軍民融合發展戰略，“突出抓重點、補短板、強弱項，特別是要堅決打好防範化解重大風險、精準脫貧、污染防治的攻堅戰，使全面建成小康社會得到人民認可、經得起歷史檢驗”。

堅持底線思維，著力防範化解重大風險。進入發展關鍵期、改革攻堅期、矛盾凸顯期，在我國形勢總體向好的同時，世界大變局加速深刻演變，全球動蕩源和風險點增多，外部環境複雜嚴峻；黨面臨的長期執政考驗、改革開放考驗、市場經濟考驗、外部環境考驗依然具有長期性和複雜性。“安而不忘危，存而不忘亡，治而不忘亂”。堅持底線思維，防控和化解各種重大風險，就是在加固“全面建成小康社會”的底板。為人民群眾安居樂業、全面建成小康社會提供堅強保障，各種風險都需要防控，但重點是防控那些可能遲滯或中斷中華民族偉大復興進程的全局性風險：政治安全風險、意識形態安全風險、經濟發展風險、科技安全風險、社會穩定風險、生態安全風險、生物安全風險、外部環境風險、黨的建設面臨的風險以及糧食、能源等其他領域的重大風險。

決勝脫貧攻堅，共享全面小康。發展為了人民，是馬克思主義政治經濟學的根本立場。消除貧困、改善民生、實現共同富裕，是社會主義的本質要求。改革開放後的 37 年中，中國使 7 億多農村貧困人口成功脫貧，是世界上減貧人口最多的國家，也是世界上率先完成聯合國千年發展目標的國家，為全面建成小康社會打下了堅實基礎。但同時也要意識到，越往後，脫貧成本越高，難度越大。黨的十八屆五中全會將“扶貧攻堅戰”改為“脫貧攻堅戰”，明確到 2020 年我國現行標準下農村貧困人口實現脫貧、貧困縣全部摘帽、解決區域性整體貧困。讓貧困人口和貧困地區同全國一道進入全面小康社會，是全面建成小康社會的底線任務。打好精準脫貧攻堅戰，也是三大攻堅戰中對全面建成小康社會最具有決定性意義的攻堅戰。

全面加強生態環境保護，堅決打好污染防治攻堅戰。良好生態環境是人和社會持續發展的根本基礎，是最普惠的民生福祉。隨著經濟社會發展和人民生活水平不斷提高，生態環境在群眾生活幸福指數中的地位不斷凸顯。生態環境特別是大氣、水、土壤污染嚴重，已成為全面建成小康社會的突出短板。習近平總書記指出：“一邊宣布全面建成小康社會，一邊生態環境質量仍然很差，這樣人民不會認可，也經不起歷史檢驗。”打好污染防治攻堅戰，打好藍天、碧水、淨土三大保衛戰和柴油貨車污染治理、水源地保護、黑臭水體治理、長江保護修復、渤海綜合治理、農業農村污染治理等標誌性重大戰役，2020 年達到同全面建成小康社會目標相適應的生態環境保護水平，才能實現全面建成小康社會的莊嚴承諾，滿足人民群眾對優美生態環境的需要，為子孫後代留下美麗家園，為中華民族贏得美好未來。

承上啟下的“關鍵一步”

正如習近平總書記所指出的：“我們黨在不同歷史時期，總是根據人民意願和事業發展需要，提出富有感召力的奮鬥目標，團結帶領人民為之奮鬥。”黨的十八大提出全面建成小康社會的目標，提出更具明確政策導向、更加針對發展難題、更好順應人民意願的新要求，既符合中國發展實際，又反映了中華民族不懈追求進步的光榮傳統，也更加增強了人民群眾對實現偉大夢想、成就偉大事業的信心。

全面建成小康社會所帶來的人民生活水平的提高、綜合國力的顯著增強，為中華民族偉大復興奠定了堅實的物質基礎。如期實現全面建成小康社會這一階段戰略目標，歷史性地解決困擾了農民幾千年的貧困問題，將中華民族幾千年來孜孜以求的“小康”理想變為現實，既彰顯出中華民族對美好生活的嚮往追求和歷經磨難始終不屈不撓、敢於鬥爭、敢於勝利的精神品格，又能極大地增強民族自信心自豪感，極大地增強中華民族實現偉大復興的能力和力量，必將在中華民族發展史上留下濃墨重彩的一筆。這是中華民族偉大復興的一個重要里程碑，是實現中華民族偉大復興中國夢的關鍵一步。踏好這關鍵一步，對於乘勢而上開啟全面建設社會主義現代化國家新征程具有承上啟下的重要意義。

2.

踐行新發展理念，推進高質量發展

隨著國民經濟發展邁入新階段，我國經濟發展表現出速度變化、結構優化、動力轉換等特點。面對經濟社會發展新趨勢新機遇和新矛盾新挑戰，以習近平同志為核心的黨中央因勢而謀、因勢而動、因勢而進，提出了新發展理念，指引新常態下的發展行動。

成長的煩惱：新常態

大多數人第一次聽到"新常態"這個詞，是在 2014 年 5 月。習近平總書記在河南考察工作時指出："我國發展仍處於重要戰略機遇期，我們要增強信心，從當前我國經濟發展的階段性特徵出發，適應新常態，保持戰略上的平常心態。"

那麼，何謂"新常態"？

新常態是進入"十三五"時期之後，我國經濟發展出現的新的顯著特徵。主要特點是：增長速度要從高速轉向中高速，發展方式要從規模速度型轉向質量效率型，經濟結構調整要從增量擴能為主轉向調整存量、做優增量並舉，發展動力要從主要依靠資源和低成本勞動力等要素投入轉向創新驅動。以經濟增長速度為例，2014 年上半年中國 GDP 同比增長 7.4%，而在過去的兩年中，這個數字是 7.7%。這是中國自改革開放以來 GDP 增速第四次連續兩三年低於 8%，而前三次都是因為受到外部短期因素的干擾，經過調整後都回到了高速增長的軌道上。1998 年至 2008 年，全國規模以上工業企業利潤總額年均增速高達 35.6%，而到 2013 年降至 12.2%，2014 年 1 月至 5 月僅為 5.8%。

從歷史長過程看，經濟發展新常態是我國經濟發展歷程中新狀態、新格局、新階段不斷形成的又一個新階段，是我國經濟在經歷了改革開放 30 多年高速發展、總量不斷增大後，向更高級形態、更優化分工、更合理結構演進所必然會出現的一種狀態，必然經歷的一個過程，符合一般事物發展螺旋式上升的規律特徵。

對正處於增長速度換檔期、結構調整陣痛期、前期刺激政策消化期“三期疊加”階段的中國經濟來說，實現這樣廣泛而深刻的變化並不容易，對我們是一個新的巨大挑戰。但同時我們也要認識到，新常態下我國經濟發展長期向好的基本面沒有變，經濟韌性好、潛力足、迴旋空間大的基本特質沒有變，經濟持續增長的良好支撐基礎和條件沒有變，經濟結構調整優化的前進態勢沒有變，“十三五”及今後一個時期，我國仍處於發展的重要戰略機遇期。認識新常態，適應新常態，引領新常態，是這一時期我國經濟發展的大邏輯。

藥方：新發展理念

新常態是主要表現在經濟領域的一個客觀狀態，不是推卸責任、坐以待斃的避風港。面對我國經濟發展進入新常態、世界經濟低迷復甦的國內外形勢，我們更應該充分發揮主觀能動性，以新理念、新舉措、新作為推動發展。其中，發展理念是發展行動的先導，是管全局、管根本、管方向、管長遠的東西，是發展思路、發展方向、發展著力點的集中體現。發展理念搞對了，目標任務就好定了，政策舉措也就跟著好定了。

在深刻總結改革開放以來的發展經驗，深入思考“十三五”乃至更長時期我國發展思路、發展方向、發展著力點的基礎上，黨的十八屆五中全會提出了創新、協調、綠色、開放、共享的新發展理念，並以此為主線謀篇布局，提出了關於制定“十三五”規劃的建議。

創新、協調、綠色、開放、共享，這些聽起來並不陌生的詞彙，是如何組成一劑針對中國經濟新常態、世界經濟低迷復甦的新藥方的呢？

對症下藥。五大發展理念各有側重和針對：創新發展針對我國創新能力不強，科技發展水平總體不高，科技對經濟社會發展支撐能力不足，科技對經濟增長貢獻率較低的現實情況，注重解決發展動力問題；協調發展針對我國長期存在的區域、城鄉、經濟和社會、物質文明和精神文明、經濟建設和國防建設等不協調的實際存在，注重解決發展不平衡問題；綠色發展呼應人民群眾對清新空氣、乾淨飲水、安全食品、優美環境的強烈要求，針對資源約束趨緊、環境污染嚴重、生態退化的嚴峻現實，注重解決人與自然和諧問題；開放發展針對我國在用好國際國內兩個市場、兩種資源，應對國際貿易摩擦、爭取國際經濟話語權，運用國際經貿規則等方面的弱點和不足，注重解決發展內外聯動問題；共享發展針對在收入分配、城鄉區域公共服務水平等方面存在的突出問題，注重解決社會公平正義問題。

總結提升。新發展理念是對發展經驗和教訓的深刻總結。創新、協調、綠色、開放、共享，作為思想方法，作為戰略措施，作為目標願景，都曾不止一次地被各種組織、學者倡導和論述，但將其上升到理念的高度來認識，還是第一次。“窮理者欲知事物之所以然與其所當然者而已。”新發展理念集中體現了新時代我國的發展思路、發展方向、發展著力點，是管全局、管根本、管長遠的導向，集中反映了黨對經濟社會發展規律認識的深化。

系統設計，綜合起效。創新、協調、綠色、開放、共享，是我們黨始終提倡和一貫堅持的，但結合新的形勢賦予其新的內涵並形成一個具有內在聯繫的集合體，是黨的十八大以來黨中央的創造性理論貢獻。崇尚創新、注重協調、倡導綠色、厚植開放、推進共享的新發展理念，是一個系統的理論體系，回答了關於發展的目的、動力、方式、路徑等一系列理論和實踐問題，闡明了中國共產黨關於發展的政治立場、價值導向、發展模式、發展道路等重大政治問題。堅持創新發展、協調發展、綠色發展、開放發展、共享發展，是關係我國發展全局的一場深刻變革。

以新發展理念為主要內容的習近平經濟思想，是黨的十八大以來黨中央推動中國經濟發展實踐的理論結晶，是運用馬克思主義基本原理對中國特色社會主義政治經濟學的理性概括。堅持加強黨對經濟工作的集中統一領導，堅持以人民為中心的發展思想，堅持適應把握引領經濟發展新常態，堅持使市場在資源配置中起決定性作用，堅持適應我國經濟發展主要矛盾變化完善宏觀調控，堅持問題導向部署經濟發展新戰略，堅持正確工作策略和方法，長期堅持、不斷豐富發展習近平經濟思想，必將推動我國經濟發展產生更深刻、更廣泛的歷史性變革。

穩中求進：高質量發展

按照“十三五”規劃綱要的一系列具體工作部署，神州大地春潮湧動。以 2016 年為例：GDP 達 74.4 萬億元，經濟增速 6.7%，仍處於合理運行區間；“三去一降一補”五大任務初見成效，去產能的年度任務提前超額完成，商品房待售面積連續數月下降，實體經濟成本有所下降；全國人大共有

35 部法律獲得通過，其中新制定 10 部、修改 24 部、公布法律解釋 1 部；全國新登記市場主體增加 1651.3 萬戶，同比增長 11.6%，平均每天新登記 4.51 萬戶；中國對“一帶一路”沿線 53 個國家的直接投資達到 145.3 億美元，中國企業對相關 61 個國家新簽的合同總額達到 1260.3 億美元；據世界銀行測算，2012 年至 2016 年中國對世界經濟增長的貢獻率達到 34%，超過美國、歐盟和日本的總和。

黨的十九大總結十八大以來成功駕馭經濟發展大局的實踐，指出，中國特色社會主義進入了新時代，我國經濟發展也進入了新時代，基本特徵就是我國經濟已由高速增長階段轉向高質量發展階段。

那麼，什麼是高質量發展？我們為何轉向高質量發展？如何推動高質量發展？

高質量發展，就是能夠很好滿足人民日益增長的美好生活需要的發展，是體現新發展理念的發展，是創新成為第一動力、協調成為內生特點、綠色成為普遍形態、開放成為必由之路、共享成為根本目的的發展，是更高質量、更有效率、更加公平、更可持續的發展。更明確地說，高質量發展，就是從“有沒有”轉向“好不好”。這既是遵循經濟規律發展、保持經濟持續健康發展的必然要求，也是適應我國社會主要矛盾變化和全面建成小康社會、全面建設社會主義現代化國家的必然要求。

中國特色社會主義進入新時代，我國社會主要矛盾已經轉化為人民日益增長的美好生活需要和不平衡不充分的發展之間的矛盾。同時，我國仍處於並將長期處於社會主義初級階段，我國仍然是世界上最大的發展中國家，發展仍然是黨執政興國的第一要務。發展中的矛盾和問題，就集中體現在發展質量上。只有把發展質量問題擺在更為突出的位置上，著力提升發展質量和效益，才能以更平衡、更充分的發展滿足人民對美好生活的需要，解決好新時代的主要矛盾。而從做好“兩個一百年”奮鬥目標的有機銜接來看，結合需求條件、要素條件和潛在增長率所發生的客觀變化，只有實現發展方式的轉變，推動高質量發展，才能防範和化解各類重大風險，保持經濟社會持續健康發展，順利完成工業化、實現現代化。

從高速增長到高質量發展，黨對全面建成小康方式路徑的認識不斷深化。堅定不移貫徹新發展理念，全面推動創新發展、協調發展、綠色發展、開放發展、共享發展，運用新發展理念的辯證思維和系統觀念把握這五大發展的規律和趨勢，推動發展方式系統性變革、整體性轉變，實現發展質量、結構、規模、速度、效益、安全相統一；使市場在資源配置中起決定性作用；更好發揮政府作用，把推進供給側結構性改革作為主線，加快建設現代化經濟體系；堅持質量第一、效率優先，推動經濟發展實現量的合理增長和質的穩步提升；推動質量變革、效率變革、動力變革；統籌好發展和安全，切實轉變發展方式，實現高質量發展並將其全面落實到統籌推進“五位一體”總體布局和協調推進“四個全面”戰略布局中，是貫徹落實習近平經濟思想的戰略部署。

當今世界正經歷百年未有之大變局，我國發展的外部環境日趨複雜。面對新冠肺炎疫情給全球經濟帶來的巨大衝擊，我們把新發展理念作為強大武器，從需求端和供給端兩頭發力，危中尋機、化危為機，謀劃常態化疫情防控前提下高質量發展的思路舉措，推動經濟社會秩序全面恢復。經過不懈努力，2020 年中國國內生產總值同比增長 2.3%，成為全球唯一實現經濟正增長的主要經濟體，同時，居民人均可支配收入實際增長與經濟增長基本同步，全國居民人均收入比 2010 年增加一倍。實踐證明，防範化解各類風險隱患，積極應對外部環境變化帶來的衝擊挑戰，關鍵在於辦好自己的事，提高發展質量，提高國際競爭力，增強國家綜合實力和抵禦風險能力，有效維護國家安全。推動高質量發展是防範化解各類重大風險的根本途徑，是實現經濟行穩致遠、社會和諧安定的必然選擇。

百年變局與世紀疫情交織疊加，經濟全球化遭遇逆流，全球深層次矛盾突出，不穩定性不確定性增加，維護世界和平、促進共同發展面臨更多挑戰。但正像習近平總書記在首屆中國國際進口博覽會開幕式上所指出的："經歷了無數次狂風驟雨，大海依舊在那兒！經歷了 5000 多年的艱難困苦，中國依舊在這兒！面向未來，中國將永遠在這兒！"面向未來，中國將把握新發展階段、貫徹新發展理念、構建新發展格局，深入推進中國式現代化，在實現高質量發展中推動人的全面發展、全體人民共同富裕不斷取得實質性進展。

3.

全面深化改革

黨的十八大報告有一個突出特點，就是把發展目標與改革目標一起規劃、把完善社會主義市場經濟體制與加快轉變經濟發展方式一同部署。報告強調，全面建設小康社會，必須以更大的政治勇氣和智慧，不失時機深化重要領域改革，堅決破除一切妨礙科學發展的思想觀念和體制機制弊端。只有攻克體制機制上的頑瘴痼疾，突破利益固化的藩籬，才能進一步解放和發展社會生產力，進一步激發和凝聚社會創造力。

黨的十八大召開不到一年時間，人們逐漸發現，酒類批發許可證工本費、農作物種子檢驗收費、社會保障 IC 卡工本費……這些與企業、農民、城市居民密切相關的收費項目，自 2013 年 11 月 1 日起正式取消了。至此，2013 年全國已統一取消和免徵共計 347 項中央級和省級行政事業性收費。這些看是平常的民生小事，折射的是黨中央深入推進全面深化改革的重大決策部署。

“剩下的都是難啃的硬骨頭”

黨的十八大召開後不久，2012 年 12 月，在深圳蓮花山公園，習近平總書記向鄧小平銅像敬獻花籃後感慨地說，我們來瞻仰鄧小平銅像，就是要表明我們將堅定不移推進改革開放。

30多年前，平地驚雷、閘門開啟、活力湧流，中國共產黨人作出改變了中國命運的關鍵抉擇。從“殺出一條血路來”，到一程再一程接力奮鬥，中國沿著改革開放的強國之路華麗蝶變，大踏步趕上時代前進步伐。

然而，“容易的、皆大歡喜的改革已經完成了，好吃的肉都吃掉了，剩下的都是難啃的硬骨頭”。發展中不平衡、不協調、不可持續問題依然突出，科技創新能力不強，產業結構不合理，發展方式依然粗放，城鄉區域發展差距和居民收入分配差距依然較大，社會矛盾明顯增多，教育、就業、社會保障、醫療、住房、生態環境、食品藥品安全、安全生產、社會治安、執法司法等關係群眾切身利益的問題較多，部分群眾生活困難，形式主義、官僚主義、享樂主義和奢靡之風問題突出，一些領域消極腐敗現象易發多發，反腐敗鬥爭形勢依然嚴峻，等等。解決這些問題，關鍵在於深化改革。

全面深化改革，是中國航船破浪前行的動力引擎。以什麼樣的勇氣啃硬骨頭、涉險灘，以什麼樣的智慧突破利益固化的藩籬，以什麼樣的方法破解改革難題，決定未來中國能不能向歷史交出一份優異的答卷。

以智慧和力量寫就的改革宣言

2013年11月12日晚上，浙江湯溪工具製造有限公司董事長胡永餘一眼不眨地看完新聞聯播後，興奮地直拍大腿。“我們公司主要生產機床刀具，淨利潤率只有3%—5%。我不能把雞蛋放在一個籃子裏，所以申請參股一家商業銀行。全會公報說要積極發展混合所有制經濟，看來，銀行很可能願意跟我們這些民間資本‘混合’！”

胡永餘所說的公報就是黨的十八屆三中全會通過的《中共中央關於全面深化改革若干重大問題的決定》。

2013 年 11 月 12 日，全世界的目光聚焦在中國，北京，人民大會堂。下午 3 時，黨的十八屆三中全會舉行閉幕會，一致通過了《中共中央關於全面深化改革若干重大問題的決定》。這是中國共產黨人用使命和擔當作出的戰略抉擇，這是中國人民以智慧和力量寫就的改革宣言。

《決定》提出"全面深化改革的總目標是完善和發展中國特色社會主義制度，推進國家治理體系和治理能力現代化"，要求到 2020 年，在重要領域和關鍵環節改革上取得決定性成果，形成系統完備、科學規範、運行有效的制度體系，使各方面制度更加成熟更加定型。提出"使市場在資源配置中起決定性作用和更好發揮政府作用"等新觀點新論斷，並對經濟體制改革、政治體制改革、文化體制改革、社會體制改革、生態文明體制改革和黨的建設制度改革進行了全面部署。

6 大方面、15 個領域、336 項改革舉措，力度前所未有。英國《金融時報》形容，這份藍圖是中國執政黨近年來最具雄心的改革計劃。

黨的十八屆三中全會的意義是劃時代的，開啟了全面深化改革、系統整體設計推進改革的新時代，開創了我國改革開放的全新局面。

全面深化改革的主體框架基本確立

大潮湧起，風正帆懸。掌舵者的改革精神、改革氣質清晰彰顯。

按照黨的十八屆三中全會精神，黨中央專門成立了由習近平總書記擔任組長的中央全面深化改革領導小組。截至黨的十九大，這個小組共召開 38 次會議，審議通過 365 個重要改革文件，確定 357 個重點改革任務，出台 1500 多項改革舉措。

司法、財稅、戶籍制度、公車、央企薪酬、混合所有制、考試招生、農村土地、公立醫院、科技體制、足球……一項項議論多年、阻力較大、牽涉深層次調整的改革，在頂層協調與推動下啟動，一個個以前不敢碰、不敢啃的硬骨頭被砸開。

從加快實施自由貿易區戰略到推進“一帶一路”建設，從自由貿易試驗區試點擴圍到完成籌建亞洲基礎設施投資銀行……黨中央著眼內外統籌、破立結合，破除阻礙對外開放的“絆腳石”，不僅為中國發展開通更加廣闊的道路，也為世界帶來更多機遇。

放眼神州大地，改革風雲再次激蕩——

在東北，黑龍江實施“兩大平原”現代農業綜合配套改革試驗，吉林建立“舟橋”機制加速科技成果轉化，遼寧整合市場監管機構並推進大部門制改革；

在京津冀，北京加快全國科技創新中心建設，天津濱海新區通過“一顆公章管審批”避免“公章四面圍城、審批長途旅行”，河北推進城鄉一體化綜合配套改革試點，三地已啟動通關一體化，正在共同推動以交通、產業、生態環保為重點的區域協同發展；

在長三角，上海自貿區推出一系列改革舉措，正在負面清單管理、境外投資管理、商事登記、金融對外開放等方面總結出可複製、可推廣的經驗，江蘇推進科技體制綜合改革，浙江實施“河長制”推進環境治理改革；

在長江流域，覆蓋 11 省市、促進我國經濟由東向西梯度推進的長江經濟帶建設全面啟航，依託長江黃金水道，綜合立體交通走廊建設開始實施。

在推進全面深化改革的發展歷程中，黨中央著力抓好基礎性、長遠性、系統性的制度設計，穩妥推進財稅和金融體制改革，健全城鄉發展一體化體制機制，構建開放性經濟新體制，推進協商民主廣泛多層制度化發展，健全自然資源資產產權制度，深化國防和軍隊改革等，都作了制度性安排。國家治理體系與治理能力在制度的不斷完善中得到提升。

2016 年 12 月 30 日，檢視改革進程，習近平總書記胸有成竹："經過 3 年多努力，一批具有標誌性、關鍵性的重大改革方案出台實施，一批重要領域和關鍵環節改革舉措取得重大突破，一批重要理論創新、制度創新、實踐創新成果正在形成，全面深化改革的主體框架基本確立。"

2017 年，中央推進全面深化改革的主基調就是抓落實。各地區、各部門狠抓落實，生態文明、養老、醫療保險制度、醫藥分開、教育體制機制等領域改革取得明顯進展。

改革腳步更有力

風雪交加的深冬時節，黑龍江哈爾濱香坊區冬奧家園的居民家裏暖意融融。溫度計顯示，室溫達 22℃。主人王雅麗說："今年提前幾天就供暖了，燒得挺不錯，晚上睡覺蓋層薄被子就行。"

前些年，一些地方冬季出現"氣荒"，對群眾溫暖過冬產生一定影響。2019 年 3 月 19 日的中央深改委第七次會議提出提高油氣資源配置效率，保障油氣安全穩定供應。國家相關部門貫徹要求，督促地方和企業細化應急保供預案，確保民生等重點用氣需求。

表面看是居家冷暖的小事情，背後是全面深化改革的持續發力。黨的十九大後，全面深化改革繼續向縱深發展，黨對新時代全面深化改革勾勒出更加清晰的頂層設計，由前期重點是夯基壘台、立柱架樑，中期重點在全面推進、積厚成勢，發展到著力點放到加強系統集成、系統高效上來。

把提高供給體系質量作為主攻方向，深化供給側結構性改革；將第二輪土地承包到期後再延長 30 年，深化農村土地制度改革；守住不發生系統性金融風險的底線，深化金融體制改革……黨的十九大就重要領域和關鍵環節改革作出部署，改革方向更清晰。

在建設現代化經濟體系、建設創新型國家、深化國資國企改革、實施鄉村振興戰略、推動全面開放、發展社會主義民主政治、深化依法治國實踐、繁榮社會主義文化、保障和改善民生、建設美麗中國、全面從嚴治黨等方面，黨的十九大報告提出 158 項改革舉措，改革腳步更有力。

2018 年 3 月 28 日，習近平總書記主持召開機構改革後新成立的中央全面深化改革委員會第一次會議。他強調，深化黨和國家機構改革全面啟動，標誌著全面深化改革進入了一個新階段，改革將進一步觸及深層次利益格局的調整和制度體系的變革，改革的複雜性、敏感性、艱巨性更加突出，要加強和改善黨對全面深化改革統籌領導，緊密結合深化機構改革推動改革工作。12 月，黨中央隆重慶祝改革開放 40 週年，宣示在新時代將改革開放進行到底的信心和決心。

黨的十八屆三中全會以來，黨中央以前所未有的決心和力度衝破思想觀念的束縛，堅決破除利益藩籬和體制機制弊端，積極應對外部環境變化帶來的風險挑戰，開啟了氣勢如虹、波瀾壯闊的改革進程。到 2020 年底，黨的十八屆三中全會確定的目標任務全面推進，各領域基礎性制度框架基本確立，許多領域實現歷史性變革、系統性重塑、整體性重構，為推動形成系統完備、科學規範、運行有效的制度體系，使各方面制度更加成熟更加定型奠定了堅實基礎，全面深化改革取得歷史性偉大成就，踐行了“人民對美好生活的嚮往就是我們的奮鬥目標”的鄭重承諾。改革已經成為中國共產黨的鮮明旗幟和當代中國的時代特徵。

4.

實施創新驅動發展戰略

創新是國家和民族發展的驅動力，也是推動人類社會發展的重要力量。創新驅動發展戰略是以科技創新支撐產業發展，加快經濟發展方式轉變的經濟結構調整，促進綜合國力和核心競爭力顯著提升的戰略。實施創新驅動發展戰略，是對經濟社會發展理念和思想的重大變革。隨著我國創新驅動發展戰略深入推進，創新正在成為引領發展的第一動力，中國躋身創新型國家行列，正在從科技大國邁向科技強國。科技進步貢獻率超過 60%。

從"手撕鋼"看創新驅動

"手撕鋼"的學名叫寬幅軟態不鏽鋼精密箔材，這種材料薄如蟬翼，厚度只有 0.02mm，不到 A4 紙的 1/4，是山西太鋼出品的新產品，因可以用手輕易撕開，得名"手撕鋼"。2020 年 5 月，習近平總書記來到公司車間裏考察，不禁稱讚："工藝確實好，就像錫紙一樣薄，百煉鋼做成了繞指柔。""手撕鋼"堪稱鋼鐵行業皇冠上的明珠，廣泛應用於軍工核電、航空航天、新能源等高端製造業，支撐國家戰略發展。由於技術質量指標嚴、工藝控制難度大，製造技術長期掌握在少數發達國家手中。為打破壟斷，太鋼用了兩年時間，攻克了 175 個設備難題、452 個工藝難題，自主研發的"手撕鋼"不僅達到了國外品質，而且超越了其寬度規格。受新冠肺炎疫情影響，不少企業面臨困難，而"手撕鋼"卻供不應求，2020年1月至4月，出口訂單較去年同期增加近7成。

"隨著柔性屏鋼技術的突破，將來咱們用的手機和電視機，屏幕是可以捲起來的。出去旅行，背包上的太陽能板將更輕更薄，儲存的能量也會更多。材料的創新讓生活更加美好。"太鋼人描繪出一幅科技改變生活的動人畫卷。

長期以來，山西興於煤、困於煤，一煤獨大導致產業單一。如何轉型發展？如何蹚出一條新路？太鋼給出了答案，創新、創新、再創新！鋼鐵從"按噸賣"到"論克賣"，屏幕從"立起來"到"捲起來"的背後是黨中央大力實施的創新驅動發展戰略。

大力實施創新驅動發展戰略

從國內看，創新驅動是形勢所迫。改革開放以來，我國根據自己的資源稟賦和比較優勢，選擇了由投資帶動的要素驅動發展模式，在實踐中取得了巨大成功，使我國進入了中等收入國家行列，經濟總量已躍居世界第二位。然而，隨著人口紅利的逐步衰減和資源環境約束的強化，"高投入、高消耗、高污染、低質量、低效益"的經濟發展模式已難以為繼，不可能繼續支撐我國向高收入國家邁進。國外的大量實踐也表明，如果一個國家沒有隨著發展階段的轉換及時轉變發展方式，就很可能落入中等收入陷阱，使經濟社會發展陷入長期停滯狀態。習近平總書記曾算過這樣一筆賬：世界發達水平人口全部加起來是10億人左右，而我國有13億多人，全部進入現代化，那就意味著世界發達水平人口要翻一番多。不能想像我們能夠以現有發達水平人口消耗資源的方式來生產生活，那全球現有資源都給我們也不夠用！老路走不通，新路在哪裏？就在科技創新上，就在加快從要素驅動、投資規模驅動發展為主向以創新驅動發展為主的轉變上。

從全球範圍看，科技興則民族興，科技強則國家強。科學技術越來越成為推動經濟社會發展的主要力量，創新驅動是大勢所趨。新一輪科技革命和產業變革正在孕育興起，一些重要科學問題和關鍵核心技術已經呈現出革命性突破的先兆，帶動了關鍵技術交叉融合、群體躍進，變革突破的能量正在不斷積累。即將出現的新一輪科技革命和產業變革與我國加快轉變經濟發展方式形成歷史性交匯，為我們實施創新驅動發展戰略提供了難得的重大機遇，機不可失。

黨的十八大作出了實施創新驅動發展戰略的重大部署，強調科技創新是提高社會生產力和綜合國力的戰略支撐，必須擺在國家發展全局的核心位置。加快實施創新驅動發展戰略，就是要使市場在資源配置中起決定性作用和更好發揮政府作用，破除一切制約創新的思想障礙和制度藩籬，激發全社會創新活力和創造潛能，提升勞動、信息、知識、技術、管理、資本的效率和效益，強化科技同經濟對接、創新成果同產業對接、創新項目同現實生產力對接、研發人員創新勞動同其利益收入對接，增強科技進步對經濟發展的貢獻度，營造大眾創業、萬眾創新的政策環境和制度環境。這是黨中央綜合分析國內外大勢、立足國家發展全局作出的重大戰略抉擇，具有十分重大的意義。

創新是引領發展的第一動力

實施創新驅動發展戰略是一項系統工程，涉及方方面面的工作，需要做的事情很多。最為緊迫的是要進一步解放思想，加快科技體制改革步伐，破除一切束縛創新驅動發展的觀念和體制機制障礙。

黨的十八大以來，黨中央多次召開會議，研究實施創新驅動發展戰略的頂層設計，推出了加快發展科技服務業、加強知識產權保護、加速科技成果轉化等方面的新政策、新舉措，《關於深化體制機制改革加快實施創新驅動發展戰略的若干意見》《國家創新驅動發展戰略綱要》《深化科技體制改革實施方案》《關於發展眾創空間推進大眾創新創業的指導意見》…… 有關創新驅動的頂層設計日臻完善，圍繞體制機制的改革舉措蹄疾步穩，強力推動創新驅動戰略深入實施，新發現、新發明不斷湧現，新技術、新成果加快轉化，為經濟轉型升級提供了強大的動力源泉。

沉睡的科研設備“用”過來。過去，高校院所購置的大量科研儀器設備在高牆內“睡大覺”，研發需求旺盛的企業卻無法共享。2014 年 10 月，《關於國家重大科研基礎設施和大型科研儀器向社會開放的意見》發布。此後，開放共享好的單位，獎！反之，則罰！機制暢通了，設備利用更高效，創新活力也更強。

撒胡椒面的科研資金“統”起來。曾經，每年近百項、涉及上千億元資金的中央財政科技計劃分別由各部門掌握安排，科研人員只好“四處燒香”、多頭申報。2014 年 9 月，中央深改組第五次會議審議《關於深化中央財政科技計劃（專項、基金等）管理改革的方案》，決定將中央財政科技計劃進行優化整合。從此，“錢袋子”交給專業機構打理，資金用在了刀刃上，解決了重複交叉、定位不清的問題，打破多頭管理、科研人員四處跑項目的局面。

塵封的研發成果“動”起來。一邊是科研院所的研發成果束之高閣，一邊是企業苦苦尋覓新技術。如何打破成果轉化的“玻璃牆”？2015 年 8 月修改後的《促進科技成果轉化法》，明確了科研機構、高校的科技成果處置權，“國家設立的研究開發機構、高等院校對其持有的科技成果，可以自主決定轉讓、許可或者作價投資”。“南京九條”“成都十條”……各地紛紛“開閘”，讓一批“鎖在櫃子裏”的科研成果加速轉化為現實生產力。

創新驅動跑出加速度

創新投入更多了：據國家統計局發布的公報，2020 年，全國共投入研究與試驗發展（R&D）經費 24393.1 億元，比上年增加 2249.5 億元，增長 10.2%，增速比上年回落 2.3 個百分點；研究與試驗發展（R&D）經費投入強度（與國內生產總值之比）為 2.40%，比上年提高 0.16 個百分點。按研究與試驗發展（R&D）人員全時工作量計算的人均經費為 46.6 萬元，比上年增加 0.5 萬元。全球創新指數排名從 2015 年的第 29 位躍升到 2020 年的第 14 位，是前 30 名中唯一的中等收入經濟體。目前，國家正在支持北京、上海、粵港澳大灣區形成國際科技創新中心，建設北京懷柔、上海張江、大灣區、安徽合肥綜合性國家科學中心。

創新轉化更高效：高速列車總里程達世界之最，正向譜系化、智能化、綠色化方向發展；特高壓輸變電達到世界先進水平；千噸級履帶起重機、300 噸自卸車等裝備製造水平大幅攀升；新能源汽車產業規模全球領先，產銷量連續五年位居世界首位，累計推廣的新能源汽車超過了 450 萬輛，佔全球的 50% 以上；農業科技進步貢獻率超過 60%；無人機、智能駕駛……圍繞產業鏈部署創新鏈，更多的創新成果走下書架走向貨架。

創新版圖更遼闊：如果在中國的版圖上標注出一個個國家高新區，你會發現星星之火已經燎原。2019 年，我國 169 家國家高新區實現生產總值 12.2 萬億元，上繳稅費 1.9 萬億元，分別佔國內生產總值的 12.3%、稅收收

“中國天眼” 全景
（新華社記者歐東衢　攝）

在馬里亞納海溝作業區，“蛟龍” 號載人潛水器離開“向陽紅 09” 科學考察船緩緩進入水中。
（新華社記者劉詩平　攝）

嫦娥三號月球車示意圖
（新華社照片）

入的 11.8%。2019 年國家高新區的企業研發支出為 8259 億元，佔全國企業總投入的半壁江山。2020 年 5 月，國家高新區兩個主要指標實現兩位數增長：營業收入 3.27 萬億元，同比增長 10.3%；工業增產值 2.25 萬億元，同比增長 10.4%。除了高新區、自主創新示範區這樣的傳統孵化器外，創客空間、創新工場等插上互聯網翅膀的新型孵化器也風生水起，創新創業結合，線上線下結合，孵化投資結合，開放式的創新生態系統已經浮出水面。

展望未來，《國家創新驅動發展戰略綱要》對創新驅動發展戰略進行的頂層設計和系統謀劃，明確我國到 2050 年建成世界科技創新強國“三步走”的戰略目標。

第一步，到 2020 年進入創新型國家行列，基本建成中國特色國家創新體系，有力支撐全面建成小康社會目標的實現。

第二步，到 2030 年躋身創新型國家前列，發展驅動力實現根本轉換，經濟社會發展水平和國際競爭力大幅提升，為建成經濟強國和共同富裕社會奠定堅實基礎。

第三步，到 2050 年建成世界科技創新強國，成為世界主要科學中心和創新高地，為我國建成富強民主文明和諧的社會主義現代化國家、實現中華民族偉大復興的中國夢提供強大支撐。

“墨子”傳信、“神舟”飛天、“北斗”組網、“嫦娥”探月、“蛟龍”入海、“天眼”巡空、“鯤龍”擊水……以夢為馬，創新路上，中國大步向前！

5.

鄉村振興戰略

2020 年 9 月 22 日，農曆秋分節氣，還是第三個中國農民豐收節，中國農民自己的專屬節日。

在山西省運城市萬榮縣黃河農耕文明博覽園廣場，曲調昂揚的歌伴舞《這裏最早叫中國》拉開了“慶豐收、迎小康”為主題的第三個中國農民豐收節主場活動的序幕。鏗鏘有力的鼓樂《鼓舞中華慶豐收》，敲出了農民奔向小康精氣神。

國家統計局數據顯示：2020 年全國糧食總產量為 13390 億斤，比上年增加 113 億斤，增長 0.9%，我國糧食生產喜獲“十七連豐”。糧食產量連續六年站穩 1.3 萬億斤台階，果菜茶肉蛋魚等產量穩居世界第一，農業綜合生產能力穩步提升，農業科技進步貢獻率超過 60%，農作物耕種收綜合機械化率達到 71%。大國糧倉根基牢，中國人的飯碗牢牢端在自己的手中。

新方位：“三農”發展進入新階段，鄉村振興肩負新使命

中國是農業大國，重農固本是安民之基、治國之要。把解決好“三農”問題作為全黨工作重中之重，是我們黨執政興國的重要經驗。黨的十八大以來，習近平總書記反覆強調，農業強不強、農村美不美、農民富不富，決定著億萬農民的獲得感和幸福感，決定著我國全面小康社會的成色和社會主義

人們在浙江省德清縣慶祝首屆“中國農民豐收節”活動開幕式上表演（新華社記者黃宗治　攝）

現代化的質量。

黨的十八大以來，黨中央堅持把解決好“三農”問題作為全黨工作重中之重，統籌推進工農城鄉協調發展，出台一系列強農惠農政策，實現了農業連年豐收、農民收入持續提高、農村社會和諧穩定。農業農村形勢好，為經濟社會發展全局提供了基礎支撐。同時要清醒看到，當前我國最大的發展不平衡是城鄉發展不平衡，最大的發展不充分是農村發展不充分。農業發展質量效益和競爭力不高，農民增收後勁不足，農村自我發展能力較弱，城鄉差距依然較大。要採取超常規振興措施，在城鄉統籌、融合發展的制度設計和政策創新上想辦法、求突破。

黨的十九大在認真總結改革開放特別是黨的十八大以來“三農”工作的成就和經驗，準確把握“三農”工作新的歷史方位的基礎上，進一步提出實施鄉村振興戰略。這是黨中央從黨和國家事業全局出發、著眼於實現“兩個一百年”奮鬥目標、順應億萬農民對美好生活的嚮往作出的重大決策，是中國特色社會主義進入新時代做好“三農”工作的總抓手，為新時代農業農村改革發展指明了方向、明確了重點。

實施鄉村振興戰略，是為了適應社會主要矛盾變化的新要求。新形勢下，農業主要矛盾已經由總量不足轉變為結構性矛盾，主要表現為階段性的供過於求和供給不足並存。農業農村發展進入新的歷史階段。“當前，最大的發展不平衡，是城鄉發展不平衡；最大的發展不充分，是農村發展不充分。”時任農業部部長的韓長賦表示。從外部看，城鄉差距依然較大。東部與西部、城市與農村，無論經濟發展還是基礎設施、公共服務，鄉村都是發展中的明顯短板。從內部看，農業農村進入結構升級、方式轉變、動力轉換的平台期，適應新形勢，亟待培育新動能。

在城市，家住北京市東城區、被稱作“烘焙達人”的李明芳坦言：“麵包要做得鬆軟，得用高筋麵粉，但知名品牌多是進口的，價格貴不少。”現在人們不僅要吃飽，更要吃好，吃得安全健康，而我們的農產品大路貨多，優質的、有品牌的少，低端農產品過剩和高端農產品不足並存。

在農村，農民增收傳統動力減弱了，新動力跟不上。經濟增長換檔降速，外出務工的工資性收入增長受限；成本上升、價格下壓，農業經營收入增速放緩，農民持續增收壓力大。

從資源角度看，資源環境承載力到極限了，綠色生產跟不上。撒肥一炮轟、大水漫灌，許多地方粗放經營方式沒有根本改變。我國用世界 9% 的耕地和 6% 的淡水資源，養活了世界 20% 的人口。成就背後是巨大的代價，資源長期透支、超強度開發，弦繃得越來越緊，生態環境亮起了“紅燈”。解決這些問題，需要在鄉村採取超常規振興措施，在制度設計和政策創新上想辦法、求突破。

鄉村如何振興？

黨的十九大報告勾勒出清晰路徑：按照產業興旺、生態宜居、鄉風文明、治理有效、生活富裕的總要求，建立健全城鄉融合發展體制機制和政策體系，加快推進農業農村現代化。鄉村振興的總要求涵蓋了鄉村經濟、生態、文明、治理、生活五個方面，系統發力讓農業成為有奔頭的產業，讓農民成為有吸引力的職業，讓農村成為安居樂業的家園。

產業興旺，就是要緊緊圍繞促進產業發展，引導和推動更多資本、技術、人才等要素向農業農村流動，調動廣大農民的積極性、創造性，形成現代農業產業體系，促進農村一二三產業融合發展，保持農業農村經濟發展旺盛活力。

生態宜居，就是要加強農村資源環境保護，大力改善水電路氣房訊等基礎設施，統籌山水林田湖草保護建設，保護好綠水青山和清新清淨的田園風光。

鄉風文明，就是要促進農村文化教育、醫療衛生等事業發展，推動移風易俗、文明進步，弘揚農耕文明和優良傳統，使農民綜合素質進一步提升、農村文明程度進一步提高。

治理有效，就是要加強和創新農村社會治理，加強基層民主和法治建設，弘揚社會正氣、懲治違法行為，使農村更加和諧安定有序。

生活富裕，就是要讓農民有持續穩定的收入來源，經濟寬裕，生活便利，最終實現共同富裕。

2018 年 1 月，中共中央、國務院印發《關於實施鄉村振興戰略的意見》。《意見》要求，舉全黨全國全社會之力，以更大的決心、更明確的目標、更有力的舉措，推動農業全面升級、農村全面進步、農民全面發展，譜寫新時代鄉村全面振興新篇章。

《意見》明確，到 2020 年，鄉村振興取得重要進展，制度框架和政策體系基本形成。農業綜合生產能力穩步提升，農業供給體系質量明顯提高，農村一二三產業融合發展水平進一步提升；農民增收渠道進一步拓寬，城鄉居民生活水平差距持續縮小；現行標準下農村貧困人口實現脫貧，貧困縣全部摘帽，解決區域性整體貧困；農村基礎設施建設深入推進，農村人居環境明顯改善，美麗宜居鄉村建設紮實推進；城鄉基本公共服務均等化水平進一步提高，城鄉融合發展體制機制初步建立；農村對人才吸引力逐步增強；農村生態環境明顯好轉，農業生態服務能力進一步提高；以黨組織為核心的農村基層組織建設進一步加強，鄉村治理體系進一步完善；黨的農村工作領導體制機制進一步健全；各地區各部門推進鄉村振興的思路舉措得以確立。

到 2035 年，鄉村振興取得決定性進展，農業農村現代化基本實現。農業結構得到根本性改善，農民就業質量顯著提高，相對貧困進一步緩解，共同富裕邁出堅實步伐；城鄉基本公共服務均等化基本實現，城鄉融合發展體制機制更加完善；鄉風文明達到新高度，鄉村治理體系更加完善；農村生態環境根本好轉，美麗宜居鄉村基本實現。

到 2050 年，鄉村全面振興，農業強、農村美、農民富全面實現。

2018 年 9 月，中共中央、國務院印發《鄉村振興戰略規劃（2018—2022 年）》。明確了今後五年的重點任務，提出了 22 項具體指標，其中約束性指標 3 項、預期性指標 19 項，首次建立了鄉村振興指標體系。規劃圍繞推動鄉村產業、人才、文化、生態和組織振興，抓重點、補短板、強弱項，對加快農業現代化步伐、發展壯大鄉村產業、建設生態宜居的美麗鄉村、繁榮發展鄉村文化、健全現代鄉村治理體系、保障和改善農村民生等作了明確安排，部署了 82 項重大工程、重大計劃、重大行動。圍繞鄉村振興“人、地、錢”等要素供給，提出了推動城鄉融合發展、加快城鄉基礎設施互聯互通、推進城鄉基本公共服務均等化的政策舉措。《規劃》細化實化了鄉村振興各項工作，部署了一系列重大工程、重大計劃和重大行動，是推進實施鄉村振興戰略的總藍圖、總路線圖。

鄉村振興的廣闊前景

鄉村振興，關鍵在人。農業專家說，要通過制度創新，培養造就一支懂農業、愛農村、愛農民的“三農”工作隊伍，把億萬農民的積極性、主動性、創造性調動起來，激發鄉村發展的內生動力，為鄉村振興注入更多“活水”。

安徽銅陵市青年錢昕大學畢業後，回到老家創辦家庭農場。他說：“優質農產品深受城市消費者追捧，我流轉了 1000 多畝土地，發展優質水稻，種植無公害果蔬。只要用心用力，一樣能在農村有作為。”

伴隨鼓勵農民工返鄉創業等政策，“城歸”正成為熱潮。同時，多種形式的適度規模經營穩步發展，新型職業農民超過 1400 萬人，農民專業合作社達到 188 萬家，規模經營面積佔比超過 30%。

2021 年，有關部門發布《鄉村振興戰略規劃實施報告（2020 年）》。《報告》顯示，2020 年各地各部門對標對表全面建成小康社會目標，有力應對嚴峻複雜的國際國內形勢特別是新冠肺炎疫情影響，紮實推進《規劃》實施，三農領域重點任務取得明顯成效。糧食生產再獲豐收。決戰脫貧攻堅取得全面勝利，農村絕對貧困問題得到歷史性解決。農業科技進步貢獻率超過 60%，耕種收綜合機械化率達到 71%，農作物化肥農藥施用量連續四年負增長，畜禽糞污綜合利用率超過 75%。鄉村產業加快發展，全國農產品加工營業收入達到 23.2 萬億元，農村網絡零售額實現 1.79 萬億元，全年農業生產託管服務面積超過 16 億畝次，返鄉入鄉創業創新人員超過 1000 萬，農村新產業新業態蓬勃發展。農村生活條件明顯改善，基本實現村村通動力電、通硬化路、通 4G 網，農村人居環境整治三年行動較好完成，農村居民人均可支配收入達到 17131 元，比 2010 年翻一番多，農村基本公共服務水平進一步提升。農村改革深入推進，鄉村治理效能得到提升，農村發展活力不斷增強。鄉村振興戰略實施取得的成效，為全面建成小康社會奠定了堅實基礎。

新時代，新征程，鄉村振興的宏偉藍圖令人憧憬，催人奮進。在黨中央領導下，萬眾一心再出發，一張藍圖幹到底，我國“三農”事業必將開闢新天地，億萬農民也將擁抱更加幸福美好的明天。

6.

建設法治中國

“原審被告人聶樹斌無罪！”2016 年 12 月，最高人民法院第二巡迴法庭裏，聶樹斌 72 歲的母親張煥枝流下熱淚。近年來，聶樹斌案、陳滿案、呼格案等曠日持久的申訴案重審改判，人民群眾從一起起冤假錯案的糾正中看到正義永恆。

四年前，2012 年 11 月，黨的十八大報告首次提出，“法治是治國理政的基本方式”。這是中國共產黨人對用什麼方式治理國家的準確回答和鄭重承諾。三個月後，習近平總書記在對當年召開的全國政法工作會議作出的重要批示中首次提出建設“法治中國”的新要求。

2014 年 10 月，黨的十八屆四中全會召開，這是黨史上第一次專門研究法治建設的中央全會；2018 年 3 月，黨中央組建中央全面依法治國委員會，這是黨史上第一次設立這樣的機構；2020 年 11 月，中央全面依法治國工作會議召開，這在黨史上也是第一次……這一個個“第一次”體現了以習近平同志為核心的黨中央對法治建設的高度重視，記錄了建設法治中國的堅實步伐。

全面建成小康社會之後路該怎麼走？

2016 年 9 月 18 日上午，中南海的國務院小禮堂氣氛莊嚴、隆重。領誓人左手撫按憲法，右手舉拳，宣讀誓詞。其他宣誓人列隊站立，舉起右拳，跟誦誓詞。這是國務院首次舉行憲法宣誓儀式，同時也奏響了法治中國建設的時代強音。

中國是一個有 14 億多人口的大國，地域遼闊、民族眾多、國情複雜。中國共產黨在這樣一個大國執政，要保證國家統一、法制統一、政令統一、市場統一，要實現經濟發展、政治清明、文化昌盛、社會公正、生態良好，都需要秉持法律這個準繩、用好法治這個方式。這是黨的十八大明確全面建成小康社會奮鬥目標、黨的十八屆三中全會部署全面深化改革之後，黨中央緊接著在十八屆四中全會部署全面推進依法治國工作的基本考慮。

“從現在的情況看，只要國際國內不發生大的波折，經過努力，全面建成小康社會目標應該可以如期實現。但是，人無遠慮，必有近憂。全面建成小康社會之後路該怎麼走？如何跳出‘歷史週期率’、實現長期執政？如何實現黨和國家長治久安？這些都是需要我們深入思考的重大問題。”習近平總書記深入淺出闡明了黨中央部署全面依法治國的現實考慮和戰略謀劃。

2014 年 10 月 20 日，黨的十八屆四中全會大幕開啟。

黨的十八屆四中全會提出了建設中國特色社會主義法治體系、建設社會主義法治國家的總目標，包括“五大法治體系”、“三個共同推進”、“三個一體建設”建設、新十六字方針等。這是以習近平同志為核心的黨中央對全面依法治國作出的頂層設計和戰略部署，標誌著依法治國進入了快車道，開啟法治中國建設新征程。

全會明確了全面推進依法治國的重大任務，這就是：要完善以憲法為核心的中國特色社會主義法律體系，加強憲法實施；要深入推進依法行政，加快建設法治政府；要保證公正司法，提高司法公信力；要增強全民法治觀念，推進法治社會建設；加強法治工作隊伍建設；要加強和改進黨對全面推進依法治國的領導。

圍繞總目標，全會提出了 180 多項重大改革舉措，涵蓋了依法治國的各個方面。2015 年 4 月，中央全面深化改革領導小組第十一次會議審議通過《黨的十八屆四中全會重要舉措實施規劃（2015—2020 年）》，為此後一個時期推進全面依法治國提供了總施工圖和總台賬。

科學立法、嚴格執法、公正司法、全民守法

建設法治中國，必須堅持科學立法。

2020 年 5 月，十三屆全國人大三次會議審議通過了《中華人民共和國民法典》，這是新中國成立以來第一部以“法典”命名的法律，是新時代我國社會主義法治建設的重大成果。民法典共七編 1260 條、十萬多字，是我國法律體系中條文最多、體量最大、編章結構最複雜的一部法律。

新中國成立 70 多年來，從頒布《婚姻法》到推出《民法典》，從強調嚴格執法到建設法治政府，從新中國初期的普法運動到建設法治社會，法治中國建設伴隨著時代號角闊步前行。黨的十八大以來，制定和修改法律法規 500 多部，推出司法體制改革舉措 100 多項。經過長期努力，我國已經形成以憲法為統帥，以法律為主幹，以行政法規、地方性法規為重要組成部分的中國特色社會主義法律體系。目前，我國已有法律 270 多部，形成法規 700 多部、地方性法規 1.2 萬部，各個方面、各個領域基本實現有法可依。

立法過程中，如何處理改革決策與法律制度之間的關係，考驗著黨和政府的智慧。2014 年 2 月 28 日，在中央全面深化改革領導小組第二次會議上，習近平總書記一錘定音地指出：“凡屬重大改革都要於法有據。在整個改革過程中，都要高度重視運用法治思維和法治方式，發揮法治的引領和推動作用，加強對相關立法工作的協調，確保在法治軌道上推進改革。”

全面實施“二孩”政策和“三孩”政策、廢止勞動教養制度、建立上海自由貿易試驗區……黨的十八大以來，每一項重大改革措施的出台，都經過全國人大常委會的審議、表決，都提前對所涉及的現行法律作出修改完善，確保在法治軌道上推進改革。進入新時代，法治建設按下快進鍵，法治中國成為響徹神州大地的響亮號角。

建設法治中國，必須堅持嚴格執法。

2014 年 10 月，黨的十八屆四中全會通過的《中共中央關於全面推進依法治國若干重大問題的決定》明確提出，建立領導幹部干預司法活動、插手具體案件處理的記錄、通報和責任追究制度。

2014 年 11 月，十二屆全國人大常委會以立法形式將 12 月 4 日設立為國家憲法日。2015 年 7 月，又明確規定國家工作人員就職時公開進行宣誓，莊嚴承諾忠於憲法、忠於祖國、忠於人民。

2015 年 2 月，在省部級主要領導幹部專題研討班開班式上，習近平總書記發表長篇講話，聚焦問題，突出主題：全面依法治國必須抓住領導幹部這個“關鍵少數”。據統計，我國 80% 的法律、90% 的地方性法規、100% 的行政法規和部門規章，都是通過領導幹部這個“關鍵少數”加以貫徹實施的。領導幹部能否以身作則尊崇法治、捍衛法治、厲行法治，成為民眾最有深切感受的法治溫度。

2015 年 3 月，中辦、國辦印發《領導幹部干預司法活動、插手具體案件處理的記錄、通報和責任追究規定》，用 13 個條文建立起 3 項制度：司法機關對領導幹部干預司法活動、插手具體案件處理的記錄、通報和責任追究等制度。與此配套，中央政法委也印發了《司法機關內部人員過問案件的記錄和責任追究規定》，為司法機關內部人員過問案件劃定紅線，明確責任追究，確保司法人員依法獨立公正辦案。

建設法治中國，必須堅持公正司法。

英國哲學家培根說："一次不公正的審判，其惡果甚至超過十次犯罪。因為犯罪雖是無視法律——好比污染了水流，而不公正的審判則毀壞法律——好比污染了水源。"公正司法是維護社會公平正義的最後一道防線。內蒙古呼格吉勒圖案、浙江張氏叔侄案、安徽于英生案、湖北佘祥林案、河南趙作海案、河北聶樹斌案……黨的十八大以來，超過 30 件重大冤假錯案得到糾正，許多案件是按"疑案從無"的原則改判的。這一司法觀念的重大轉變，來自黨的十八屆四中全會對"推進以審判為中心的訴訟制度改革"的部署，來自習近平總書記對"有效防範冤假錯案產生"的多次強調。

同時，還推動了以司法責任制為重點的司法體制改革。實行法官、檢察官員額制。進一步全面落實司法責任制，不斷健全"讓審理者裁判、由裁判者負責""誰決定誰負責"的新型司法權力運行機制。

黨的十八大以來，一系列備受社會各界關注的大案要案、熱點案件，有的微博直播庭審，有的全程公開審判，有的裁判文書上網，一個個生動案例，標誌著中國司法步入了公開透明的"快車道"。自 2014 年 1 月 1 日起，全國 3000 多家各級法院的裁判文書在"中國裁判文書網"上接受公眾監督。中國裁判文書網公開的數據顯示，截至 2020 年 8 月底，網站公開的文書總量超過 1 億篇，訪問數量近 480 億人次。

建設法治中國，必須堅持全民守法。

法國思想家盧梭曾說："一切法律中最重要的法律，既不是刻在大理石上，也不是刻在銅表上，而是銘刻在公民的內心裏。"法律的權威源自人民的內心擁護和真誠信仰。在佔世界人口近五分之一的中國，如何做到人人尊法、守法，這是世界法治史上獨一無二的課題。

千百年來，很多中國人心中總有一個揮之不去的"青天情結"，讓有些百姓信“訪”不信“法”，遇事不是尋求法律的幫助，而是靠上訪，找政府、找領導。2014 年，中央出台《關於依法處理涉法涉訴信訪問題的意見》，實行了訴訟與信訪分離制度。意見實施後的統計表明，涉法涉訴類問題在黨政信訪部門接訪總量中的比例明顯下降，而司法機關的接訪量明顯上升。

黨的十八大以來，無論是實行國家機關“誰執法誰普法”的普法責任制，還是將法治列入社會主義核心價值觀，無論是健全公民和組織守法信用記錄，完善褒獎和懲戒機制，還是把信訪納入法治化軌道，都彰顯了法治社會建設的紮實推進，自覺守法、遇事找法、解決問題靠法正成為全社會的廣泛共識和自覺行動。與此同時，消除無律師縣，建立集律師、公證、司法鑒定、人民調解等功能於一體的公共法律服務大廳，推行巡迴法庭制度，推廣一村一社區一法律顧問制度，實行公證處巡迴辦證、蹲點辦證，完善“12348”免費法律諮詢服務熱線……黨的十八大以來，公共法律服務供給不足的短板正在漸漸補齊，老百姓在家門口就能獲得所需要的法律幫助。全社會自覺尊法、學法、守法、用法的法治氛圍日漸濃厚，法治權威成為人民的內心擁護和真誠信仰，為法治中國提供最堅強支撐。

2017 年，黨的十九大報告宣布：成立中央全面依法治國領導小組，加強對法治中國建設的統一領導。依法治國在黨中央治國理政大局中的地位進一步凸顯。黨的十九屆四中全會站在黨和國家長治久安的高度，對“堅持和完善中國特色社會主義法治體系，提高黨依法治國、依法執政能力”作出頂層設計，從制度上對全面推進依法治國提出了明確的要求。

新中國的法治大廈，是在法制廢墟和人治積習的基礎上建立起來的，歷程充滿艱辛，成就影響深遠，實現了從人治到法制再到法治的歷史性飛躍，完成了幾千年來中華民族國家治理方式的根本性轉變，也必將引領中國走向更加光明的未來。

7.

培育和踐行社會主義核心價值觀

一段時間以來，倒地老人“扶還是不扶”？配偶因高利貸、賭博、吸毒而負債纍纍，離婚後另一方要還債還是不還？……道德問題和法律問題交織在一起，引發輿論的持續關注，折射出人們對價值觀的珍視和對現實難題的焦灼，可以說是剪不斷，理還亂。

全面小康，是物質文明和精神文明協調發展的小康，既是國家經濟實力增強，也是國家文化軟實力提升；既是人民倉廩實、衣食足，也是人民知禮節、明榮辱。發展起來以後的中國，對精神信仰、倫理道德、社會風尚的關注更甚以往，對主流價值和共同信念的歸屬感尤為強烈。面對世界範圍思想文化交流交融交鋒形勢下價值觀較量的新態勢，面對改革開放和發展社會主義市場經濟條件下思想意識多元多樣多變的新特點，在經濟政治社會等方面的建設不斷取得成就的同時，實現人的思想道德文化等方面的同步發展，成為必須解決好的問題。

把 24 個字的高度概括叫響

黨的十八大報告強調指出：“倡導富強、民主、文明、和諧，倡導自由、平等、公正、法治，倡導愛國、敬業、誠信、友善，積極培育和踐行社會主義核心價值觀。”

富強、民主、文明、和諧是國家層面的價值目標，自由、平等、公正、法治是社會層面的價值取向，愛國、敬業、誠信、友善是公民個人層面的價值準則，這 24 個字是社會主義核心價值觀的基本內容，為培育和踐行社會主義核心價值觀提供了基本遵循。社會主義核心價值觀是當代中國精神的集中體現，是社會主義先進文化的精髓。

培育和踐行社會主義核心價值觀，是推進中國特色社會主義偉大事業、實現中華民族偉大復興中國夢的戰略任務。積極培育和踐行社會主義核心價值觀，對於鞏固馬克思主義在意識形態領域的指導地位、鞏固全黨全國人民團結奮鬥的共同思想基礎，對於促進人的全面發展、引領社會全面進步，對於集聚全面建成小康社會、實現中華民族偉大復興中國夢的強大正能量，具有重要現實意義和深遠歷史意義。

為國家立心，為民族鑄魂

黨的十八大以來，黨中央大力推進、持續深化社會主義核心價值觀培育和弘揚。這項強基固本的靈魂工程建設，凝聚起社會共識的“最大公約數”，彰顯出日益強勁的中國精神、中國價值、中國力量。

2013 年 12 月，中共中央辦公廳印發《關於培育和踐行社會主義核心價值觀的意見》，明確提出：以“三個倡導”為基本內容的社會主義核心價值觀“是我們黨凝聚全黨全社會價值共識作出的重要論斷”，“為培育和踐行社會主義核心價值觀提供了基本遵循”，並全面闡述了培育和踐行社會主義核心價值觀的意義、原則、途徑和方法，對這一“鑄魂工程”作出了新的戰略部署。

2015 年 4 月，中央宣傳部、中央文明辦印發《培育和踐行社會主義核心價值觀行動方案》，分解出 30 多項重點任務。按其部署，核心價值觀“融入經濟社會發展，融入人們生產生活，融入家庭家風家教”，富有實效的創新手段不斷湧現。

與此同時，一些重大禮儀活動上升到國家層面。國家通過法定程序，將 9 月 3 日確定為中國人民抗日戰爭勝利紀念日，將 12 月 13 日設立為南京大屠殺死難者國家公祭日，將 9 月 30 日設立為烈士紀念日。

一方面，以中華優秀傳統文化涵養社會主義核心價值觀。“培育和弘揚社會主義核心價值觀必須立足中華優秀傳統文化。”傳承優良家風、重視傳統節日無疑是重要內容。“不論時代發生多大變化，不論生活格局發生多大變化，我們都要重視家庭建設，注重家庭、注重家教、注重家風，緊密結合培育和弘揚社會主義核心價值觀，發揚光大中華民族傳統家庭美德”。2015 年除夕來臨之際，習近平總書記在春節團拜會上特意強調。家教家風成為推進社會主義核心價值觀落地生根的重要抓手。黨的十八大以來，堅持以民族傳統節日為契機弘揚中華優秀傳統美德，讓傳統節日成為愛國節、文化節、道德節、情感節、仁愛節、文明節，彰顯了節日文化內涵，樹立了節日新風。

另一方面，抓好重點人群，穩固核心價值觀的根與魂。“打鐵還需自身硬”，領導幹部這個“關鍵少數”必須成為踐行社會主義核心價值觀的先行者、好樣本。八項規定、群眾路線教育實踐活動、“三嚴三實”專題教育、“打虎拍蠅”……一系列舉措顯著淨化了政治生態，黨員領導幹部帶頭走正路、幹正事、揚正氣，有效激發了全社會崇德向善的正能量。此外，各地既重“古賢”又重“今賢”，重構鄉村本土文化，敦厚民心民風，激勵向上向善，有力促進了社會主義核心價值觀在鄉村扎根。青少年作為祖國的未來，更是構建穩固核心價值觀的關鍵群體。“人生的釦子從一開始就要扣好”，核

講解員（左一）在給小學生介紹安徽好人的先進事蹟（新華社記者張端　攝）

心價值觀培育從少年兒童抓起，從青年學生抓起，融入國民教育全過程，為未來整個社會的價值取向夯基壘土。

再一方面，學習宣傳先進典型，放大凡人善舉、平凡英雄的光與熱，用身邊的榜樣感染人。黨的十八大以來，國家榮譽勳章、全國道德模範評選、時代楷模發布、感動中國人物表彰，“身邊好人”“尋找最美”……隨著學習宣傳先進典型活動在全國範圍深入開展，一批又一批充滿時代感、飽含正能量的先進個人和集體湧現出來，為全社會樹立了道德標杆，成為引領社會主義核心價值觀建設的旗幟。航空英模羅陽，在司法改革中敢啃硬骨頭、甘當“燃燈者”的鄒碧華，“太行新愚公”李保國，捨己救人的“最美教師”張麗莉，捐資助學、扶貧濟困的將軍夫人龔全珍……一個個閃光的名字猶如無數道德燈塔在全國挺立，照亮了整個社會的價值星空。北京榜樣、善行河北、安徽好人、感動浙江……從一個身邊好人的凡人善舉，到一群道德模範的身先士卒，從一座城市的好人頻出，到一個社會的崇德尚善，敬業奉獻、助人為樂、見義勇為、誠實守信、孝老愛親，層出不窮的先進典型，用心詮釋著道德之美，用行動溫暖了全社會。

把軟要求變成硬規矩

2019 年 6 月，“核心價值觀百場講壇”工程第 94 場活動在寧夏吳忠市舉辦。中國社會科學院學部委員、社會政法學部副主任李林作題為《在依法治國中踐行核心價值觀》的講座，並與現場觀眾和網友進行交流：唯有充分用好法律這道“硬規矩”，用法治手段解決道德領域突出問題，社會主義核心價值觀才能有效轉化為人們的實際行動。

針對“扶與不扶”的問題，2017 年 3 月 15 日通過的《中華人民共和國民法總則》第 184 條規定：“因自願實施緊急救助行為造成受助人損害的，救助人不承擔民事責任。”這一善意救助者責任豁免規則，被稱作“好人法”，其用意是鼓勵善意救助傷病的高尚行為。

針對配偶因高利貸、賭博、吸毒而負債纍纍，離婚後另一方還要幫著還債的問題，2017 年 2 月，最高人民法院對相關婚姻法司法解釋作出補充規定，強調虛假債務、非法債務不受法律保護。同時，最高法下發通知，要求各級法院正確適用法律，在家事審判工作中正確處理夫妻債務，推進和諧健康誠信經濟社會建設。

發生這些有益變化的背後，是黨中央把社會主義核心價值觀融入法治建設的持續推動。黨的十八大以來，道德與法律相互融合、相互促進的過程蹄疾步穩、紮實推進。

促“和諧”：反家庭暴力法設立人身安全保護令等制度，為維護和睦家庭關係築牢更加完備的法律屏障。

立“誠信”：刑法修正案（九）“重拳”打擊考試作弊等行為，守護公平誠信的道德底線。

講“文明”：網絡安全法在總則中明確，“國家倡導誠實守信、健康文明的網絡行為，推動傳播社會主義核心價值觀”。

揚“愛國”：司法機關依法辦理侵犯“狼牙山五壯士”名譽權案、邱少雲親屬提起的人格權糾紛案，發布保護英雄人物名譽權典型案例。

為了大力培育和踐行社會主義核心價值觀，運用法律法規和公共政策向社會傳導正確價值取向，把社會主義核心價值觀融入法治建設，把軟要求變成硬規矩，2021 年 9 月，有關部門印發《關於建立社會主義核心價值觀入法入規協調機制的意見（試行）》，《意見》對社會主義核心價值觀入法入規協調機制作了具體規定，對工作程序作出規範，對推動社會主義核心價值觀成為全體人民的共同價值追求具有重要意義。

人民有信仰，民族有希望，國家有力量

一項項治理舉措紮實有力，一個個道德痼疾得以療治。幾年來，我們牢牢抓住培育和踐行社會主義核心價值觀這個基礎工程、鑄魂工程，堅持以正確價值導向凝魂聚氣、成風化人，堅持貫穿結合融入、落細落小落實，推動社會主義核心價值觀內化於心、外化於行。社會風氣發生潛移默化的變化，時代精神風貌開始逐步重塑。高遠的價值追求在切近的現實生活中扎下根鬚，旺盛生長，支撐起公民的精神高度和社會的文明程度。

在抗擊新冠肺炎疫情的嚴峻鬥爭中，湧現出共和國勳章獲得者鍾南山、“人民英雄”國家榮譽稱號獲得者張伯禮、張定宇、陳薇等一大批可歌可泣

的先進典型和感人事蹟。他們中有白衣執甲、逆行出征的醫務工作者，有衝鋒在前、頑強拚搏的黨員幹部，有聞令而動、敢打硬仗的人民子弟兵，有堅守崗位、日夜值守的公安幹警和社區工作者，有真誠奉獻、不辭辛勞的志願者，更有眾志成城、守望相助的人民群眾……這些戰疫英雄，雖然各自崗位不同，但他們的光輝形象帶給我們一樣的感動。他們以實際行動展現了民族力量和中國精神，彰顯了中華民族和衷共濟、風雨同舟的家國情懷，生動詮釋了社會主義核心價值觀的真諦。

每個走向復興的民族，都離不開價值追求的指引；每段砥礪奮進的征程，都必定有精神力量的支撐。這種追求，雖百折而不撓；這種力量，最持久且深沉。正如習近平總書記所言：“人民有信仰，民族有希望，國家有力量。”

8.

堅定社會主義文化自信

中華文化經過歷史長河的洗練、崢嶸歲月的磨礪、偉大實踐的鍛造，是最有韌勁、最具內涵、最富生機的文化，是凝聚億萬人民為新中國發展不懈奮鬥的精神力量。黨領導人民堅持走中國特色社會主義文化發展道路，增強文化自覺，堅定文化自信，建設社會主義文化強國，鑄就了巍峨聳立的中華民族精神大廈。

什麼是文化自信？

近幾年，央視推出的幾檔傳統文化節目火了起來，吸引人們熱情觀看。《我在故宮修文物》通過介紹稀世珍寶的修復過程和修復者的生活故事，展現了中華優秀傳統文化的博大精深和精妙絕倫；《中國詩詞大會》採用競猜、"飛花令"等比賽形式，讓觀眾領略到古典詩詞的韻律和意境之美；《經典詠流傳》將傳統詩詞經典與現代流行元素相融合，深度挖掘中華優秀傳統文化的人文情懷和價值理念……

不僅是電視節目，2019 年春天，《流浪地球》以近 50 億元票房、超 1 億觀影人次，成就中國科幻影片的"高光時刻"。這部電影與某些國外大片不同，沒有宣揚以暴易暴，突出自己高貴、別人卑劣的價值觀，而是以世界大同、天下一家的博大胸懷，倡導全人類攜手並進、共渡難關。這部電影充

在重慶市沙坪壩區西永第一小學校，手工藝人在展示葫蘆烙畫。（新華社記者唐奕　攝）

分詮釋了中華文化“講仁愛、重民本、守誠信、崇正義、尚和合、求大同”的價值理念和精神境界，彰顯了中華文化的自信和擔當。這也是它取得巨大成功的一個很重要的原因。

黨的十八大以來，黨中央推動實施中華優秀傳統文化傳承發展工程，推動中華優秀傳統文化創造性轉化、創新性發展，越來越多的傳統經典、戲曲、書法等內容走入課堂、走進校園，融入國民教育體系。各地採取多種方式，讓收藏在博物館的文物、陳列在大地上的遺產、書寫在古籍裏的文字都活起來，發揮起弘揚中華優秀傳統文化的重要作用。

曾參與《中國詩詞大會》等多檔傳統文化節目的大學老師蒙曼，談到自己的工作和十九大代表的身份，深知使命在肩、責任重大。她說，“這幾年，中國飛速發展，而且已經到了從快速‘長身體’進入‘長精神’階段。”這些年來，“人們對於傳統文化的了解、習讀，已由淺及深，又有所升溫。這是我感到最快樂、最有價值感的時刻。為了傳承中華優秀傳統文化、弘揚中華文明，我樂此不疲”。

文化是一個國家、一個民族的靈魂。文化興國運興，文化強民族強。文化自信是實現中華民族偉大復興的精神力量。

那麼，什麼是文化自信？習近平總書記強調：“文化自信，是更基礎、更廣泛、更深厚的自信。”習近平總書記在十九大報告中指出：“文化是一個國家、一個民族的靈魂。文化興國運興，文化強民族強。沒有高度的文化自信，沒有文化的繁榮興盛，就沒有中華民族偉大復興。要堅持中國特色社會主義文化發展道路，激發全民族文化創新創造活力，建設社會主義文化強國。”

文化自信，我們有充分的理由

當今世界，要說哪個政黨、哪個國家、哪個民族能夠自信的話，那中國共產黨、中華人民共和國、中華民族是最有理由自信的。之所以具有這樣的強大底氣，就在於中華文化積澱著幾千年的優秀傳統，傳承著革命時期的紅色基因，吸取著建設和改革的精神力量。

這種自信源於中華優秀傳統文化的歷久彌新。中華文明是世界上唯一沒有中斷的既古老又年輕的文明，是人類文明燦爛星空中最絢麗的星宿。5000多年文明江河奔流到如今，湧現出老子、孔子、莊子、孟子、屈原、李白、蘇軾、曹雪芹等燦若星辰的偉大人物，誕生了詩經、楚辭、漢賦、唐詩、宋詞、元曲、明清小說等浩如煙海的文學經典，為中華民族生生不息、薪火相傳提供了精神滋養。這些文化基因和精神標識，歷經千年風雨的洗禮依然挺立、生機勃勃。中華文化跨越時空的永恆價值和魅力，是我們自信的根基。

這種自信源於革命文化的浴火淬煉。艱難困苦，玉汝於成。中華文化之所以堅韌勇毅，就在於它有著經過血與火的考驗、苦和難的磨礪，用無數先烈鮮血染紅的精神底色。在 28 年的革命鬥爭歲月中，中國共產黨帶領人民堅定信念、矢志不渝，歷經磨難、絕處逢生，浴血奮戰、敢於勝利，形成了以建黨精神、井岡山精神、長征精神、延安精神、西柏坡精神等為代表的革命文化。正是有了在戰火中淬煉出來的革命精神譜系的引領，中國人民才無往而不勝、不斷從勝利走向勝利，中華文化才熔鑄了最堅韌的精神氣質。

這種自信源於社會主義先進文化的開拓奮進。新中國的誕生，標誌著中國人民站起來了，中華民族精神面貌煥然一新。新中國成立 70 多年來，中國共產黨帶領人民在戰天鬥地、開拓創新、砥礪奮進的非凡歷程中，形成並發展了社會主義先進文化。無論是艱苦創業的鐵人精神、勇於攀登的"兩彈一星"精神，還是無私奉獻的雷鋒精神、勤勉為公的焦裕祿精神；無論是頑強拚搏的女排精神、眾志成城的抗震救災精神，還是開放自強的北京奧運精神、敢於超越的載人航天精神，以及新時代形成的偉大抗疫精神和脫貧攻堅精神，都是社會主義中國時代精神的精華，為堅定文化自信增添了新的力量。

黨的十八大以來，以習近平同志為核心的黨中央緊緊圍繞建設社會主義文化強國的戰略目標，以高度的文化自信、文化自覺、文化擔當，系統規劃和全面鋪開了新形勢下的文化建設。黨的十八大和黨的十九大都對文化建設作出重大部署，中央政治局會議、中央政治局常委會會議、中央深改工作領導小組會議等多次研究文化建設重大問題。黨中央先後印發一系列重要文件，對文化建設作出全面安排、提出明確要求，形成了全面系統、科學完整的工作體系和工作框架，社會主義文化建設開創了新的局面。

文化建設蹄疾步穩

確立文化體制改革總體框架，社會主義先進文化前進方向更加堅定。制定《深化文化體制改革實施方案》，編製《國家"十三五"時期文化發展改革規劃綱要》，出台"兩個效益"相統一、媒體融合發展、特殊管理股試點、新聞單位採編播管崗位人事管理制度改革、採編和經營兩分開、文藝評獎改革、構建現代公共文化服務體系、實施中華優秀傳統文化傳承發展工程、國際傳播能力建設等40多個改革文件，細化了改革的路線圖、時間表、任務書，搭建起文化制度體系的"樑"和"柱"。在此基礎上，建立任務台賬、加強督察問效，確保各項改革任務落地生根。經過多年努力，把社會效益放在首位、實現"兩個效益"相統一的體制機制已經基本確立，文化領域深化改革的基本框架已經搭建完成，標準化均等化的現代公共文化服務體系日益完善，現代文化市場體系和現代文化產業體系更加健全。

深化媒體創新，主流輿論的傳播力引導力影響力公信力不斷增強。當前，媒體格局深刻調整、輿論生態深刻變化，迫切需要推進媒體改革創新，構建堅持正確輿論導向、適應融合發展趨勢的媒體傳播格局。各地以"中央廚房"建設為龍頭，促進傳統媒體與新興媒體深度融合，加快構建一批新型主流媒體和媒體集團。2020年9月，中共中央辦公廳、國務院辦公廳印發了《關於加快推進媒體深度融合發展的意見》。《意見》從重要意義、目標任務、工作原則三個方面明確了媒體深度融合發展的總體要求，要求盡快建成一批具有強大影響力和競爭力的新型主流媒體，逐步構建網上網下一體、內宣外宣聯動的主流輿論格局，建立以內容建設為根本、先進技術為支撐、創新管理為保障的全媒體傳播體系。文化娛樂領域亂象有效整治，天朗氣清風氣正在形成。

以人民為中心的工作導向、創作導向鮮明有力。近年來，我國文化建設呈現出繁榮發展的景象，文化基礎設施不斷完善，群眾文化生活日益豐富多彩，文化軟實力和中華文化的影響力大幅提升。中央有關部門統籌安排財政資金，實施百縣萬村綜合文化中心工程，在集中連片特殊困難地區縣和國家扶貧開發工作重點縣扶持建設一萬個村綜合文化服務中心。2016 年，又啟動貧困地區民族自治縣、邊境縣村綜合文化服務中心覆蓋工程，實現貧困地區民族自治縣、邊境縣村級文化中心建設的全覆蓋。2017 年 3 月，《中華人民共和國公共文化服務保障法》施行，實現了人民群眾基本文化權益的法律保障。同時，文藝創作由“高原”向“高峰”邁進，文化事業、文化產業蓬勃發展，反映中國道路、中國精神、中國力量的精品力作大量湧現，中華優秀傳統文化煥發出新的生命力創造力，人民群眾在精神文化生活中的獲得感大大增強。截至 2020 年底，全國共有公共圖書館 3212 個，美術館 618 個、博物館 5788 家、文化館 3327 個、鄉鎮綜合文化站 32825 個、村級綜合性文化服務中心 57.5 萬多個。從農家書屋、鄉鎮綜合文化站，到城市公共圖書館、博物館、文化館、美術館，覆蓋城鄉的公共文化設施網絡持續完善，基本實現免費或低價開放，公共文化服務的豐富性、便利性、均等性顯著增強。影視出版繁榮發展，“暑期檔”“國慶檔”“春節檔”大片雲集，精品圖書不斷呈現，人們享受越來越多的高品質文化盛宴。文化與旅遊融合發展，旅遊景區、休閒度假、鄉村旅遊、紅色旅遊等旅遊產品文化內涵不斷提升，人們在行走中華大地、領略大好河山中感悟中華文化之美、陶冶心靈情操。全民健身熱悄然興起。全國共有體育場地 371.3 萬個，體育場地面積 31 億平方米，人均體育場地面積達 2.2 平方米，行政村“農民體育健身工程”基本實現全覆蓋。從競技體育到群眾性體育活動，從國際賽事摘金奪銀到閒暇時跳起歡快的廣場舞，全民健身強健著民族筋骨、強大著民族力量，中國正在從體育大國邁向體育強國。

講好中國故事，中華文化在世界上的感召力影響力顯著提升。美人之美，美美與共。黨的十八大以來，中央印發《關於進一步加強和改進中華文化走出去工作的指導意見》《關於加快發展對外文化貿易的意見》《關於加強"一帶一路"軟力量建設的指導意見》等文件，統籌對外文化交流、文化傳播和文化貿易，加快推動中華文化走出去。文明因多樣而交流，因交流而互鑑，因互鑑而發展。2019 年 5 月，亞洲文明對話大會在北京隆重舉行，成為促進亞洲及世界各國文明開展平等對話、交流互鑑、相互啟迪的一個新平台。2020 年 7 月，《習近平談治國理政》第三卷中英文版在日本、馬來西亞、新加坡、泰國、印度尼西亞等周邊國家主流書店和華文書店陸續上架銷售，受到國際社會廣泛關注，已覆蓋歐洲、美洲、非洲、亞洲等 70 餘個國家和地區。中國理念、中國制度、中國方案得到越來越多國家和地區的理解和認可。

"國民之魂，文以化之；國家之神，文以鑄之。"社會主義文化繁榮發展，向世界展現了中國人民感天動地的奮鬥史詩。展望未來，建設社會主義文化強國，必將書寫更加輝煌的文化篇章，把中國人民的雄心壯志呈現給世界。

9.

堅決打贏精準脫貧攻堅戰

貧困人口如期脫貧，是全面建成小康社會的底線任務和標誌性指標，是社會主義的本質要求，是中國共產黨對全國人民的莊嚴承諾。黨的十八大以來，以習近平同志為核心的黨中央把扶貧開發工作納入“五位一體”總體布局、“四個全面”戰略布局，全面打響脫貧攻堅戰。脫貧攻堅力度之大、規模之廣、影響之深，前所未有。經過八年努力，如期完成新時代脫貧攻堅的目標任務，創造了中國減貧史上最好的成績，譜寫了人類反貧困歷史的新篇章。

不斷加強頂層設計

面對中華民族千百年來存在的絕對貧困問題，黨團結帶領全國人民，咬定減貧目標不放鬆，不斷加強頂層設計，制定長遠發展規劃，保持大政方針的穩定性、連續性，堅持一張藍圖繪到底，並根據國內外形勢變化，不斷充實和完善，提出與時代發展相銜接的減貧目標要求，積小勝為大勝，最後取得全面勝利。

改革開放以來，黨和國家在全國範圍內有組織、有計劃、大規模進行扶貧開發，持續向貧困宣戰。成立國務院扶貧開發領導小組及辦公室，先後實施《國家八七扶貧攻堅計劃（1994—2000 年）》《中國農村扶貧開發綱要

（2001—2010 年）》《中國農村扶貧開發綱要（2011—2020 年）》等中長期扶貧規劃。

黨的十八大以來，習近平總書記最關注的工作之一就是貧困人口脫貧。2012 年底，剛剛就任中共中央總書記一個多月，他便冒著嚴寒，來到地處太行山深處的河北省阜平縣看望困難群眾。在駱駝灣村，他走進村民家中，盤腿坐在炕上，同鄉親手拉手，詳細詢問他們一年下來有多少收入，糧食夠不夠吃，過冬的棉被有沒有，取暖的煤炭夠不夠，小孩上學遠不遠，看病方便不方便。在 20 多個小時裏，習近平總書記奔波 700 多公里，走訪兩個貧困村，召開兩場座談會。他明確提出："沒有農村的小康，特別是沒有貧困地區的小康，就沒有全面建成小康社會。"就是在這次考察中，習近平總書記向全黨全國發出了脫貧攻堅的總攻動員令。

通過無人機拍攝的河北省阜平縣駱駝灣村（新華社記者趙鴻宇　攝）

以習近平同志為核心的黨中央把扶貧開發工作作為實現第一個百年奮鬥目標的重點任務。2015 年 11 月，黨中央、國務院出台《關於打贏脫貧攻堅戰的決定》。2016 年 3 月，發布《中華人民共和國國民經濟和社會發展第十三個五年規劃綱要》，對全力實施脫貧攻堅總體目標作出部署。2018 年 6 月，黨中央、國務院制定《關於打贏脫貧攻堅戰三年行動的指導意見》。習近平總書記幾乎走遍了全國最貧困的地區，從華北平原到西南邊陲，從大別山區到秦巴腹地，從土家苗寨到雪域高原，從"苦瘠甲天下"的甘肅定西到"隔山走一天"的四川大涼山，中國實施脫貧攻堅以來，習近平總書記扶貧的腳步遍布全國 14 個集中連片特困地區，先後深入幾十個貧困村考察調研，為扶貧事業傾注了大量心血，深刻體現了他對人民群眾的深情摯愛，體現了中國共產黨人為民謀幸福的堅定擔當。

實施精準扶貧方略

中國脫貧攻堅戰不斷取得勝利，一個重要的因素就是堅持精準扶貧方略，對症下藥，靶向治療。扶貧開發貴在精準，重在精準，成敗之舉在於精準。以習近平同志為核心的黨中央把精準扶貧、精準脫貧作為打贏脫貧攻堅戰的基本方略。

2013 年，習近平總書記在湖南湘西考察時首次提出"精準扶貧"概念。湘西十八洞村，是一個青山環抱的苗族村寨。2013 年 11 月 3 日，習近平總書記走了很遠的山路才到村子，他首先走進位於村口的石爬專老人的家，參觀了穀倉和豬圈，隨後與這對苗族老夫婦坐在板凳上聊天。面對不識字的石爬專老人"怎麼稱呼您"的提問，習近平總書記向她介紹自己說，"我是人民的勤務員"。在村民曬穀場的梨樹下，面對圍坐在身邊的全村父老鄉親，習近平總書記第一次提出了“精準扶貧”：扶貧要實事求是，因地制宜。要精準扶貧，切忌喊口號，也不要定好高騖遠的目標。隨後，黨中央、國務院對精準扶貧總體布局和工作機制都作了詳盡規制。

精準扶貧方略的核心內容是做到“六個精準”，實施“五個一批”，解決“四個問題”。做到“六個精準”，即扶持對象精準、項目安排精準、資金使用精準、措施到戶精準、因村派人（第一書記）精準、脫貧成效精準，確保各項政策好處落到扶貧對象身上，建立起精準的脫貧攻堅工作體系。為了解決好“怎麼扶”的問題，各地按照貧困地區和貧困人口的具體情況，實施“五個一批”工程，即發展生產脫貧一批，易地搬遷脫貧一批，生態補償脫貧一批，發展教育脫貧一批，社會保障兜底一批。實施精準扶貧方略，還體現在打好深度貧困地區脫貧攻堅這場硬仗上。中國創造性地採取了建檔立卡的措施，將全國的貧困人口按照所屬區域、年齡結構、貧困原因等方式進行分類歸檔，做到因戶施策、因人施策。

全社會積極參與

脫貧攻堅是一項系統性重大工程，涉及經濟社會發展各個領域，必須堅持全國一盤棋，堅持發揮集中力量辦大事的制度優勢，調動各方面積極性，舉全國之力打贏脫貧攻堅戰。

以習近平同志為核心的黨中央，深入推進東西部扶貧協作，實現先富幫後富，推動東部地區人才、資金、技術向貧困地區流動。東部 18 個經濟較發達省區市與西部 10 個省區市建立了結對幫扶關係。342 個東部經濟較發達縣結對幫扶 570 個西部貧困縣，促進區域協調發展、協同發展、共同發展。黨政軍機關把幫扶作為政治責任，發揮優勢開展定點扶貧。近 300 個中央單位參與定點扶貧，實現對 592 個貧困縣全覆蓋，示範帶動省區市層層組織開展定點扶貧工作。各類企業、社會組織和志願者個人積極參與扶貧開發，推動實現社會幫扶資源和精準扶貧有效對接。民營企業開展"萬企幫萬村"精準扶貧行動，積極承擔社會責任、踴躍投身脫貧攻堅。全軍和武警部隊根據國家和駐地扶貧開發總體規劃，開展多種形式的扶貧幫困活動。通過充分發揮政府和社會等力量作用，專項扶貧、行業扶貧、社會扶貧"三位一體"大扶貧格局作用巨大。中國減貧、脫貧攻堅凝聚了全黨全國人民的智慧和心血。

堅持抓黨的建設促脫貧攻堅，充分發揮基層黨組織的戰鬥堡壘作用和共產黨員的先鋒模範作用，進一步增強農村基層黨組織的凝聚力和戰鬥力。在脫貧攻堅中，第一書記、駐村幹部發揮了重要作用。貧困地區基層幹部展現出頑強的戰鬥力，廣大第一書記和駐村幹部同當地基層幹部並肩戰鬥，帶領貧困群眾脫貧致富，用自己的辛苦換來貧困群眾的幸福，有的甚至獻出了寶貴生命。

黃文秀就是其中的傑出代表。黃文秀研究生畢業後，放棄大城市的工作機會，毅然回到家鄉。她積極響應組織號召，到樂業縣百坭村擔任駐村第一書記，埋頭苦幹，帶領 88 戶 418 名貧困群眾脫貧，全村貧困發生率下降 20% 以上。2019 年 6 月 17 日凌晨，她在從百色返回樂業途中遭遇山洪不幸遇難，獻出了年僅 30 歲的寶貴生命。她用美好青春詮釋了共產黨人的初心使命，譜寫了新時代的青春之歌。

全面建成小康社會"一個都不能少"。這既包括 56 個民族一個不能少，也包括全體社會成員一個不能少。脫貧攻堅是各級黨委政府的責任，更是貧困群眾自身的迫切要求。貧困群眾是脫貧攻堅的對象，也是脫貧致富的主體，激發貧困人口脫貧致富的內生動力至關重要。通過一系列治貧先治愚、扶貧與扶志扶智相結合的教育引導和政策引領舉措，調動和激發貧困地區和貧困群眾的內生動力與主體作用，極大提振和重塑貧困群眾自立自強、自力更生、勤勞致富、勤儉持家、加強學習、創新創業的精神追求和風貌。貧困群眾深刻認識到"幸福都是奮鬥出來的""社會主義是幹出來的""世界上的事情都是幹出來的"，大家擼起袖子加油幹。貧困地區幹部群眾盼脫貧、謀發展的意願強烈，內生動力和活力不斷激發，脫貧攻堅已經成為全黨全社會的統一意志和共同行動。

在以習近平同志為核心的黨中央堅強領導下，新時代脫貧攻堅任務如期完成，現行標準下農村貧困人口全部脫貧，貧困縣全部摘帽，消除了絕對貧困和區域性整體貧困，近一億貧困人口實現脫貧，創造了人類減貧史上的奇蹟。打贏脫貧攻堅戰，順應了人民群眾對美好生活的嚮往。啃下貧困硬骨頭，脫貧群眾獲得感、幸福感、安全感不斷提升。

農村是全面建成小康社會的重點，黨的十八大以來，我國現代農業建設取得重大進展，糧食產量連續保持在 1.3 萬億斤以上，農民人均收入較 2010 年翻一番多。"現在的日子如蜜甜。"貴州省興義市則戎鎮長沖村脫貧戶龔光志回憶，過去種幾畝地，還得贍養 90 多歲的奶奶和 70 多歲的父母。2016 年，幫扶幹部牽頭聯繫，龔光志幹起了快遞員，申請扶貧小額貸款擴大種養規模，年收入達到 10 萬多元，"現在脫貧又脫單，開上小汽車，過上好日子"。八年來，脫貧地區累計改造義務教育薄弱學校 10.8 萬所，新改建村衛生室 20 多萬個，所有鄉村醫療衛生機構完成標準化建設，脫貧群眾住院看病報銷比例提高到 80% 左右，"看病難、看病貴"明顯改觀。"收入年年漲，生活節節高，日子越過越舒心。"吉林省汪清縣大興溝鎮上村脫貧戶劉文光滿臉笑容地說。"2020 年大豆有好收成，養牛收入一萬多元，脫貧穩穩的！"內蒙古莫力達瓦達斡爾族自治旗哈布奇村的敖珍花拿出脫貧告知書，臉上掛著燦爛的笑。“家門口有錢掙，好日子就在眼前嘍！”貴州省望謨縣樂旺鎮坡頭村脫貧戶唐守芬格外開心，靠在村裏花椒種植基地幹活，她和老伴一個月能掙 4000 多元，2020 年全家脫了貧，幹勁越來越足。一張張笑臉，一個個好消息，匯聚成決勝全面小康的脫貧答卷。

經過全黨全國各族人民共同努力，在迎來中國共產黨成立 100 週年的重要時刻，我國脫貧攻堅戰取得了全面勝利，現行標準下 9899 萬農村貧困人口全部脫貧，832 個貧困縣全部摘帽，12.8 萬個貧困村全部出列，區域性整體貧困得到解決，完成了消除絕對貧困的艱巨任務，創造了又一個彪炳史冊的人間奇蹟！這是中國人民的偉大光榮，是中國共產黨的偉大光榮，是中華民族的偉大光榮！

中國在如此短的時間內取得如此顯著的減貧成就，譜寫了人類反貧困歷史新篇章。中國脫貧攻堅事業是“人類歷史上最偉大的事件之一”。改革開放 40 多年來，中國 7.7 億貧困人口擺脫了貧困，中華民族千百年來存在的絕對貧困問題得到歷史性解決。打贏精準脫貧攻堅戰，成為人類社會戰勝貧困的成功樣板。扶貧開發、脫貧攻堅是中國道路、中國模式的重要組成部分。

10.

“綠水青山就是金山銀山”

良好生態環境是最普惠的民生福祉，是全面小康最亮麗的底色。最近幾年，越來越多的人喜歡在“朋友圈”等網絡社交媒體曬天氣，大家對藍天白雲情有獨鍾，遇到霧霾的天氣，大家紛紛吐槽。空氣質量好壞問題格外引人關注，生態環境問題日益成為重要的民生問題。習近平總書記生動指出：“環境就是民生，青山就是美麗，藍天也是幸福，綠水青山就是金山銀山；保護環境就是保護生產力，改善環境就是發展生產力。”能否解決生態破壞嚴重、生態災害頻繁、生態壓力巨大等問題，直接關係著人民群眾對全面小康的認可度和滿意度。

建設美麗中國

黨的十八大以來，習近平總書記從中國特色社會主義事業五位一體總布局的戰略高度，對生態文明建設提出了一系列新思想、新觀點、新論斷。這些重要論述為實現中華民族永續發展和中華民族偉大復興的中國夢規劃了藍圖，也為建設美麗中國提供了根本遵循。

早在 2005 年 8 月，時任浙江省委書記的習近平來到浙江安吉縣余村調研。余村因天目山余脈余嶺而得名。現在這裏群山蒼翠，竹海綿延，是國家 4A 級景區、全國文明村。可是，曾經的余村，礦山、水泥廠遍布，雖然靠

遊客在被評為“中國美麗鄉村”精品示範村的浙江省安吉縣余村遊覽（新華社記者譚進　攝）

“賣石頭”致了富，卻破壞了山體、污染了水和空氣。關停污染企業和收入直線下降成了村裏一時無法解決的矛盾。了解到村裏發展的困惑後，習近平讚賞關停礦山、水泥廠是高明之舉，並首次明確提出“綠水青山就是金山銀山”的科學論斷。“兩山論”的提出，為余村人吃下了定心丸，指明了發展方向。打定主意的余村人，大力發展生態旅遊經濟。靠著綠水青山，余村人也擁有了金山銀山。

習近平總書記強調，綠水青山就是金山銀山，這是重要的發展理念，也是推進現代化建設的重大原則。實踐證明，“綠水青山就是金山銀山”理念，符合我國經濟社會發展客觀規律，順應人民群眾對美好生活的期待和要求，是指導可持續發展和生態文明建設的重要方法。

2018 年 5 月，在全國生態環境保護大會上，習近平總書記發表重要講話，對全面加強生態環境保護，堅決打好污染防治攻堅戰，作出了系統部署和安排，為建設美麗中國指明了方向。

強化制度和法治保障

生態文明建設，絕不是吹響衝鋒號、打幾個衝鋒就能大功告成的，必須實行嚴格的制度和嚴密的法治。習近平總書記強調，要深化生態文明體制改革，盡快把生態文明制度的“四梁八柱”建立起來，把生態文明建設納入制度化、法治化軌道。

2015 年 1 月 1 日，人們期盼已久的《中華人民共和國環境保護法》正式實施，從立法層面上加大了保護激勵機制與污染處罰力度。在這部法律中，提出了對環境污染“按日計罰、查封扣押、限產停產”等狠招，成為治理污染的“鋼牙利齒”，被稱為“史上最嚴厲”的環保法。2018 年 3 月，十三屆全國人大一次會議第三次全體會議通過《中華人民共和國憲法修正案》，將新發展理念、生態文明建設和建設美麗中國的要求寫入憲法。

制度是管根本、管長遠的，治理環境必須在完善制度上下功夫。黨的十九大報告提出，像對待生命一樣對待生態環境，統籌山水林田湖草系統治理，實行最嚴格的生態環境保護制度。2018 年 6 月，中共中央、國務院頒布《關於全面加強生態環境保護，堅決打好污染防治攻堅戰的意見》，在落實黨政主體責任、強化考核問責方面作了制度安排。2018 年，組建生態環境部，統一行使生態和城鄉各污染排放與行政執法職責，並整合組建生態環境綜合執法隊伍。2019 年，最高人民檢察院和生態環境部等九部門聯合印發《關於在檢察公益訴訟中加強協作配合依法打好污染防治攻堅戰的意見》。

習近平總書記在 2017 年新年賀詞中提到“每條河流要有‘河長’了”，再次引起了群眾對“河長制”的關注和熱議。“河長制”是破解我國新老水問題、保障國家水安全的重大制度創新，全國省、市、縣、鄉四級河長體系全面建立，每一段河流都有了明確的生態“管家”。各地河長主動將河湖

“老大難”問題作為自己的責任田，針對老百姓關心的河湖突出問題，積極開展專項整治行動，有的集中整治非法採砂、非法碼頭，有的實施退圩還湖，有的開展消滅“垃圾河”“黑臭河”專項治理，河暢、水清、岸綠的景象開始顯現。

黨中央建立健全環保督察工作機制，加大環境督查工作力度，嚴肅查處違紀違法行為，著力解決生態環境方面突出問題，讓人民群眾不斷感受到生態環境的改善。對秦嶺等地破壞生態環境事件，習近平總書記堅持一抓到底，不徹底解決絕不鬆手，在全社會引起極大反響。秦嶺是中國南北地理分界線，更是八百里秦川的一道生態屏障。2014 年以來，習近平總書記對秦嶺違建別墅嚴重破壞生態問題和秦嶺生態環境保護先後六次作出重要批示指示。一場雷厲風行的專項整治行動迅速展開，全面拆除，全面復綠，一些黨員幹部因違紀違法被立案調查。2020 年 4 月 20 日，習近平總書記來到秦嶺牛背梁國家級自然保護區，了解秦嶺生態保護工作情況。他強調，秦嶺違建是一個大教訓。從今往後，在陝西當幹部，首先要了解這個教訓，切勿重蹈覆轍，切實做守護秦嶺生態的衛士。在黨中央堅強領導下，各級黨委、政府切實把黨中央關於生態文明建設的決策部署落到實處，形成全民參與生態環境保護的新局面，為建設美麗中國保駕護航。

保衛碧水藍天淨土

“小康全面不全面，生態環境質量是關鍵。”建設生態文明是關係人民福祉、關係民族未來的大計。如果經濟發展了，但環境惡化了，人民整天生活在重度污染中，見不到藍天白雲，喝不上純淨健康的水，是算不上幸福的，那樣的發展也是得不償失的。黨的十八大以來，以習近平同志為核心的黨中央高度重視生態文明建設，堅持綠色發展，推動生態文明建設和生態環境保護從實踐到認識發生了歷史性、轉折性、全局性變化。

長江經濟帶生態環境保護發生轉折性變化，是我國生態文明建設的一個新樣板。長江經濟帶覆蓋 11 省市，面積約 205 萬平方公里，人口和生產總值均超過全國的 40%。歷經多年開發建設，生態環境狀況形勢非常嚴峻。自 2016 年 1 月開始，習近平總書記聚焦長江經濟帶發展，五年召開三次專題座談會，長江上游、中游、下游全覆蓋。五年來，沿江省市和有關部門堅持問題導向，以釘釘子精神持續推進生態環境整治，一大批高污染高耗能企業被關停取締，沿江化工企業關改搬轉超過 8000 家，1361 座非法碼頭徹底整改，促進經濟社會發展全面綠色轉型，長江經濟帶生態環境保護發生了轉折性變化。長江流域優良斷面比例從 2016 年的 82.3% 提高到 2019 年的 91.7%，2020 年 1 月至 11 月進一步提升至 96.3%，長江流域劣Ⅴ類水質比例從 2016 年的 3.5% 下降到 2019 年的 0.6%，2020 年首次實現消除劣Ⅴ類水體。一幅人與自然和諧共生的美麗畫卷正在繪就。

隨著污染防治攻堅戰的深入，重污染天氣在我們國家的一些重點地區發生的頻率和發生的強度都在大幅度地降低，以京津冀及周邊地區 28 個城市為例，2015 年重污染天氣有 36 天，就是一個城市平均有一個多月是重污染天氣，但是到了 2019 年降到了 20 天，減少了 45%。嚴重污染天氣在 2015 年京津冀地區是 10 天，到 2019 年平均只有兩天，降低了 80%。北京在 2015 年重污染天數是 43 天，2019 年重污染天數只有 4 天。2020 年，全國地級及以上城市空氣質量平均優良天數比例為 87.0%；PM2.5 未達標地級及以上城市平均濃度比 2015 年下降 28.8%。藍天，回來了。

2017 年，河北省塞罕壩林場被聯合國環境署總部授予“地球衛士獎”。塞罕壩林場位於中國河北省北部，佔地 9.3 萬公頃。由於歷史上的過度採伐，土地日漸貧瘠。1962 年，來自全國的 369 名年輕人在此集結，開始在這一地區種植樹木，經過三代人努力，將森林覆蓋率從 11.4% 提高到 80%。塞罕壩造林人半個多世紀的持續奮鬥，讓貧瘠沙地變成綠水青山，獲得了世界讚譽。全民義務植樹持續開展 40 年，全國動員、全民動手、全社會共同參與，植樹造林、綠化祖國成為全社會自覺行動。全國人工林面積擴大到 11.9 億畝，不毛之地變成綠洲，黃土高坡披上綠裝，中國成為全球森林資源增長最多和人工造林面積最大的國家。2020 年底，全國森林覆蓋率達到 23.04%，草原綜合植被覆蓋度達到 56.1%，濕地保護率達到 50% 以上。

在黨中央堅強領導下，各地區各部門堅決扛起生態環境保護政治責任，堅持新發展理念，把黨中央關於提升生態文明、建設美麗中國的宏偉藍圖變為美好現實，堅決打贏藍天保衛戰、著力打好碧水保衛戰、紮實推進淨土保衛戰，努力讓人民生活在天更藍、山更綠、水更清的優美環境之中。經過不懈努力，我國成為全球生態文明建設的重要參與者、貢獻者、引領者，綠色發展方式和生活方式逐步形成。2019 年，美國國家航空航天局（NASA）發布一項研究成果：全球從 2000 年到 2017 年新增的綠化面積中，約四分之一來自中國，中國的貢獻比例居全球首位。

11.

推進國家治理體系和治理能力現代化

中國特色社會主義制度是黨和人民在長期實踐探索中形成的科學制度體系，是人類制度文明史上的偉大創造。我國國家治理一切工作和活動都依照中國特色社會主義制度展開。中國特色社會主義制度和國家治理體系，具有顯著的優越性和強大的生命力，是當代中國發展進步的根本保障。

長期探索與偉大創造

經國序民，正其制度。制度建設是國家治理的基礎，在很大程度上決定著社會發展的方向、速度和質量。習近平總書記指出，制度優勢是一個國家最大的優勢，制度競爭是國家間最根本的競爭。

建立什麼樣的國家制度，是近代以來中國人民面臨的一個歷史性課題。無數仁人志士為尋求改變中華民族前途命運的道路進行反覆探索，嘗試了君主立憲制、議會制、多黨制、總統制等各種制度模式，但都以失敗告終。找到一條正確的道路是多麼不容易！

中國共產黨自成立之日起就致力於建設人民當家作主的新社會，提出了關於未來國家制度的主張，並領導人民為之進行鬥爭，1922 年 7 月，明確提出，統一中國為真正的民主共和國。土地革命時期，黨在江西中央蘇區建立了中華蘇維埃共和國，《憲法大綱》規定“建設的是工人和農民的民主專政的國家”，中華蘇維埃共和國實行工農兵代表大會制度，臨時中央政府先後頒布 120 多部法律、法令。抗日戰爭時期，黨建立以延安為中心、以陝甘寧邊區為代表的抗日民主政權，成立邊區政府，按照“三三制”原則，以參議會為最高權力機關，建立各級立法、行政、司法機關。1940 年 1 月，毛澤東在《新民主主義論》中，更是提出了新民主主義革命的政治、經濟、文化綱領，描繪了新民主主義社會的藍圖。

新中國成立後，黨帶領全國各族人民經過不懈努力，逐步確立並鞏固了我國的國體、政體、根本政治制度、基本政治制度、基本經濟制度和各方面的重要制度。在社會主義革命和建設時期，確立了新中國的國體、政體、國家結構形式、政黨制度和以公有制為基礎的社會主義基本經濟制度。社會主義基本制度的全面確立，為當代中國的一切發展進步創造了政治前提、奠定了制度基礎。改革開放以後，我們黨推進全面深化改革，中國特色社會主義制度日趨成熟定型。

把制度建設擺到更加突出的位置

黨的十八大以來，堅持和完善中國特色社會主義制度、推進國家治理體系和治理能力現代化，是以習近平同志為核心的黨中央對全面深化改革作出的頂層設計。

黨的十八屆三中全會第一次提出將“完善和發展中國特色社會主義制度，推進國家治理體系和治理能力現代化”確定為全面深化改革的總目標。黨的十九大把完善和發展中國特色社會主義制度、推進國家治理體系和治理能力現代化，列為習近平新時代中國特色社會主義思想的“八個明確”之一，黨的十九屆六中全會通過的《中共中央關於黨的百年奮鬥重大成就和歷史經驗的決議》，把它列為習近平新時代中國特色社會主義思想的“十個明確”之一，使之成為習近平新時代中國特色社會主義思想的重要組成部分。黨的十九屆四中全會是黨的歷史上第一次用一次中央全會專門研究“堅持和完善中國特色社會主義制度、推進國家治理體系和治理能力現代化”這個重大問題並作出決定，體現了以習近平同志為核心的黨中央高瞻遠矚的戰略眼光和強烈的歷史擔當，對決勝全面建成小康社會、全面建設社會主義現代化國家，對鞏固黨的執政地位、確保黨和國家長治久安，具有重大而深遠的意義。

不斷健全黨的領導體制機制，全面加強對經濟建設、政治建設、文化建設、社會建設、生態文明建設、軍隊和國防建設等工作的領導，黨和國家發展全局中的重要工作得到中央層面的決策統籌，黨總攬全局、協調各方的領導核心作用得到充分發揮。加強人民當家作主制度建設，明確提出發揮人民代表大會及其常委會在立法工作中的主導作用，在各級人大新設置專門的社會建設委員會。並且優化人大常委會和各專門委員會組成人員。推進社會主義協商民主廣泛多層制度化發展。加強中國特色社會主義法治體系建設，對全面依法治國作出一系列重大決策、提出一系列重大舉措，法治國家、法治政府、法治社會建設相互促進，中國特色社會主義法治體系日益完善。深化經濟體制改革，供給側結構性改革深入推進，經濟結構不斷優化，創新型國家建設步伐加快，鄉村振興戰略和區域協調發展戰略穩步實施，社會主義市場經濟體制不斷完善，推動形成全面開放新格局。深化生態文明體制改革，全黨全國貫徹綠色發展理念的自覺性和主動性顯著增強，生態文明制度體系加快形成，主體功能區制度逐步健全，節能減排取得重大進展，重大生態保護和修復工程進展順利，生態環境治理明顯加強。深化國防和軍隊改革，不斷推進國防和軍隊現代化，國防和軍隊改革取得歷史性突破，形成軍委管總、戰區主戰、軍種主建新格局，人民軍隊組織架構和力量體系實現革命性重塑，武器裝備取得歷史性突破，治軍方式發生根本性改變，革命化現代化正規化水平顯著提高。深化國家監察體制改革，全面推進黨的紀檢體制改革、國家監察體制改革和紀檢監察機構改革，形成了黨內紀檢和國家監察制度相統一的完備監督體系。

以習近平同志為核心的黨中央把制度建設擺到更加突出的位置，堅決破除一切妨礙科學發展的思想觀念和體制機制弊端，使各方面制度更加成熟更加定型。

"中國之治"的顯著優勢

近年來，在全球化持續深化的大背景下，西方之亂與中國之治，形成了世人矚目的鮮明對比。西方世界亂象頻發，經濟增長乏力，政治極化嚴重，社會分裂加深，民粹主義思潮蔓延，種族歧視凸顯，社會撕裂加劇，債務危機、金融危機、福利危機等使多數百姓的實際生活水平長期停滯不前，西方模式面臨嚴峻挑戰，其國家制度和國家治理陷入前所未有的困境。與此形成鮮明對照的是中國之治。短短數十年，特別是黨的十八大以來，中國經濟社會發展取得歷史性成就、發生歷史性變革，政治穩定、經濟發展、社會和諧、民族團結，給西方和整個世界帶來了震撼。中國智慧、中國經驗和中國理念正迅速走向世界，為解決全球治理難題提供一個又一個中國方案。

一方面，我們用幾十年時間走完了發達國家幾百年才走過的工業化進程，躍升為世界第二大經濟體，人民生活在經濟發展中提高到前所未有的水平，黨領導人民創造了世所罕見的經濟快速發展奇蹟。另一方面，從中國歷史看，幾千年來戰亂動蕩的時候多，安寧穩定的時候少，人民深受顛沛流離之苦。能否實現國家長治久安，成為人民衡量制度好壞、政權優劣的重要標準。我們保持了社會長期和諧穩定，成為國際社會公認的最有安全感的國家之一，人民得以安居樂業，黨領導人民創造了社會長期穩定奇蹟。

這“兩大奇蹟”，是極其不容易的偉大成就。實現“兩大奇蹟”的根本保障，就是中國共產黨領導的優勢，就是調動各方面積極性、集中力量辦大事的優勢，就是堅持以人民為中心的發展思想，不斷保障和改善民生、增進人民福祉，走共同富裕道路的顯著優勢。堅持中國共產黨集中統一領導，我們能夠保持“一張藍圖繪到底”的一貫性，始終向著建設社會主義現代化強國、實現中華民族偉大復興目標前進。這種一貫性與西方國家治理中過多考慮局部利益、缺乏協調配合、政策缺乏長期性、連貫性等形成了鮮明對比。可以說，在人類文明發展史上，除了中國特色社會主義制度和國家治理體系外，沒有任何一種國家制度和國家治理體系能夠在這樣短的歷史時期內創造出這樣的奇蹟。

中國道路成功的背後是中國特色社會主義制度的成功。“中國之治”的制度密碼，就在於始終堅持黨的集中統一領導，始終堅持在理論和實踐相結合中，與時俱進地不斷發展馬克思主義，始終堅持用中國化的馬克思主義、發展著的馬克思主義指導國家治理。“中國之治”的制度密碼，就在於中國特色社會主義制度具有強大的生命力和巨大的優越性。它是屬於中國自己的好制度、是具有顯著優勢的好制度，是能夠持續推動擁有 14 億多人口大國進步和發展、確保實現第二個百年奮鬥目標、實現中華民族偉大復興中國夢的制度和治理體系。

12.

打鐵還需自身硬

2012 年 11 月，習近平總書記在十八屆中央政治局常委與中外記者見面會上指出：“打鐵還需自身硬。我們的責任，就是同全黨同志一道，堅持黨要管黨、從嚴治黨，切實解決自身存在的突出問題，切實改進工作作風，密切聯繫群眾，使我們黨始終成為中國特色社會主義事業的堅強領導核心。”立下了全面從嚴治黨的軍令狀，表明了黨中央從嚴管黨治黨的決心、信心、恆心。

全面小康關鍵在黨

辦好中國的事情，關鍵在黨；全面建成小康社會，關鍵也在黨。黨堅強有力，中國特色社會主義事業才能興旺發達，國家才能繁榮穩定，人民才能幸福安康。

如果把偉大的祖國比作“中華號”巨輪，我們黨就是總舵手。在全面建成小康社會波瀾壯闊的航程中，要確保這艘巨輪承載千百年來中華民族的希望按照正確方向駛向光明的前程，成功應對各種困難挑戰，就必須發揮好黨的堅強領導核心作用。

打贏脫貧攻堅戰，是全面建成小康社會的重中之重。黨加強對脫貧攻堅的全面領導，不斷強化中央統籌、省負總責、市縣抓落實的工作機制，構建五級書記抓扶貧、全黨動員促攻堅的局面，鮮紅的黨旗始終在脫貧攻堅主戰場上高高飄揚，脫貧攻堅戰取得了全面勝利。貴州省麻江縣壩芒布依族鄉水城村黨支部充分發揮戰鬥堡壘作用，積極引領群眾做強特色產業，托起村民的致富夢。他們推廣"支部引領、黨員示範、群眾致富"的做法，發展壯大村集體經濟。通過合作社流轉土地建成規模化蔬菜種植基地，從十多年前單品黃瓜種植發展到辣椒、茄子、無筋豆、西洋菜等產業化、規模化種植，輻射帶動壩區蔬菜種植 4000 餘畝，切實助農增收。村民高興地說："如今的大豐收都是村黨支部和群眾共同努力、辛勤付出的結果。"在黨支部領導下，水城村在調整產業結構上持續發力，黨員幹部的身影無處不在，他們或與村民群眾面對面、手把手，宣傳當前的惠農強農政策；或提供農技資料，邀請農技專家舉辦培訓班或到場指導，及時了解農戶在種植中遇到的困難，積極為其解決難題。

2021 年 2 月 25 日，習近平總書記在全國脫貧攻堅總結表彰大會上的重要講話中指出："事實充分證明，中國共產黨具有無比堅強的領導力、組織力、執行力，是團結帶領人民攻堅克難、開拓前進最可靠的領導力量。只要我們始終不渝堅持黨的領導，就一定能夠戰勝前進道路上的任何艱難險阻，不斷滿足人民對美好生活的嚮往！"

八項規定糾正"四風"

八項規定，一個改變中國的政治詞彙，開啟了中國共產黨激濁揚清的作風之變。2012 年 12 月，中共中央政治局審議通過關於改進工作作風、密切聯繫群眾的八項規定。短短 600 多字的八項規定對加強作風建設立下規矩，不搞四平八穩，不喊空洞口號，直面現實問題，提出具體要求。習近平總書記指出："我們不舒服一點、不自在一點，老百姓的舒適度就好一點、滿意度就高一點，對我們的感覺就好一點。這也是新形象新氣象。"這是以習近平同志為核心的黨中央深刻洞察黨內存在的問題、抓全面從嚴治黨的第一個切入口。

2013 年 7 月 21 日，習近平總書記來到武漢新港考察，沒有鮮花，沒掛歡迎橫幅。他捲起褲腿，打著雨傘，冒雨考察，身上的襯衣全被淋濕。以習近平同志為核心的黨中央始終帶頭嚴格執行中央八項規定，以行動作無聲的號令、以身教作執行的榜樣，為全黨樹立起光輝典範。廣大黨員幹部在思想上政治上行動上同以習近平同志為核心的黨中央保持高度一致，把貫徹落實中央八項規定精神作為一項重大政治任務來抓。在全黨全國滌蕩起一股淨化之風，黨內正氣上升、社會風氣上揚，廣大幹部群眾在一個又一個細節、一件又一件小事中感受到了切切實實的變化。"小切口帶動大變局"，八項規定成為中國共產黨抓全面從嚴治黨的亮麗名片，成為改變中國黨風政風和社會風氣的動員令。

從整治"舌尖上的腐敗""會所中的歪風""車輪上的鋪張"，到清理公款吃喝、公款旅遊、"小金庫"、"吃空餉"⋯⋯一些曾被認為不可能剎住的歪風邪氣被剎住了，一些司空見慣的作風難題被攻克了，人民群眾對幹部清正、政府清廉、政治清明的殷切期盼逐步變成了現實。

始終加強自身建設

中國共產黨歷來重視黨的建設，無論革命、建設和改革時期，黨的建設始終都是黨的事業取得勝利的一大法寶。中國共產黨之所以能夠發展成為今天這樣一個擁有 9600 多萬名黨員、在 14 億多人口的大國長期執政的馬克思主義政黨，能夠歷經磨難而不衰、愈戰艱險愈堅強，創造了無數的輝煌業績，一個重要原因就在於我們黨始終堅持黨要管黨、全面從嚴治黨，始終注重加強自身建設。

黨的十八大以來，以習近平同志為核心的黨中央推進全面從嚴治黨，把政治建設擺在首位，嚴明黨的政治紀律和政治規矩。習近平總書記指出：講政治，是我們黨補鈣壯骨、強身健體的根本保證，是我們黨培養自我革命勇氣、增強自我淨化能力、提高排毒殺菌政治免疫力的根本途徑。黨的十九大報告明確提出以黨的政治建設為統領，全面推進黨的政治建設、思想建設、組織建設、作風建設、紀律建設，把制度建設貫穿其中，深入推進反腐敗鬥爭，不斷提高黨的建設質量。這是一個重大理論創新，體現了以習近平同志為核心的黨中央堅持管黨治黨的堅強決心和責任擔當，把黨對政治建設的認識提升到新的高度。離開政治建設這個根本，思想建設等其他方面的建設就會失去依託，甚至迷失方向，難以取得預期成效。

堅持用習近平新時代中國特色社會主義思想武裝全黨，把思想建設作為基礎性建設，築牢黨員幹部的理想信念根基，補足精神之“鈣”，解決好世界觀、人生觀、價值觀這個“總開關”問題，黨的思想建設取得巨大進展和成效。2014 年的夏天，習近平總書記為聯繫蘭考開展黨的群眾路線教育實踐活動又來到蘭考。這裏是“縣委書記的榜樣”焦裕祿工作過的地方，是焦裕祿精神的發源地。在他到達的前一天，蘭考縣委領導班子的民主生活會一直持續到深夜。在“真刀真槍”“刺刀見紅”的批評與自我批評中，蘭考縣長周辰良沒有忍住自己的眼淚。他稱這次民主生活會“觸及靈魂”。觸及靈魂，是黨加強思想建設的必然要求，也是黨對廣大黨員最大的關心和愛護。習近平總書記強調：不能把理想信念只當口號喊。理想信念動搖是最危險的動搖，理想信念滑坡是最危險的滑坡。沒有理想信念，或理想信念不堅定，精神上就會“缺鈣”，就會得“軟骨病”，就可能導致政治上變質、經濟上貪婪、道德上墮落、生活上腐壞。

以強烈的歷史責任擔當推進正風肅紀，反腐敗鬥爭奪取壓倒性勝利。堅定不移懲治腐敗，是我們黨有力量的表現。反腐敗鬥爭不僅關係黨的前途命運，而且關係國家和民族的前途命運。黨的十八大以來，以習近平同志為核心的黨中央堅持反腐敗無禁區、全覆蓋、零容忍，堅定不移“打虎”“拍蠅”“獵狐”，反腐敗鬥爭取得壓倒性勝利。黨的十八大閉幕20天後，中央紀委宣布四川省委原副書記李春城涉嫌嚴重違紀，接受組織調查，拉開了“打虎拍蠅”的序幕。2013年1月，十八屆中央紀委二次全會在北京召開。在這次會議上，習近平總書記要求紀檢工作要堅持標本兼治、綜合治理、懲防並舉、注重預防方針，更加科學有效地防治腐敗，堅定不移把黨風廉政建設和反腐敗鬥爭引向深入。堅守以人民為中心的根本政治立場，深化拓展群眾身邊腐敗和作風問題整治。自上而下全面整治群眾反映突出問題，各地區各部門把解決群眾反映強烈的難點痛點、最急最憂最盼問題作為重中之重，分級分類集中整治。深化扶貧領域專項治理。以“三區三州”等深度貧困地區為重點，緊盯扶貧項目資金管理風險隱患，堅決查處貪污侵佔、虛報冒領、截留挪用、優親厚友等問題。深挖徹查涉黑涉惡腐敗和“保護傘”。把掃黑除惡同基層“拍蠅”結合起來，加強與政法機關協同配合，制定破解“保護傘”查辦難題相關政策，對移交問題線索全面摸排、重點督辦，對重大複雜案件同步立案、同步調查。堅決查處民生領域侵害群眾利益問題，不斷增強群眾獲得感、幸福感、安全感。

黨的十八大以來，以習近平同志為核心的黨中央，從關係黨和國家生死存亡的高度，以猛藥去疴、壯士斷腕的堅強意志，以踏石留印、抓鐵有痕的韌勁，始終堅持黨要管黨，堅定不移推進全面從嚴治黨，堅持思想建黨和制度治黨緊密結合，集中整飭黨風，嚴厲懲治腐敗，淨化黨內政治生態，開闢了管黨治黨新境界，取得了全面從嚴治黨新成就，為開創黨和國家事業新局面提供了重要保證。

13.

第一個百年奮鬥目標實現

2021 年 7 月 1 日，習近平總書記在慶祝中國共產黨成立 100 週年大會上莊嚴宣告：經過全黨全國各族人民持續奮鬥，我們實現了第一個百年奮鬥目標，在中華大地上全面建成了小康社會，歷史性地解決了絕對貧困問題，正在意氣風發向著全面建成社會主義現代化強國的第二個百年奮鬥目標邁進。這是中華民族的偉大光榮！這是中國人民的偉大光榮！這是中國共產黨的偉大光榮！

決勝全面小康的戰略部署，極大地凝聚起了中華民族的力量。中華民族從來沒有像今天這樣目標一致、萬眾一心，人民群眾從來沒有像今天這樣展現出空前的創造歷史的奮發精神。在以習近平同志為核心的黨中央堅強領導下，中華民族千百年來的憧憬變為現實，全面建成小康社會的宏偉目標已經如期實現，中華民族偉大復興的中國夢邁出了關鍵一步！

新時代開端的宏偉目標

黨的十八大根據國內外形勢新變化，順應我國經濟社會新發展和廣大人民新期待，對全面建設小康社會目標進行了充實和完善，提出了到 2020 年全面建成小康社會的奮鬥目標。

“全面建成小康社會”和“全面建設小康社會”雖然只是一字之差，含

慶祝中國共產黨成立 100 週年大會在北京天安門廣場隆重舉行（新華社記者李尕　攝）

義卻發生了質變。全面建成小康社會已進入決定性階段，適時提出全面建成小康社會的奮鬥目標，既與黨的十六大、十七大作出的戰略部署相銜接，又根據新的情況和條件作進一步深化、充實和明確，增強了目標的針對性，體現了經濟社會發展大勢。

進入新時代，到了需要一鼓作氣向全面建成小康社會目標衝刺的關鍵時刻。2012 年，黨的十八大根據我國經濟社會發展實際，對全面建設小康社會目標再次進行了充實和完善，在經濟、政治、文化、社會、生態等方面提出了新的要求。主要是：經濟持續健康發展，在發展平衡性、協調性、可持續性明顯增強的基礎上，實現國內生產總值和城鄉居民人均收入比 2010 年翻一番；人民民主不斷擴大；文化軟實力顯著增強；人民生活水平全面提高；資源節約型、環境友好型社會建設取得重大進展。會議強調，全面建成小康社會，必須以更大的政治勇氣和智慧，不失時機深化重要領域改革，堅決破除一切妨礙科學發展的思想觀念和體制機制弊端，構建系統完備、科學規範、運行有效的制度體系，使各方面制度更加成熟更加定型。2017 年，黨的十九大科學把握黨和國家事業所處的歷史方位和發展階段，全面分析全面建成小康社會的基礎條件、內外因素，作出決勝全面建成小康社會、開啟全面建設社會主義現代化國家新征程戰略部署，吹響了奪取全面建成小康社會偉大勝利的號角。

習近平總書記把全面建成小康社會放在治國理政突出位置，提出一系列重要思想重要理念，作出一系列重大決策重大部署，強調，全面建成小康社會，是黨向人民、向歷史作出的莊嚴承諾，是實現中華民族偉大復興中國夢的關鍵一步；在“四個全面”戰略布局中，全面建成小康社會是戰略目標、居於引領地位，全面深化改革、全面依法治國、全面從嚴治黨是三大戰略舉措；全面小康，覆蓋的領域要全面、是“五位一體”全面進步，覆蓋的人口要全面、是惠及全體人民的小康，覆蓋的區域要全面、是城鄉區域共同的小康；小康不小康，關鍵看老鄉，全面建成小康社會最艱巨最繁重的任務在農村特別是在貧困地區；必須盡快把影響如期實現全面建成小康社會目標的短板補齊；全面建成小康社會要靠實幹，基本實現現代化要靠實幹，實現中華民族偉大復興要靠實幹；等等。習近平總書記親自謀劃、親自指揮、親自推動全面小康社會建設，團結帶領全黨和全國人民，戰貧困、促改革、抗疫情、治污染、化風險，著力提升人民群眾獲得感、幸福感、安全感，解決了許多長期想解決而沒有解決的難題，辦成了許多過去想辦而沒有辦成的大事，黨和國家事業取得歷史性成就、發生歷史性變革。以習近平同志為核心的黨中央，團結帶領全黨和全國人民，錨定這個宏偉目標，統籌推進“五位一體”總體布局，協調推進“四個全面”戰略布局，攻堅克難，奮發有為，向著全面建成小康社會進軍。

2017 年 10 月 1 日在北京東單路口拍攝的“五位一體”花壇（新華社記者李賀　攝）

抗擊新冠肺炎疫情

新冠肺炎疫情是新中國成立以來發生的傳播速度最快、感染範圍最廣、防控難度最大的重大突發公共衛生事件。

2019 年底，新型冠狀病毒肺炎突襲武漢。疫情的發展勢頭超出了估計，隨著病例的迅猛增加，一時間，醫院告急，醫務人員告急，抗疫物資告急！一方有難，八方支援。人民子弟兵來了，外地醫療隊來了；防疫物資來了，蔬菜也來了⋯⋯全國的人力物力資源，像一架馬力全開的機器，短時間內迅速向武漢集中！

以習近平同志為核心的黨中央堅持把人民生命安全和身體健康放在第一

位，第一時間實施集中統一領導，中央政治局常委會、中央政治局先後召開 21 次會議研究決策，堅決打贏疫情防控阻擊戰。為打贏武漢保衛戰、湖北保衛戰，中央組織實施空前規模的生命大救援，用十多天時間先後建成火神山醫院和雷神山醫院，大規模改建 16 座方艙醫院，迅速開闢 600 多個集中隔離點，19 個省區市對口幫扶除武漢以外的 16 個市州，346 支國家醫療隊、4 萬多名醫護人員趕赴支援。

2020 年 3 月 10 日，在抗疫關鍵時刻，習近平總書記赴武漢考察疫情防控工作。在火神山醫院指揮中心，他視頻連線醫務人員代表時說："你們都穿著防護服、戴著口罩，我看不到你們完整的面容，但你們是我心目中最可愛的人！"他視頻連線感染科病房，與病房內患者和醫務人員親切交流。在東湖新城社區，他同社區工作者、基層民警、醫生、志願者等親切交流，詳細詢問社區群眾生活物資採購和供應情況，強調要千方百計保障好群眾基本生活。社區居家隔離的居民群眾看到習近平總書記來了，紛紛從陽台和窗戶探出頭來，揮手向總書記問好，有的搖著國旗高呼："中國加油！武漢加油！"習近平總書記不時駐足，微笑著向大家揮手致意。

萬眾一心一起抗，一起扛！黨團結帶領全國各族人民，進行了一場驚心動魄的抗疫大戰，經受了一場艱苦卓絕的歷史大考，付出巨大努力，取得抗擊新冠肺炎疫情鬥爭重大戰略成果，創造了人類同疾病鬥爭史上又一個英勇壯舉。

完成對人民的莊嚴承諾

"十三五"時期是全面建成小康社會的決勝階段。2015 年 10 月，黨中央召開十八屆五中全會，制定"十三五"規劃綱要。《綱要》明確了指導思想，成為全面建成小康社會決勝階段的行動指南。以習近平同志為核心的黨中央團結帶領全黨全國各族人民砥礪前行、開拓創新，奮發有為推進黨和國家各項事業，我國的經濟實力、科技實力、綜合國力躍上新的大台階。

經濟實力大幅躍升。2020 年在新中國歷史上極不平凡，面對突如其來的新冠肺炎疫情、世界經濟深度衰退等多重嚴重衝擊，在以習近平同志為核心的黨中央堅強領導下，全國各族人民頑強拚搏，疫情防控取得重大戰略成果，在全球主要經濟體中唯一實現經濟正增長，交出一份人民滿意、世界矚目、可以載入史冊的答卷。2016 年至 2019 年，國內生產總值年均實際增長 6.7%，在世界主要經濟體中名列前茅。2019 年，人均國內生產總值按年平均匯率折算達到 10276 美元，穩居上中等收入國家行列。製造業增加值連續十年居世界首位，220 多種工業產品產量居世界第一。2016 年至 2019 年，我國對世界經濟增長的年均貢獻率近 30%，繼續擔當世界經濟增長的火車頭。2021 年經濟保持恢復發展，國內生產總值達到 114 萬億元，增長 8.1%。創新能力進一步增強，經濟結構和布局繼續優化，改革開放不斷深化。

科技實力跨越式發展。科技支撐起小康夢。新中國成立初期，我國連火柴、鐵釘都要依靠進口。而今，我國在載人航天、探月工程、超級計算、量

2020 年拍攝的港珠澳大橋（無人機全景照片）（新華社記者陳曄華　攝）

子通信、大飛機製造、航空母艦、北斗衛星導航系統等基礎和前沿領域取得一大批標誌性成果，中國躋身創新型國家行列，正在從科技大國邁向科技強國。科技廣泛應用於生產領域，創新驅動發展成效顯著，科技進步貢獻率超過 60%。科技顯著提升治理水平，數字政府、數字社會、數字鄉村、智慧城市、“互聯網＋政務服務”等加快普及，網格化網絡化智能化治理漸成常態。科技深刻改變人們的生活，網絡點餐購物、移動掃碼支付、網約車出行、共享單車出行、線上辦公、在線教育、遠程醫療、智能家居等，給人們帶來的不僅是更多的便利，還有更充分的自由、更全面的發展。

生態環境發生歷史性變化。污染防治成效明顯。地表水水質優良率達到 83.4%，居民集中式生活飲用水水源達標率為 94.5%，地級及以上城市建成區黑臭水體已基本消除；受污染耕地安全利用率達到 90% 左右、污染地塊安全利用率達到 93% 以上，如期實現固體廢物進口清零目標。人們呼吸的空氣更清新了、喝的水更乾淨了、吃的食物更放心了、生活的環境更優美了，切實感受到環境變化帶來的幸福和美好，對藍天白雲、清水綠岸的滿意度和獲得感進一步提升。2020 年，中國民眾對生態環境質量的滿意度達 89.5%。

現代基礎設施日益完善。“五縱五橫”綜合運輸大通道基本貫通，高速鐵路、高速公路、城市軌道交通運營總里程和港口深水泊位數量均居世界第一，民航運輸總周轉量連續多年位居世界第二，中國加快向交通強國邁進。四通八達的交通網絡深刻影響了城市格局、人口布局和經濟版圖，深刻改變了人們的生活圈、工作圈。能源供給保障能力和能源開發技術水平持續提升，能源開發效率明顯提高，基本形成煤、油、氣、核和可再生能源多輪驅動高質量發展的能源生產體系。水利基礎設施不斷完善，中國以佔世界 6% 的淡水資源支持和保障了佔世界近 20% 的人口和 17% 的經濟總量。

互聯網基礎設施建設加速推進，網絡覆蓋越來越廣、資費越來越低、網速越來越快，隨時隨地可以一鍵互聯、一“網”打盡，信息高速路暢通了人民幸福路。

區域協調發展呈現新格局。中國幅員遼闊、人口眾多，各地區自然資源稟賦差別大、發展不平衡。經過長期努力，統籌區域發展取得重大進展，東部地區率先發展，西部大開發、東北振興、促進中部地區崛起等區域發展戰略相繼實施，京津冀協同發展、長江經濟帶發展、粵港澳大灣區建設、長三角區域一體化發展、黃河流域生態保護和高質量發展等區域發展重大戰略高質量推進，主體功能區戰略和制度逐步完善，形成了國土空間布局更加優化，東西南北中縱橫聯動，主體功能明顯、優勢互補的區域協調發展新格局。

脫貧攻堅成果舉世矚目。經過全黨全國各族人民共同努力，我國脫貧攻堅戰取得了全面勝利，現行標準下 9899 萬農村貧困人口全部脫貧，832 個貧困縣全部摘帽，12.8 萬個貧困村全部出列，區域性整體貧困得到解決，完成了消除絕對貧困的艱巨任務，創造了又一個彪炳史冊的人間奇蹟。脫貧地區經濟社會發展大踏步趕上來，整體面貌發生歷史性巨變。

人民生活水平顯著提高。居民收入持續增加，全國居民人均年可支配收入從 1978 年的 171 元增加到 2021 年的 35128 元。城鄉居民恩格爾系數分別從 1978 年的 57.5%、67.7% 下降到 2021 年的 28.6%、32.7%，城鄉居民生活質量不斷提升。溫飽問題解決後，人們對生活品質、品位有了更高的追求，衣食住行不斷升級，消費結構從生存型逐漸向發展型、享受型過渡。衣，從穿暖到穿美、穿出時尚；食，從吃飽到吃好、吃出健康；住，從有所居到更敞亮、更宜居；行，從便利通暢到快捷舒適。吃穿用有餘，家電全面普及，乘用汽車快速進入尋常百姓家。餐飲、健康、教育、旅遊、文娛等服務性消費持續快速增長，在居民人均消費支出中佔比逐漸達到一半左右。越來越多的人有“錢”有“閒”，“詩和遠方”更加觸手可及，“說走就走”不再是夢想，旅遊扮靚人們的幸福生活，中國正在進入大眾旅遊時代。

社會保障惠及全民。中國基本建成包括社會保險、社會救助、社會福利、社會優撫在內的世界上規模最大的社會保障體系，正向全覆蓋、保基本、多層次、可持續的目標邁進。截至2021年6月底，全國基本養老、失業、工傷保險參保人數分別達到10.14億人、2.22億人、2.74億人，基本醫療保險覆蓋超過13億人。生育保險依法覆蓋所有用工單位及職工。住房保障力度不斷加大，累計建設各類保障性住房和棚改安置房8000多萬套，幫助兩億多困難群眾改善住房條件，低保、低收入住房困難家庭基本實現應保盡保，中等偏下收入家庭住房條件有效改善。積極應對人口老齡化上升為國家戰略，居家社區機構相協調、醫養康養相結合的養老服務體系加快建立，多數城市社區初步形成助餐、助醫、助潔等為主體的“一刻鐘”居家養老服務圈，越來越多的農村社區建起村級幸福院、日間照料中心等養老服務設施，城鄉普惠型養老服務、互助型養老進一步發展，廣大老年人不離家、不離村就能享受到專業養老服務，老有所養、老有所依、老有所樂、老有所安的目標不斷實現。殘疾人權益保障更加有力，8500萬殘疾人同步邁入小康。兒童福利和未成年人保護體系不斷完善，有力保障了兒童健康和全面發展。越織越密的社會保障安全網，充分發揮可持續的托底作用，人們工作更安心、生活更舒心、對未來更有信心。

全面建成小康社會，是中國共產黨確定的“兩個一百年”奮鬥目標的第一個百年奮鬥目標。我們黨創造性地使用“小康”概念，立足我國發展情況提出小康目標和全面建設小康社會戰略目標，並根據不同歷史時期不斷變化的實際對目標體系進行調整和完善，得到了最廣大人民的理解和支持，調動了全國人民的無限熱情和積極性。我們黨扭住這個奮鬥目標，一茬接著一茬幹，一棒接著一棒跑。

黨的十八大以來，以習近平同志為核心的黨中央團結帶領全國各族人民，咬定全面建成小康社會戰略目標不放鬆，堅忍不拔、鍥而不捨，萬眾一心加油幹，越是艱險越向前，奪取全面建成小康社會決勝階段的偉大勝利，實現了第一個百年奮鬥目標，兌現了我們黨對歷史、對人民的莊嚴承諾。

中國的全面小康，是中國人民依靠自己的辛勞和智慧，拚搏奮鬥出來的。中國共產黨團結帶領人民，白手起家、自力更生、艱苦奮鬥，幹出了一片新天地，實現了千百年來夢寐以求的小康。中國全面建成小康社會，為人類走向現代化探索了新路徑。當今世界，仍面臨著嚴重的發展困境。中國共產黨立足中國國情，把握經濟社會發展規律，在中國大地上探尋適合自己的道路和方法，全面建成小康社會，走出了一條中國式現代化新道路，創造了人類文明新形態。

中國共產黨的領導是中國全面建成小康社會的根本保證。黨充分發揮總攬全局、協調各方的作用，充分發揮中國特色社會主義制度優勢，把億萬人民團結和凝聚起來，匯聚起小康社會建設的磅礴力量。一代又一代中國共產黨人，弘揚偉大建黨精神，頑強拚搏、不懈奮鬥，為實現全面小康付出巨大犧牲。沒有中國共產黨的領導，就沒有全面建成小康。中國共產黨是中國人民過上好日子的領路人，黨和人民同心同德、苦幹實幹，中國人民的日子越過越好！

14.

擘劃未來：邁向社會主義現代化強國

全面建成小康社會，實現了中國現代化建設的階段性目標，中華民族偉大復興向前邁出了新的一大步。站在新的歷史起點上，中國共產黨團結帶領中國人民，意氣風發地踏上了全面建設社會主義現代化國家、實現中華民族偉大復興的新征程。

最偉大的夢想

建設富強民主文明和諧美麗的社會主義現代化強國，實現中華民族偉大復興，是鴉片戰爭以來中國人民最偉大的夢想。今天，我們的一切奮鬥歸根到底都是為了實現這一偉大目標。中國人民前進的腳步不可阻擋，中華民族偉大復興的趨勢不可改變。新時代是中華民族實現偉大復興的關鍵時期。我們比歷史上任何時期都更接近中華民族偉大復興的目標，比歷史上任何時期都更有信心、有能力實現這個目標。

中國全面建成了小康社會，但發展不平衡不充分問題仍然突出。重點領域關鍵環節改革任務仍然艱巨，創新能力不適應高質量發展要求，農業基礎還不穩固，城鄉區域發展和收入分配差距較大，生態環保任重道遠，民生保障存在短板，社會治理還有弱項。中國共產黨將團結帶領人民繼續奮鬥，付出更加艱巨、更加艱苦的努力，不斷把為人民造福事業推向前進。

當今世界正經歷百年未有之大變局，新一輪科技革命和產業變革深入發展，國際力量對比深刻調整，和平與發展仍是時代主題。百年變局與世紀疫情交織疊加，經濟全球化遭遇逆流，全球深層次矛盾突出，不穩定性不確定性增加，維護世界和平、促進共同發展面臨更多挑戰。

經過長期奮鬥，中國發展取得巨大成就，積累了堅實基礎，完全有能力、有信心、有底氣實現第二個百年奮鬥目標，創造讓世界刮目相看的新的更大奇蹟。面向未來，中國將把握新發展階段、貫徹新發展理念、構建新發展格局，深入推進中國式現代化，在實現高質量發展中推動人的全面發展、全體人民共同富裕不斷取得實質性進展。

戰略安排

黨的十九大作了新時代中國特色社會主義發展的戰略安排。從 2020 年到本世紀中葉，分兩個階段來安排。第一個階段，從 2020 年到 2035 年，在全面建成小康社會的基礎上，再奮鬥 15 年，基本實現社會主義現代化。到那時，我國經濟實力、科技實力將大幅躍升，躋身創新型國家前列；人民平等參與、平等發展權利得到充分保障，法治國家、法治政府、法治社會基本建成，各方面制度更加完善，國家治理體系和治理能力現代化基本實現；社會文明程度達到新的高度，國家文化軟實力顯著增強，中華文化影響更加廣泛深入；人民生活更為寬裕，中等收入群體比例明顯提高，城鄉區域發展差距和居民生活水平差距顯著縮小，基本公共服務均等化基本實現，全體人民共同富裕邁出堅實步伐；現代社會治理格局基本形成，社會充滿活力又和諧有序；生態環境根本好轉，美麗中國目標基本實現。第二個階段，從 2035 年到本世紀中葉，在基本實現現代化的基礎上，再奮鬥 15 年，把我國建成富強民主文明和諧美麗的社會主義現代化強國。到那時，我國物質文明、政治文明、精神文明、社會文明、生態文明將全面提升，實現國家治理體系和治理能力現代化，成為綜合國力和國際影響力領先的國家，全體人民共同富裕基本實現，我國人民將享有更加幸福安康的生活，中華民族將以更加昂揚的姿態屹立於世界民族之林。

2020 年 10 月 29 日，黨的十九屆五中全會通過了《中共中央關於制定國民經濟和社會發展第十四個五年規劃和二〇三五年遠景目標的建議》。

“十四五”時期是我國在全面建成小康社會、實現第一個百年奮鬥目標之後，乘勢而上開啟全面建設社會主義現代化國家新征程、向第二個百年奮鬥目標進軍的第一個五年。全會提出了“十四五”時期經濟社會發展主要目標，這就是：經濟發展取得新成效，在質量效益明顯提升的基礎上實現經濟持續健康發展，增長潛力充分發揮，國內市場更加強大，經濟結構更加優化，創新能力顯著提升，產業基礎高級化、產業鏈現代化水平明顯提高，農業基礎更加穩固，城鄉區域發展協調性明顯增強，現代化經濟體系建設取得重大進展；改革開放邁出新步伐，社會主義市場經濟體制更加完善，高標準市場體系基本建成，市場主體更加充滿活力，產權制度改革和要素市場化配置改革取得重大進展，公平競爭制度更加健全，更高水平開放型經濟新體制基本形成；社會文明程度得到新提高，社會主義核心價值觀深入人心，人民思想道德素質、科學文化素質和身心健康素質明顯提高，公共文化服務體系和文化產業體系更加健全，人民精神文化生活日益豐富，中華文化影響力進一步提升，中華民族凝聚力進一步增強；生態文明建設實現新進步，國土空間開發保護格局得到優化，生產生活方式綠色轉型成效顯著，能源資源配置更加合理、利用效率大幅提高，主要污染物排放總量持續減少，生態環境持續改善，生態安全屏障更加牢固，城鄉人居環境明顯改善；民生福祉達到新水平，實現更加充分更高質量就業，居民收入增長和經濟增長基本同步，分配結構明顯改善，基本公共服務均等化水平明顯提高，全民受教育程度不斷提升，多層次社會保障體系更加健全，衛生健康體系更加完善，脫貧攻堅成果鞏固拓展，鄉村振興戰略全面推進；國家治理效能得到新提升，社會主義民主法治更加健全，社會公平正義進一步彰顯，國家行政體系更加完善，政府作用更好發揮，行政效率和公信力顯著提升，社會治理特別是基層治理水平明顯提高，防範化解重大風險體制機制不斷健全，突發公共事件應急能力顯著增強，自然災害防禦水平明顯提升，發展安全保障更加有力，國防和軍隊現代化邁出重大步伐。

全會提出了到 2035 年基本實現社會主義現代化遠景目標，這就是：我國經濟實力、科技實力、綜合國力將大幅躍升，經濟總量和城鄉居民人均收入將再邁上新的大台階，關鍵核心技術實現重大突破，進入創新型國家前列；基本實現新型工業化、信息化、城鎮化、農業現代化，建成現代化經濟體系；基本實現國家治理體系和治理能力現代化，人民平等參與、平等發展權利得到充分保障，基本建成法治國家、法治政府、法治社會；建成文化強國、教育強國、人才強國、體育強國、健康中國，國民素質和社會文明程度達到新高度，國家文化軟實力顯著增強；廣泛形成綠色生產生活方式，碳排放達峰後穩中有降，生態環境根本好轉，美麗中國建設目標基本實現；形成對外開放新格局，參與國際經濟合作和競爭新優勢明顯增強；人均國內生產總值達到中等發達國家水平，中等收入群體顯著擴大，基本公共服務實現均等化，城鄉區域發展差距和居民生活水平差距顯著縮小；平安中國建設達到更高水平，基本實現國防和軍隊現代化；人民生活更加美好，人的全面發展、全體人民共同富裕取得更為明顯的實質性進展。

黨的第三個歷史決議，展望了新時代的中國共產黨。明確提出，全黨要牢記中國共產黨是什麼、要幹什麼這個根本問題，把握歷史發展大勢，堅定理想信念，牢記初心使命，始終謙虛謹慎、不驕不躁、艱苦奮鬥，從偉大勝利中激發奮進力量，從彎路曲折中吸取歷史教訓，不為任何風險所懼，不為任何干擾所惑，決不在根本性問題上出現顛覆性錯誤，以咬定青山不放鬆的執著奮力實現既定目標，以行百里者半九十的清醒不懈推進中華民族偉大復興。

“十四五”規劃、黨的第三個歷史決議和 2035 年遠景目標，為全黨全國各族人民指出了光明的前景和奮鬥方向。在以習近平同志為核心的黨中央堅強領導下，我們一定能奪取建設社會主義現代化國家新勝利。到 21 世紀中葉，中國將建成富強民主文明和諧美麗的社會主義現代化強國。到那時，中國物質文明、政治文明、精神文明、社會文明、生態文明將全面提升，實現國家治理體系和治理能力現代化，成為綜合國力和國際影響力領先的國家，全體人民共同富裕基本實現，中國人民將享有更加幸福安康的生活，中華民族將以更加昂揚的姿態屹立於世界民族之林。

結束語

全面建成小康社會，是“兩個一百年”奮鬥目標的第一個百年奮鬥目標，是實現中華民族偉大復興中國夢的關鍵一步，是中國共產黨對人民和歷史作出的莊嚴承諾。如期實現全面建成小康社會，具有極為重大的意義。

全面建成小康社會，是中華民族的偉大光榮！全面建成小康社會，實現了千百年來中華民族的熱烈期盼。從百年前飽受欺凌屈辱到實現全面小康，中華民族無比自豪地站立在世界民族之林。全面建成小康社會，全面見證了中國奇蹟，中國人民在解決溫飽的基礎上，過上殷實寬裕的生活。全面小康，是沒有人掉隊的小康，是惠及全體人民的小康，這是中國歷史上亙古未有的偉大跨越，彰顯了中華民族對美好生活的嚮往追求和歷經磨難始終不屈不撓、敢於鬥爭、敢於勝利的精神品格，極大增強了民族自信心自豪感，極大增強了中華民族實現偉大復興的能力和力量。全面建成小康社會是中華民族偉大復興承上啟下的關鍵階段，具有里程碑意義，將為實現中華民族偉大復興創造新的歷史起點，為實現第二個百年目標奠定堅實基礎。中華民族從來沒有像今天這樣目標一致、萬眾一心，中國人民從來沒有像今天這樣展現出空前的奮發精神。

全面建成小康社會，是中國人民的偉大光榮。從百年前受奴役受壓迫到物質上富起來、精神上強起來，中國人民無比自豪地行進在中國特色社會主義道路上。幸福美好的小康生活，凝聚著中國人民的聰明才智，浸透著中國人民的辛勤汗水，淬煉了中國人民自強不息的奮鬥精神，彰顯了中國人民為實現夢想頑強拚搏、“敢教日月換新天”的意志品質。中國人民是勤勞勇敢的人民，是偉大、光榮、英雄的人民。

全面建成小康社會，是中國共產黨的偉大光榮。從百年前只有 50 多名黨員到擁有 9600 多萬名黨員、領導著 14 億多人口大國、具有重大全球影響力的世界第一大執政黨，中國共產黨無比自豪地走在時代前列。2016 年 7 月 1 日，習近平總書記在慶祝中國共產黨成立 95 週年大會上的講話中指出：“全面建成小康社會，是我們黨向人民、向歷史作出的莊嚴承諾，是 13 億多中國人民的共同期盼。”他強調這一莊嚴承諾“必須實現，而且必須全面實現，沒有任何討價還價的餘地”。如期實現全面建成小康社會，我們黨兌現了對人民和歷史的莊嚴承諾，彰顯了黨為中國人民謀幸福、為中華民族謀復興的初心使命，彰顯了中國共產黨是中國人民攻堅克難、開拓前進的領導者和主心骨。這對加強和鞏固我們黨的領導地位和執政地位，確保中國這艘巨輪行穩致遠具有極為重要的歷史意義。黨用實際行動，贏得了人民的信賴和擁護。

全面建成小康社會在世界社會主義發展史和人類社會發展史上具有重大意義。世界社會主義在 500 多年的發展進程中，有高潮也有低谷。20 世紀 80 年代末 90 年代初的東歐劇變、蘇聯解體，使社會主義陷入低谷。在這種情況下，中國特色社會主義成為世界社會主義事業的主要代表。如期全面建成小康社會是中國特色社會主義理論和實踐探索取得重大勝利的重要標誌，展現了中國特色社會主義事業的美好前景，充分展現了社會主義制度的巨大優越性和強大生命力，將極大鼓舞世界上贊同和嚮往社會主義的人們進一步堅定社會主義和共產主義信念。在全面建成小康社會的歷史進程中，中國開展了大規模的系統性扶貧減貧行動，書寫了人類歷史上最為波瀾壯闊的減貧篇章，為人類減貧事業貢獻了中國智慧和中國方案，也為世界其他發展中國家提供了有益借鑑。全面建成小康社會，是中國對世界的偉大貢獻。不斷富裕起來的中國人民，不斷發展進步的中國，為維護世界和平、促進共同發展注入了正能量，彰顯了構建人類命運共同體、建設美好世界的中國力量。

全面建成小康社會後，中國共產黨將繼續帶領全國各族人民為實現第二個百年奮鬥目標而努力，開啟全面建設社會主義現代化國家的新征程。前路不會平坦，前景光明遼闊。在生機勃勃的新時代，偉大鬥爭在考驗著我們，偉大工程在鍛造著我們，偉大事業在引領著我們，偉大夢想在感召著我們，讓我們更加緊密地團結在以習近平同志為核心的黨中央周圍，全面貫徹習近平新時代中國特色社會主義思想，真抓實幹、埋頭苦幹，中華民族偉大復興的中國夢一定會實現！

附表

經濟社會發展統計圖表：建檔立卡戶“兩不愁三保障”和飲水安全有保障實現情況

—— 國家脫貧攻堅普查主要結果之一

單位：%

指標	國家貧困縣	非國家貧困縣
不愁吃（平時能吃得飽且能適當吃好）	全面實現	全面實現
其中：隨時能吃肉蛋奶或豆製品的戶數比重	98.94	99.03
不愁穿（一年四季都有應季的換洗衣物和禦寒被褥）	全面實現	全面實現
義務教育有保障	全面實現	全面實現
義務教育階段適齡少年兒童中在校的人數比重	98.83	99.06
義務教育階段適齡少年兒童中送教上門的人數比重	0.26	0.57
義務教育階段適齡少年兒童中因身體原因不具備學習條件、休學、延緩入學、已初中畢業等不在校的人數比重	0.91	0.37
基本醫療有保障	全面實現	全面實現
建檔立卡人口中參加城鄉居民基本醫療保險的人數比重	99.85	99.74
建檔立卡人口中參加職工基本醫療保險的人數比重	0.14	0.24
建檔立卡人口中新生兒等正在辦理參保手續、處於參軍等特殊保障狀態或暫時不需要的人數比重	0.01	0.01
住房安全有保障	全面實現	全面實現
現住房鑑定或評定安全，或有其他安全住房居住的戶數比重	43.74	58.26
享受危房改造政策的戶數比重	42.25	34.70
享受易地扶貧搬遷政策的戶數比重	14.01	7.04
飲水安全有保障	全面實現	全面實現
供水入戶的戶數比重	93.67	84.25
未供水入戶但取水方便的戶數比	6.33	15.75
全年不缺水的戶數比重	99.86	99.95
全年供水有基本保障但有少量天數缺水的戶數比重	0.14	0.05

注：按照黨中央、國務院決策部署，我國於 2020 年至 2021 年年初分兩批在中西部 22 省（區、市）開展了國家脫貧攻堅普查。普查對 832 個國家扶貧開發工作重點縣和集中連片特困地區縣、享受片區政策的新疆維吾爾自治區阿克蘇地區 7 個市縣（統稱國家貧困縣），以及在中西部 22 省（區、市）抽取的 100 個非國家貧困縣，共計 939 個普查縣，19 萬普查行政村和 1563 萬建檔立卡戶逐一實地完成數據採集報送。本表數據均為普查登記時的數據，第一批普查登記時間為 2020 年 7 月至 8 月，第二批普查登記時間為 2020 年 12 月至 2021 年 1 月。由於四捨五入的原因，個別指標的分項之和不等於合計項。

（國家統計局提供）

經濟社會發展統計圖表：國家貧困縣建檔立卡戶享受幫扶政策及基礎設施和基本公共服務情況

—— 國家脫貧攻堅普查主要結果之二

指標	單位	數值
建檔立卡戶享受幫扶政策情況		
享受過產業幫扶政策的戶數	萬戶	1465.8
享受過就業幫扶政策的戶數	萬戶	1390.6
享受過健康幫扶政策的戶數	萬戶	1476.6
享受過教育幫扶政策的戶數	萬戶	807.1
享受過危房改造政策的戶數	萬戶	626.2
享受過易地扶貧搬遷政策的戶數	萬戶	207.7
享受過殘疾人幫扶政策的戶數	萬戶	338.3
享受過生態扶貧政策的戶數	萬戶	1111.3
享受過資產收益扶貧政策的戶數	萬戶	944.5
借過扶貧小額信貸發展產業的戶數	萬戶	521.1
納入最低生活保障範圍的人數	萬人	1109.0
生產生活基礎設施		
通硬化路的行政村比重	%	99.6
通動力電的行政村比重	%	99.3
通信信號覆蓋的行政村比重	%	99.9
通寬帶互聯網的行政村比重	%	99.6
醫療衛生設施及服務		
至少有一所縣級公立醫院（含中醫院）的縣比重 *	%	99.8
符合基本醫療有保障標準無需單獨設立縣級公立醫院的縣比重 *	%	0.2
所在鄉鎮有衛生院的行政村比重	%	99.8
符合基本醫療有保障標準所在鄉鎮可不設置衛生院的行政村比重	%	0.2
有衛生室或聯合設置衛生室的行政村比重	%	96.3
符合基本醫療有保障標準可不設置衛生室的行政村比重	%	3.7
教育文化設施及服務		
有小學（教學點）的行政村比重	%	47.7
有小學的鄉鎮比重 *	%	98.5
有初中的鄉鎮比重 *	%	70.3
有初中的縣比重 *	%	100.0
有寄宿制學校的鄉鎮比重	%	94.1
有公共圖書館的縣比重 *	%	98.1
有綜合文化站的鄉鎮比重 *	%	99.4
有圖書室或文化站的行政村比重	%	98.9

注：國家脱貧攻堅普查對 832 個國家扶貧開發工作重點縣和集中連片特困地區縣、享受片區政策的新疆維吾爾自治區阿克蘇地區 7 個市縣（統稱國家貧困縣）的建檔立卡戶享受幫扶政策及基礎設施和基本公共服務情況進行了調查，涉及 17 萬個行政村、1482 萬建檔立卡戶。本表數據標 * 的為 2019 年末數據，其他均為普查登記時的數據，或為建檔立卡以來至普查登記時的數據。

（國家統計局提供）

經濟社會發展統計圖表：國民經濟與社會發展取得輝煌成就

指標	單位	1978 年 絕對量	2020 年 絕對量	1979－2020 年 平均增速（%）
國內生產總值（GDP）①	億元	3678.7	1015986.2	9.2
第一產業	億元	1018.5	77754.1	4.3
第二產業	億元	1755.1	384255.3	10.2
第三產業	億元	905.1	553976.8	10.2
國民總收入（GNI）①	億元	3678.7	1008782.5	9.2
糧食產量	萬噸	30477	66949	1.9
主要工業產品產量				
原煤	億噸	6.2	39.0	4.5
原油	萬噸	10405	19477	1.5
發電量	億千瓦小時	2566	77791	8.5
粗鋼	萬噸	3178	106477	8.7
汽車	萬輛	14.9	2532.5	13.0
鐵路營業里程	萬公里	5.17	14.63	2.5
公路里程②	萬公里	89.02	519.81	4.3
全社會固定資產投資③	億元	961	527270	19.0
社會消費品零售總額④	億元	1558.6	391980.6	14.1
貨物進出口總額⑤	億元	355.0	321556.9	17.6
全國居民人均可支配收入⑥	元	171.2	32188.8	8.2
全國居民人均消費支出⑥	元	151.0	21209.9	7.5
一般公共預算收入⑦	億元	1132.26	182894.92	12.9
一般公共預算支出⑦	億元	1122.09	245588.03	13.7
外匯儲備	億美元	1.67	32165.22	—
年末參加基本養老保險人數	萬人	5710⑧	99865	—
年末參加基本醫療保險人數	萬人	400⑨	136131	—
醫療衛生機構床位數	萬張	204.2	911.3⑩	3.6
在校學生數				
研究生	萬人	1.09	313.96⑩	14.4
普通本專科	萬人	85.6	3285.3⑩	9.1
普通高中	萬人	1553.1	2494.5⑩	1.1
貧困人口（2010 年標準）	萬人	77039	全部脫貧	—
貧困發生率（2010 年標準）	%	97.5	全部脫貧	—

注：①國內生產總值及國民總收入絕對量按當年價格計算，增速為不變價增速；1980 年後國民總收入與國內生產總值的差額為來自國外的初次分配收入淨額；2020 年數據為初步核算數。② 2005 年起公路里程包括村道。③ 1978 年絕對量為 1981 年數據，1979－2020 年平均增速為 1982－2020 年平均增速。④社會消費品零售總額 1992 年及以前為社會商品零售總額，1997 年起不含居民購買住房。⑤ 1979 年以前為外貿部門數據，1980 年起為海關數據；2020 年數據為 2020 年 12 月海關月報數據。⑥ 1978－2012 年數據根據歷史數據按住戶收支與生活狀況調查可比口徑推算獲得，2013－2020 年數據來源於住戶收支與生活狀況調查；居民收支平均增速為實際增速。⑦ 2019 年及以前各年數據為財政決算數，2020 年數據為預算執行數。⑧為 1989 年數。⑨為 1994 年數。⑩為初步數。2017 年起，研究生在校生包含全日制、非全日制研究生和在職人員攻讀碩士學位學生。2010 年農村貧困標準為每人每年生活水平在 2300 元以下（2010 年不變價）。

（國家統計局提供）

經濟社會發展統計圖表：2021 年國民經濟主要指標

指標	單位	12 月		1—12 月	
		絕對量	同比增長（%）	絕對量	同比增長（%）
一、國內生產總值	億元	—	—	1143670	8.1
二、規模以上工業					
增加值	億元	—	4.3	—	9.6
出口交貨值	億元	14866	15.5	145254	17.7
利潤總額	億元	—	—	87092	34.3
其中：國有控股企業	億元	—	—	22770	56.0
其中：私營企業	億元	—	—	29150	27.6
發電量	億千瓦小時	7234	-2.1	81122	8.1
三、工業用電量	億千瓦小時	—	—	55090	9.1
四、服務業生產指數	%	—	3.0	—	13.1
五、固定資產投資（不含農戶）	億元	—	—	544547	4.9
其中：民間投資	億元	—	—	307659	7.0
其中：房地產開發投資	億元	—	—	147602	4.4
六、社會消費品零售總額	億元	41269	1.7	440823	12.5
其中：實物商品網上零售額	億元	—	—	108042	12.0
七、居民消費價格	%	—	1.5	—	0.9
商品零售價格	%	—	2.2	—	1.6
工業生產者出廠價格	%	—	10.3	—	8.1
八、城鎮調查失業率	%	5.1	—	—	—
其中：31 個大城市城鎮調查失業率	%	5.1	—	—	—
九、全國居民人均可支配收入	元	—	—	35128	8.1
全國居民人均消費支出	元	—	—	24100	12.6
十、全國一般公共預算收入	萬億元	—	—	20.25	10.7
全國一般公共預算支出	萬億元	—	—	24.63	0.3
十一、廣義貨幣餘額（月末）	萬億元	238.3	9.0	—	—
社會融資規模存量（月末）	萬億元	314.1	10.3	—	—
十二、製造業採購經理指數（PMI）*	%	50.3	0.2	—	—
非製造業商務活動指數 *	%	52.7	0.4	—	—

注：國內生產總值、規模以上工業增加值、全國居民人均可支配收入和全國居民人均消費支出增速均為實際增速。31 個大城市是指 4 個直轄市和 27 個省會和首府城市。城鎮調查失業率、31 個大城市城鎮調查失業率、製造業採購經理指數、非製造業商務活動指數均為當月數。帶 * 指標同比增長為比上月增減百分點。

（國家統計局提供）

經濟社會發展統計圖表：
2021 年全國各省（自治區、直轄市）主要經濟指標

單位：%

地區	地區生產總值同比增速	規模以上工業增加值同比增速	固定資產投資（不含農戶）同比增速	社會消費品零售總額同比增速	進出口總額同比增速	居民消費價格同比漲幅	居民人均可支配收入同比增速
北京	8.5	31.0	4.9	8.4	30.6	1.1	8.0
天津	6.6	8.2	4.8	5.2	16.3	1.3	8.2
河北	6.5	4.9	3.0	6.3	21.5	1.0	8.3
山西	9.1	12.7	8.7	14.8	48.3	1.0	8.8
內蒙古	6.3	6.0	9.8	6.3	17.2	0.9	8.3
遼寧	5.8	4.6	2.6	9.2	17.6	1.1	7.2
吉林	6.6	4.6	11.0	10.3	17.3	0.6	7.8
黑龍江	6.1	7.3	6.4	8.8	29.6	0.6	9.1
上海	8.1	11.0	8.0	13.5	16.5	1.2	8.0
江蘇	8.6	12.8	5.8	15.1	17.1	1.6	9.5
浙江	8.5	12.9	10.8	9.7	22.4	1.5	9.8
安徽	8.3	8.9	9.4	17.1	26.9	0.9	10.0
福建	8.0	9.9	6.0	9.4	30.9	0.7	9.3
江西	8.8	11.4	10.8	17.7	23.7	0.9	9.3
山東	8.3	9.6	6.0	15.3	32.4	1.2	8.6
河南	6.3	6.3	4.5	8.3	22.9	0.9	8.1
湖北	12.9	14.8	20.4	19.9	24.8	0.3	10.6
湖南	7.7	8.4	8.0	14.4	22.6	0.5	8.9
廣東	8.0	9.0	6.3	9.9	16.7	0.8	9.7
廣西	7.5	8.6	7.6	9.0	21.8	0.9	8.8
海南	11.2	10.3	10.2	26.5	57.7	0.3	9.1
重慶	8.3	10.7	6.1	18.5	22.8	0.3	9.7
四川	8.2	9.8	5.9	15.9	17.6	0.3	9.6
貴州	8.1	12.9	-3.1	13.7	19.7	0.1	10.1
雲南	7.3	8.8	4.0	9.6	16.8	0.2	10.2
西藏	6.7	12.9	-14.2	8.7	88.3	0.9	14.7
陝西	6.5	7.6	-3.0	6.7	25.9	1.5	8.9
甘肅	6.9	8.9	11.1	11.1	28.4	0.9	8.5
青海	5.7	9.2	-2.9	8.0	36.4	1.3	7.8
寧夏	6.7	8.0	2.2	2.6	73.4	1.4	8.4
新疆	7.0	8.8	15.0	17.0	5.8	1.2	9.4

注：地區生產總值為初步核算數。地區生產總值、規模以上工業增加值增速按可比價計算，為實際增速。進出口總額增速以人民幣計價計算，計算口徑為進出口商品收發貨人所在地。

（國家統計局提供）

經濟社會發展統計圖表：
2021 年世界前十大經濟體主要經濟指標情況

單位：%

國家	指標	季度				全年
		一季度	二季度	三季度	四季度	
美國	GDP 同比增速	0.5	12.2	4.9	5.5	5.7
	失業率	6.0	5.9	4.7	3.9	5.4
	CPI 同比漲幅	2.6	5.4	5.4	7.0	4.7
	進出口總額同比增速	4.2	36.8	21.2	20.6	10.1
中國	GDP 同比增速	18.3	7.9	4.9	4.0	8.1
	失業率	5.3	5.0	4.9	5.1	5.1
	CPI 同比漲幅	0.4	1.1	0.7	1.5	0.9
	進出口總額同比增速	39.2	36.4	24.9	23.3	30.0
日本	GDP 同比增速	-1.8	7.3	1.2	0.4	1.6
	失業率	2.7	2.9	2.8	2.7	2.8
	CPI 同比漲幅	-0.4	-0.5	0.2	0.8	-0.2
	進出口總額同比增速	4.2	33.7	30.7	26.0	23.0
德國	GDP 同比增速	-2.8	10.4	2.9	1.8	2.9
	失業率	3.9	3.6	3.4	3.2	3.6
	CPI 同比漲幅	2.0	2.1	4.1	5.7	3.2
	進出口總額同比增速	1.4	30.7	11.2	13.6	13.4
英國	GDP 同比增速	-5.0	24.5	6.9	6.6	7.4
	失業率	4.9	4.7	4.3	4.1	4.5
	CPI 同比漲幅	0.7	2.5	3.1	5.4	2.6
	進出口總額同比增速	-8.5	18.1	9.8	3.0	4.9
印度	GDP 同比增速	2.5	20.3	8.5	5.4	8.3
	失業率	6.5	9.2	6.9	7.9	7.8
	CPI 同比漲幅	5.5	6.3	4.4	5.7	5.1
	進出口總額同比增速	19.3	98.2	53.8	45.8	49.3
法國	GDP 同比增速	1.7	19.0	3.5	5.4	7.0
	失業率	8.2	8.1	7.6	7.5	7.9
	CPI 同比漲幅	1.4	1.9	2.7	3.4	2.1
	進出口總額同比增速	-3.2	40.4	14.1	18.8	16.0
意大利	GDP 同比增速	0.1	17.7	3.9	6.2	6.6
	失業率	10.1	9.4	9.0	8.9	9.5
	CPI 同比漲幅	0.6	1.3	2.9	4.2	1.9
	進出口總額同比增速	3.1	48.5	19.0	19.6	21.1
加拿大	GDP 同比增速	0.2	11.7	3.8	3.3	4.6
	失業率	7.5	7.6	7.0	6.0	7.5
	CPI 同比漲幅	2.2	3.1	4.4	4.8	3.4
	進出口總額同比增速	3.4	37.5	13.2	17.2	16.8
韓國	GDP 同比增速	1.9	6.0	4.0	4.1	4.0
	失業率	3.9	3.7	3.0	3.8	3.7
	CPI 同比漲幅	1.9	2.3	2.4	3.7	2.5
	進出口總額同比增速	12.4	39.9	31.7	31.4	28.5

注：根據世界銀行發布的 2020 年世界各國 GDP 總量進行排序。中國數據來源於各有關部門，其他國家數據來源於各國統計局官方網站。失業率各季度數據為當季最後一個月月度值，其中英國失業率為截至當月的 3 個月移動平均。CPI 同比漲幅各季度數據為當季最後一個月月度值。中國進出口總額同比增速以美元計價計算；美國、英國進出口總額同比增速包括貨物貿易和服務貿易，其他國家僅指貨物貿易。

（國家統計局提供）

參考書目

- 《鄧小平文選》第二卷，人民出版社 1994 年版。
- 《鄧小平文選》第三卷，人民出版社 1993 年版。
- 《江澤民文選》第一、二、三卷，人民出版社 2006 年版。
- 《胡錦濤文選》第一、二、三卷，人民出版社 2016 年版。
- 《習近平談治國理政》第一卷，外文出版社 2018 年版。
- 《習近平談治國理政》第二卷，外文出版社 2017 年版。
- 《習近平談治國理政》第三卷，外文出版社 2020 年版。
- 中共中央文獻研究室編：《習近平關於實現中華民族偉大復興的中國夢論述摘編》，中央文獻出版社 2013 年版。
- 中共中央文獻研究室編：《習近平關於全面建成小康社會論述摘編》，中央文獻出版社 2016 年版。
- 中共中央文獻研究室編：《習近平關於協調推進"四個全面"戰略布局論述摘編》，中央文獻出版社 2015 年版。
- 中共中央文獻研究室編：《十四大以來重要文獻選編》（上），中央文獻出版社 2011 年版。
- 中共中央文獻研究室編：《十五大以來重要文獻選編》（中），中央文獻出版社 2011 年版。
- 中共中央文獻研究室編：《十六大以來重要文獻選編》（上），中央文獻出版社 2011 年版。
- 中共中央文獻研究室編：《十六大以來重要文獻選編》（中），中央文獻出版社 2011 年版。
- 中共中央文獻研究室編：《十六大以來重要文獻選編》（下），中央文獻出版社 2011 年版。
- 中共中央文獻研究室編：《十七大以來重要文獻選編》（上），中央文獻出版社 2009 年版。
- 中共中央文獻研究室編：《十七大以來重要文獻選編》（下），中央文獻出版社 2013 年版。
- 中共中央文獻研究室編：《十八大以來重要文獻選編》（上），中央文獻出版社 2014 年版。
- 本書編寫組：《中國共產黨簡史》，人民出版社、中共黨史出版社 2021 年版。
- 本書編寫組：《中華人民共和國簡史》，人民出版社、當代中國出版社 2021 年版。
- 本書編寫組：《改革開放簡史》，人民出版社、中國社會科學出版社 2021 年版。
- 中共中央黨史研究室：《中國共產黨的九十年》，中共黨史出版社、黨建讀物出版社 2016 年版。
- 中共中央黨史和文獻研究院：《中國共產黨的一百年》，中共黨史出版社 2022 年版。
- 中共中央文獻研究室編：《社會主義精神文明建設文獻選編》，中央文獻出版社 1996 年版。
- 中央文明辦組織編寫：《改革開放以來社會主義精神文明建設大事記》，遼寧人民出版社 2001 年版。

- 中華人民共和國國家統計局編：《科學發展譜新篇：從十六大到十八大》，中國統計出版社 2012 年版。
- 中華人民共和國國務院新聞辦公室：《中國農村扶貧開發的新進展》，人民出版社 2011 年版。
- 中華人民共和國農業部編：《輝煌歷程：紀念中國農村改革三十年》，中國農業出版社 2008 年版。
- 中共中央組織部黨員教育中心組織編寫：《小康中國：全面建成小康社會十講》，人民出版社 2013 年版。
- 中共中央宣傳部理論局編：《新中國發展面對面》，學習出版社、人民出版社 2019 年版。
- 中國科學院《科技綱要》編寫組編：《鄧小平科技思想學習綱要講解》，中共中央黨校出版社 1998 年版。
- 本書編寫組：《全面建設小康社會專題講座》，中共中央黨校出版社 2002 年版。
- 農業部農村經濟研究中心編：《農村改革發展與全面建成小康社會》，中國農業出版社 2013 年版。
- 國家發展改革委宏觀經濟研究院社會發展研究所：《民生：中國全面建設小康社會 40 年》，人民出版社 2018 年版。
- 國家統計局國民經濟綜合統計司編：《新中國六十年統計資料彙編》，中國統計出版社 2010 年版。
- 全國幹部培訓教材編審指導委員會組織編寫：《決勝全面建成小康社會》，人民出版社、黨建讀物出版社 2019 年版。
- 全國幹部培訓教材編審指導委員會組織編寫：《推動社會主義文化繁榮興盛》，人民出版社、黨建讀物出版社 2019 年版。
- 中共中央文獻研究室小康社會研究課題組編著：《小康社會理論與實踐發展三十年》，中央文獻出版社 2009 年版。
- "改革開放口述史叢書" 編委會：《雲南改革開放口述史》《浙江改革開放口述史》，中共黨史出版社 2018 年版。
- 歐陽淞、高永中主編：《改革開放口述史》，中國人民大學出版社 2018 年版。
- 金沖及：《二十世紀中國史綱》，社會科學文獻出版社 2009 年版。
- 陳晉等：《為了初心和使命：中國共產黨一路走來的故事》，人民出版社 2019 年版。
- 李穎：《細節的力量：新中國的偉大實踐》，上海人民出版社、學林出版社 2019 年版。
- 馬洪等主編：《當代中國經濟》，中國社會科學出版社 1987 年版。
- 彭明主編：《20 世紀的中國：走向現代化的歷程》，人民出版社 2010 年版。
- 馬忠主編：《四個全面戰略布局之全面建成小康社會》，人民出版社 2017 年版。
- 武力主編：《小康之路：生態文明篇》《小康之路：綜述篇》《小康之路：政治篇》《小康之路：文化篇》《小康之路：社會篇》，北京時代華文書局 2013 年版。
- 黃蓉生主編：《全面建設小康社會研究》，中國人民大學出版社 2009 年版。
- 袁明全主編：《強國富民之路》，解放軍出版社 1994 年版。
- 吳振坤：《經濟體制改革與經濟發展戰略》，經濟科學出版社 1998 年版。
- 顧海良、張雷聲主編：《鄧小平的經濟思想》，中國經濟出版社 1996 年版。

- 李君如：《全面建設小康社會綜論》，江西高校出版社 2003 年版。
- 韓振峰：《從"總量翻兩番"到"人均翻兩番"：全面建設小康社會奮鬥目標的新要求》，人民出版社 2008 年版。
- 李慎明主編：《馬克思主義中國化與全面建設小康社會》，社會科學文獻出版社 2005 年版。
- 錢念孫、羅曉帆：《世紀壯舉：中國扶貧開發紀實》，安徽教育出版社 2000 年版。
- 張磊主編：《中國扶貧開發政策演變（1949—2005 年）》，中國財政經濟出版社 2007 年版。
- 韓俊等：《破解三農難題：30 年農村改革與發展》，中國發展出版社 2008 年版。
- 孟彩雲主編：《中國社會主義精神文明建設研究》，河南大學出版社 2004 年版。
- 雷明、李浩等：《中國扶貧》，清華大學出版社 2020 年版。
- 宋曉梧主編：《新中國社會保障和民生發展 70 年》，人民出版社 2019 年版。
- 文建龍：《中國共產黨與中國扶貧事業》，社會科學文獻出版社 2018 年版。
- 陳光金等：《改革開放與中國民生發展（1978—2018）》，社會科學文獻出版社 2018 年版。
- 王漢斌：《王漢斌訪談錄：親歷新時期社會主義民主法制建設》，中國民主法制出版社 2012 年版。
- 朱力宇主編：《彭真與我國的社會主義民主法制建設》，中國人民大學出版社 2014 年版。
- 《黨的文獻》《人民日報》等報刊，國家衛健委官網、中國網、中國政府網、央視網等網站資料。

後記

全面建成小康社會，實現第一個百年奮鬥目標，在中國共產黨奮鬥史、新中國發展史、中華民族偉大復興史上具有里程碑意義。

為生動記錄中國共產黨團結帶領全國各族人民全面建成小康社會的光輝歷程和偉大成就，特別是重點展示黨的十八大以來，以習近平同志為核心的黨中央團結帶領全國各族人民攻堅克難、奮發有為、決戰決勝，奪取了全面建成小康社會偉大勝利，歷史性地解決了絕對貧困問題，書寫了彪炳史冊的人間奇蹟，我們組織編寫了《全面建成小康社會通俗讀本》一書。本書被列入中宣部主題出版重點出版物選題和中央黨史和文獻研究院五年規劃重點項目。

本書編寫工作在中央黨史和文獻研究院院務會的指導下進行。王均偉同志確定書稿提綱並全程指導，紀曉華同志具體組織實施。張東明、單偉、朱志偉、李平、翟佳琪、孫迪、沈鶴、劉穎、成靚同志承擔具體寫作任務。王林育、毛勝、李紅喜、吳偉鋒、胡昌勇、閆笑岩同志提出修改建議。第七研究部宣教處承擔了具體協調工作。

由於時間倉促和水平所限，本書難免存在一些差誤和不妥之處，敬請讀者批評指正。

2022 年 7 月